HISTOIRE
4

LA NAISSANCE DU MONDE MODERNE 1848-1914

MALET ET ISAAC

HISTOIRE
4

LA NAISSANCE DU MONDE MODERNE 1848-1914

André Alba, Antoine Bonifacia, Jules Isaac
Jean Michaud, Charles H. Pouthas

HACHETTE
Littératures

Collection fondée par Georges Liébert
et dirigée par Joël Roman

Avertissement

Aujourd'hui, alors que le débat sur l'enseignement de l'histoire a quitté les amphithéâtres et les bureaux ministériels, et que les médias s'en sont emparés avec une ampleur sans précédent, il a semblé que la réédition du livre d'histoire qui a formé quatre générations de Français correspondait à une demande de plus en plus vive.

Le «Malet-Isaac» présente en effet au lecteur un récit chronologique clair et précis, un texte solidement charpenté et d'une lecture agréable. Autant de qualités qui font que cet ouvrage prend naturellement place dans une collection de poche à large diffusion. Il allie la saveur de l'image d'Epinal à la rigueur du cours : références essentielles et récits vivants s'y côtoient.

Ce classique de la vie culturelle française demeure donc un irremplaçable ouvrage de référence.

C'est en 1902, sur la recommandation de l'historien Ernest Lavisse, alors au faîte de sa carrière, qu'Albert Malet se vit confier par les éditions Hachette la rédaction d'un nouveau manuel d'histoire. Quatre ans plus tard lui fut adjoint un jeune agrégé, Jules Isaac.

A la mort de Malet, Isaac continua et enrichit l'œuvre de son prédécesseur.

C'est lui qui fit du «Malet-Isaac», plus qu'une réussite exceptionnelle dans le domaine de l'édition, une véritable institution.

Le «cours Malet» était né des programmes du 31 mars 1902. L'étude de l'histoire était alors divisée en deux cycles. De la sixième à la troisième, les lycéens étudiaient l'histoire de l'Egypte ancienne à 1889, date du premier centenaire de la Révolution française. De la seconde à la terminale, les élèves reprenaient l'étude des époques moderne et contemporaine.

Le «Malet-Isaac» proprement dit est issu des programmes mis au point en 1923 et 1925. Aux deux cycles se substituait un cycle unique : de la sixième à la terminale, les élèves suivaient le fil chronologique, en partant des périodes les plus reculées pour aboutir aux plus récentes.

De 1923 à la mort de Jules Isaac en 1963, plusieurs réformes et plusieurs éditions de l'ouvrage se succédèrent. De nombreux historiens de renom y collaborèrent : André Alba, Antoine Bonifacio, Jean Michaud, et Charles H. Pouthas.

La présente édition reproduit les volumes des classes de cinquième et de quatrième de l'édition de 1958 (sous le titre «ROME ET LE MOYEN-AGE»), le volume de troisième de l'édition de 1958 («L'AGE CLASSIQUE»), le volume de seconde de 1960 («LES REVOLUTIONS»), et le volume de première de l'édition de 1961 («LA NAISSANCE DU MONDE MODERNE»).

Pour répondre aux exigences d'une édition populaire en format de poche et pour simplifier la lecture, les illustrations, les documents et la cartographie ont été supprimés et les notes allégées. Le texte n'a subi que quelques modifications de détail (suppression des chapitres XXI, XXVII, XXIX et XXX du livre de première).

Cette édition, fidèle à l'esprit du texte original, met ainsi à la disposition du public un instrument de culture générale introuvable depuis des années

La Seconde République

I. — Les débuts de la République. — L'échec des socialistes

Le Gouvernement provisoire

Après l'abdication de Louis-Philippe, dans la matinée du 24 février 1848, la Chambre des députés allait donner la régence à la duchesse d'Orléans[1], quand la salle des séances fut envahie par le peuple. Députés républicains et insurgés, décidés à ne pas se laisser escamoter la victoire comme en 1830, furent d'accord pour écarter la régence et, au milieu du tumulte, ils acclamèrent les noms de sept députés républicains, tous de tendance modérée : les plus connus étaient le poète *Lamartine*, l'avocat *Ledru-Rollin*, l'astronome *Arago* et *Garnier-Pagès*. Les députés proclamés se rendirent à l'Hôtel de Ville et y formèrent un *Gouvernement provisoire*.

Mais les républicains plus avancés, de tendance socialiste, n'entendaient pas être évincés du pouvoir et ils imposèrent l'entrée dans le gouvernement de quatre non-parlementaires : trois journalistes, dont *Louis Blanc*, puis l'ouvrier mécanicien *Albert*. Ainsi le Gouvernement provisoire représenta les deux tendances du parti républicain.

[1] Le fils aîné de Louis-Philippe, le duc d'Orléans, était mort en 1842, laissant un fils, le comte de Paris. C'est en faveur de cet enfant de dix ans que Louis-Philippe avait abdiqué.

Le nouveau régime

Du jour au lendemain le régime politique de la France fut complètement transformé. Le 25 février le Gouvernement provisoire proclama le *République* et institua le *suffrage universel.*

Une Assemblée constituante serait élue par tous les citoyens âgés de 21 ans au moins et domiciliés depuis six mois. L'âge d'éligibilité fut fixé à 25 ans. Pour que la députation fût accessible au pauvre, il fut prévu une *indemnité parlementaire* de 25 francs par jour pendant la durée de la session. Le nombre des électeurs passa de 240 000 à plus de 9 millions. Jusqu'alors limitée à une minorité bourgeoise, la vie politique s'étendait d'un seul coup à toute la nation.

L'entière *liberté de presse et de réunion* fut accordée : par centaines des journaux parurent, des clubs s'ouvrirent ; la peine de mort en matière politique fut abolie. Sous l'impulsion de *Victor Schœlcher*, le gouvernement *supprima l'esclavage dans les colonies.*

Les grands espoirs de 1848

Quoique la grande majorité de la nation ne fût pas républicaine, ces changements immenses ne soulevèrent aucune opposition. *Toute la France parut se rallier à la République.* Les ouvriers croyaient que la République allait à bref délai améliorer leur sort. Les bourgeois se rassuraient en constatant que la République n'engendrait pas l'anarchie et la terreur. Les prêtres bénissaient les *arbres de la liberté* que l'on plantait en grande cérémonie dans les villes et les villages.

Une *immense espérance* souleva tout le pays : on crut que la France et le monde allaient enfin entrer dans une ère de justice et de fraternité.

Profondes divisions des Républicains

Espoir et confiance furent de courte durée. La Révolution transforma en catastrophe la *crise économique et financière* qui sévissait depuis 1847. A Paris 450 établissements industriels et commerciaux fermèrent leurs portes. La Banque de France fut sur le point de cesser ses paiements. Le gouvernement dut décréter le cours forcé des billets de banque et augmenter les contributions directes de 45 centimes par franc, c'est-à-dire de 45 p. 100. Cette crise aggrava la condition ouvrière; elle interdit également l'application du programme socialiste qui demandait le rachat des chemins de fer, la nationalisation des grandes entreprises et la suppression des impôts de consommation.

D'autre part, la *question sociale* passait au premier plan. Or, elle séparait profondément les républicains.

Les uns, républicains bourgeois, demandaient surtout des réformes politiques et, tout en désirant améliorer le sort des ouvriers, se refusaient à tout bouleversement social; les autres, socialistes appuyés sur les ouvriers, voulaient une transformation complète de la société. De février à juin 1848, l'histoire de la Seconde République devait être dominée par le conflit entre ces deux tendances, d'autant plus grave qu'il allait prendre le caractère d'une *lutte de classes.*

La pression socialiste

Pendant les premières semaines de son existence, le Gouvernement fut contraint de céder à la pression socialiste. Les ouvriers étaient armés; ils étaient endoctrinés dans les clubs par les orateurs socialistes, *Cabet, Raspail, Blanqui, Barbès.* Ils venaient manifester devant l'Hôtel de Ville pour agir sur le gouvernement et au besoin pour le renverser.

Dès le 25 février ce dernier dut proclamer le *droit au travail.*

En revanche les manifestants ouvriers ne réussirent pas, le 26, à faire remplacer le drapeau tricolore par le drapeau rouge. «Le drapeau tricolore, s'écria Lamartine, a fait le tour du monde avec nos libertés et nos gloires, tandis que le drapeau rouge n'a fait que le tour du Champ-de-Mars, baigné dans les flots du sang du peuple.»

Le 28 février, nouvelle manifestation. L'Hôtel de Ville fut envahi par une foule d'ouvriers qui réclamaient la journée de dix heures et l'établissement d'un ministère du Travail. Le gouvernement n'osa pas refuser complètement : il décréta l'institution d'une *Commission du gouvernement pour les travail-*

leurs, présidée par Louis Blanc et chargée «d'aviser à garantir au peuple les fruits légitimes de son travail». La Commission se réunit au palais du Luxembourg et fit décréter que la journée de travail était limitée à dix heures à Paris, à onze heures en province. Deux mois et demi plus tard, elle se séparait.

Résistance victorieuse des modérés

La question de la *date des élections* provoquait aussi dans les clubs des discussions passionnées. Les socialistes, qui se savaient en minorité, s'efforcèrent de la faire reculer, pour se donner le temps d'organiser dans le pays une vaste propagande ; mais leur grande manifestation du 17 mars échoua et les élections furent fixées au 23 avril. Pour renforcer la garde nationale, la bourgeoisie enrôla des volontaires qui formèrent la *garde mobile*.

Les élections du 23 avril 1848 furent pour les socialistes une écrasante défaite. A l'*Assemblée Constituante* ils furent moins de 100 contre 500 républicains modérés et 300 monarchistes plus ou moins ralliés à la République. L'Assemblée confia le gouvernement à une Commission *exécutive* (Arago, Lamartine, Garnier-Pagès, Ledru-Rollin, Marie), qui ne comprit pas un seul socialiste.

Furieux, les révolutionnaires parisiens tentèrent un coup de force contre l'Assemblée. Le *15 mai 1848*, sous prétexte de présenter une pétition en faveur de la Pologne, ils pénétrèrent en armes dans la salle des séances, déclarèrent l'Assemblée dissoute et constituèrent un nouveau gouvernement. Mais ils furent dispersés, leurs chefs (Raspail, Barbès, Blanqui, Albert) furent arrêtés, plusieurs clubs furent fermés. Rassurée, la bourgeoisie décida de briser définitivement l'agitation ouvrière.

Les Ateliers nationaux

L'occasion lui en fut fournie, un mois plus tard, par la fermeture des *Ateliers nationaux*. Ces ateliers, dans la pensée de Louis Blanc, devaient être des ateliers de production, où les ouvriers seraient groupés par métiers; mais le ministre des Travaux publics *Marie* les organisa de manière toute différente. Il en fit des ateliers de charité, où les chômeurs, de quelque métier qu'ils fussent, étaient employés à des travaux de terrassement. Au début de juin ils étaient 120 000 et touchaient un franc par jour[1].

Financièrement ruineuse, socialement manquée, cette expérience prit aux yeux du Gouvernement l'aspect d'un grave danger politique lorsqu'il vit une partie des chômeurs gagnés aux idées socialistes. Aussi, le 21 juin 1848, ordonna-t-il *la fermeture des Ateliers nationaux* aux ouvriers de dix-sept à vingt-cinq ans : ceux-ci devraient ou s'enrôler dans l'armée ou partir en équipes travailler en province.

Indignés, les ouvriers se soulevèrent et dressèrent des barricades. L'insurrection se développa spontanément, elle n'eut ni programme ni chefs : c'était une *insurrection de la misère et de la faim.*

Les journées de Juin

L'Assemblée répondit en confiant des pouvoirs dictatoriaux au ministre de la Guerre, le *général Cavaignac.* Alors commencèrent les *journées de Juin* (23-26 juin), la plus terrible bataille de rues qui eût encore ensanglanté Paris. Plusieurs milliers d'hommes, six généraux furent tués; l'archevêque de Paris, *Mgr Affre*, fut blessé mortellement en essayant de s'interposer. Finalement la victoire resta à l'armée et à la garde nationale. La bourgeoisie se vengea par de terribles représailles de la peur qu'elle avait eue. Il y eut plus de 11 000 arrestations et 4 000 inculpés furent, sans jugement, déportés en Algérie. Les clubs furent fermés, les journaux avancés disparurent. *La République entra dans la voie de la réaction et l'on ne parla plus de réformes sociales.*

Ce n'étaient pas seulement le socialisme et la classe ouvrière qui étaient frappés, c'était la République elle-même. Les ouvriers lui étaient désormais hostiles, mais aussi les bourgeois, qui ne lui pardonnaient pas l'augmentation des impôts, l'arrêt

[1] Dans tout ce volume, chaque fois qu'il est parlé de francs, il s'agit de francs-germinal ou francs-or.

des affaires et la chute de la rente tombant de 116 francs à 50. Quant aux paysans, ils redoutaient qu'à l'instigation des socialistes on ne procédât à un partage des terres. La peur des «rouges», des «partageux» rapprocha tous ceux qui avaient quelque richesse à défendre et les unit en un grand *parti de l'ordre*, prêt à se rallier à tout gouvernement fort, qui maintînt l'ordre social.

Le second Empire est sorti de cet état d'esprit.

La Constitution de 1848

Les progrès de la réaction se montrent déjà dans la *Constitution de 1848* que l'Assemblée promulgua en novembre. Malgré les demandes des socialistes, la majorité refusa d'y inscrire le droit au travail, le droit à l'instruction, le droit à l'assistance. Du moins conserva-t-elle le suffrage universel.

La Constitution était fondée sur le double principe de la *souveraineté du peuple* et *de la séparation des pouvoirs.* Elle confiait le pouvoir législatif à une Assemblée unique, composée de 750 représentants élus pour trois ans au suffrage universel et direct ; l'Assemblée ne pouvait être dissoute que par elle-même et ses membres étaient inviolables.

Le pouvoir exécutif était délégué à un Président de la République choisi lui aussi au suffrage universel et direct. Élu pour quatre ans, le Président n'était pas immédiatement rééligible. Il était responsable de ses actes. La Constitution ne précisait pas si les ministres étaient politiquement responsables devant l'Assemblée.

Comme dans la Constitution de l'an III, en cas de conflit entre les deux pouvoirs, il n'y avait d'autre solution qu'un *coup d'État.*

Louis-Napoléon Bonaparte Prince Président

Il y eut à la présidence de la République quatre candidats : le général Cavaignac, candidat des républicains modérés ; Ledru-Rollin, candidat des *Montagnards*, c'est-à-dire des républicains avancés ; Raspail, candidat des socialistes révolutionnaires ; et un homme qui ne se recommandait que de son nom, Louis-Napoléon Bonaparte.

Le *prince Louis-Napoléon*, fils de l'ancien roi de Hollande Louis Bonaparte et d'Hortense de Beauharnais, était le neveu de Napoléon Ier. Elevé en Suisse où résidait sa mère, il participa aux soulèvements organisés en Italie par les Carbonari. La mort du duc de Reichstadt, en 1832, fit de lui le prétendant à la succession de Napoléon. Deux fois, en 1836 à Strasbourg, en 1840 à Boulogne, il essaya vainement, avec l'aide de quelques soldats, de renverser Louis-Philippe. Interné en 1840 au fort de Ham, il s'évada en 1846 et se réfugia à Londres. Après la révolution de Février, ses partisans firent une active propagande en sa faveur tant auprès des bourgeois que des ouvriers — il avait écrit un livre sur l'*Extinction du paupérisme* — et ils le firent élire à l'Assemblée constituante. Puis ils le présentèrent à la Présidence de la République.

Le prince pouvait compter sur les voix des *paysans*, car la légende napoléonienne avait effacé les mauvais souvenirs de l'époque impériale. Contre la promesse d'accorder la liberté de l'enseignement et de rétablir l'autorité du pape à Rome, il obtint l'appui du *parti de l'ordre*, coalition d'orléanistes, de légitimistes, de catholiques : l'un des chefs du parti, *Thiers*, disait d'ailleurs de Louis-Napoléon : «C'est un crétin qu'on mènera».

Le 10 décembre 1848 Louis-Napoléon obtint 5 400 000 *voix* contre 1 400 000 à Cavaignac, 370 000 à Ledru-Rollin, 36 000 à Raspail.

II. — La réaction. — Le coup d'État

Les élections à l'Assemblée législative

Louis-Napoléon prit pour ministre des hommes du parti de l'ordre, *Odilon Barrot, Falloux*. Ainsi le pouvoir exécutif échappa aux républicains. Il leur restait encore le pouvoir législatif, mais l'Assemblée Constituante, discréditée, décida elle-même de se séparer et, à la fin de mai 1849, céda la place à l'*Assemblée Législative*.

A un an de distance, le suffrage universel donna des résultats tout différents. Les républicains modérés, grands vainqueurs aux élections de 1848, furent complètement vaincus en 1849 : moins de 80 élus. Les «Montagnards», le parti de Ledru-Rollin, étaient 180, ce qui fut un nouveau sujet d'alarmes pour la bourgeoisie. Mais *le parti de l'ordre formait une imposante majorité :* 450 élus. Désormais, dans cette République paradoxale, *tous les pouvoirs étaient aux mains des ennemis de la République.*

Président et Assemblée contre la Montagne

Pendant un an, le Président et l'Assemblée furent d'accord pour combattre les républicains avancés. L'occasion leur en fut immédiatement fournie par une tentative de soulèvement organisée à Paris, *le 13 juin 1849*, par Ledru-Rollin et ses partisans pour protester contre l'*expédition de Rome* (organisée dans le dessein de rétablir le pape dans ses États). Ils échouèrent ; une trentaine de députés montagnards furent arrêtés et de nouvelles lois furent votées contre la presse et les associations politiques. «Il est temps, déclara le Président, que les bons se rassurent et que les méchants tremblent.»

L'année suivante, l'Assemblée prit deux mesures beaucoup plus graves : la *loi Falloux* sur l'enseignement et la *loi électorale du 31 mai.*

La loi Falloux

La loi Falloux, ainsi appelée du nom du ministre de l'Instruction publique qui l'avait proposée, *supprima pour l'enseignement secondaire le monopole universitaire* établi par Napoléon Ier : la Constitution de 1848 avait en effet reconnu la liberté de l'enseignement, que les catholiques réclamaient depuis si longtemps. Elle accorda également *les plus larges facilités aux membres des congrégations religieuses* pour ouvrir des établissements d'instruction et même obtenir des subventions. Enfin elle *donna au clergé un droit de contrôle sur les écoles publiques* : bien plus, les municipalités avaient le droit de choisir un congréganiste comme instituteur dans une école primaire publique.

La loi Falloux fut votée non seulement par des catholiques mais aussi par des libres penseurs comme Thiers, qui y voyaient une *mesure de sécurité contre les démocrates* (mars 1850).

Désormais l'Université eut à soutenir la concurrence des *écoles libres congréganistes*, qui purent se développer en toute liberté. D'autre part le triomphe de l'Église suscita chez les anticléricaux un redoublement d'opposition à l'égard du clergé et le problème scolaire passa désormais au premier plan dans la lutte entre partisans et adversaires de l'Église. Aussi peut-on dire que *le vote de la loi Falloux est l'un des événements les plus importants de l'histoire de la France contemporaine.*

La loi électorale du 31 mai

En avril 1850, des élections partielles à Paris furent favorables aux socialistes. Ce fut une véritable panique dans les rangs du parti de l'ordre. Pour «épurer le suffrage universel» sans pourtant violer la Constitution qui le garantissait solennellement, l'Assemblée vota la *loi électorale du 31 mai 1850 :* pour être électeur il fallut désormais être domicilié depuis *trois ans* dans la canton et n'avoir subi aucune condamnation, même pour un délit politique. Le suffrage universel subsistait officiellement. mais en un temps où beaucoup d'ouvriers allaient de ville en ville chercher de l'ouvrage, la clause sur le domicile frustrait du droit de vote trois millions de Français.

La Président contre l'Assemblée

Unis contre les «Rouges», le parti de l'ordre et le Président n'avaient pourtant pas le même but : le premier voulait rétablir la royauté, le second l'Empire à son profit. *Entre eux la lutte était inévitable et dans cette lutte le Président devait l'emporter.* A l'Assemblée en effet la majorité était divisée entre orléanistes et légitimistes, et une tentative pour réconcilier les princes d'Orléans et le comte de Chambord, petit-fils de Charles X, échoua (septembre 1850). D'autre part, au cas d'un coup de force du Président, l'Assemblée ne pouvait compter sur l'appui du peuple de Paris qui ne lui pardonnait pas la répression des Journées de Juin et la loi du 31 mai. Quant aux députés républicains, ils soutenaient tantôt le Président contre les royalistes, tantôt les royalistes contre le Président.

Louis-Napoléon sut, par des voyages dans les départements, par des revues de troupes, se gagner l'opinion. Mais il ne pouvait réaliser son but s'il n'obtenait au préalable le droit (que lui refusait la Constitution) d'être de nouveau candidat à la Présidence dès que son mandat viendrait à expiration, en 1852. Or l'*Assemblée refusa de reviser en ce sens la Constitution* (juillet 1851). Il ne restait au prince qu'à préparer un coup d'État. Dans le même temps les orléanistes en préparaient un autre en faveur d'un fils de Louis-Philippe, avec Thiers pour premier ministre. *De toute manière, la République était perdue; mais qui devancerait l'autre, Thiers ou Louis-Napoléon?* Pour augmenter sa popularité dans le pays, le Président demanda aux députés d'abolir la loi électorale de 1850 : ils refusèrent.

Louis-Napoléon plaça à la tête des troupes et de la police de Paris des hommes sans scrupules[1] : les généraux *Saint-Arnaud* et *Magnan* devinrent, l'un ministre de la Guerre, l'autre chef de l'armée de Paris, et le préfet de Haute-Garonne, *Maupas*, fut promu Préfet de police. Tout était prêt pour le coup d'État.

Le coup d'État du 2 décembre 1851

La date fixée fut le matin du 2 décembre 1851, jour anniversaire d'Austerlitz. Les organisateurs en furent *Morny* (demi-frère de Louis-Napoléon), qui venait de recevoir le ministère de l'Intérieur et *Persigny*, ami de longue date du Président.

Les hommes politiques influents, comme Thiers ou Cavaignac, furent arrêtés chez eux au petit jour et la Chambre des députés fut occupée par la troupe. En même temps étaient affichés *deux décrets :* dans l'un le Président prononçait la dissolution de l'Assemblée et l'abolition de la loi électorale du 31 mai; dans l'autre il annonçait un plébiscite pour savoir si le peuple approuvait sa conduite et lui donnait les pouvoirs nécessaires pour rédiger une nouvelle Constitution. Quelques députés essayèrent d'organiser la résistance légale et prononcèrent la déchéance du Président. Ils furent arrêtés. *Au soir du 2 décembre tout semblait fini, sans effusion de sang.*

[1] Au préalable, il s'était débarrassé, en janvier 1851, du général royaliste *Changarnier*, qui resta député mais perdit son commandement de l'armée de Paris.

Le lendemain, des républicains, dont Victor Hugo, Baudin, Schœlcher, tentèrent de soulever les ouvriers.

Le 4, l'armée emporta les barricades élevées par les républicains. Mais l'épisode le plus impressionnant de cette journée fut la *fusillade sur les boulevards :* se croyant menacés, les soldats, énervés, tirèrent, tuant de nombreux promeneurs et badauds. Paris terrorisé ne bougea pas.

En revanche, des soulèvements éclatèrent dans une quinzaine de départements et des paysans mêmes prirent parfois les armes. L'ordre fut promptement rétabli et le gouvernement put se poser en sauveur aux yeux de la bourgeoisie, menacée, disait-il, d'une « jacquerie ».

La *répression* fut terrible et mit pour longtemps le parti républicain hors de combat. Trente-deux départements furent placés en état de siège, c'est-à-dire que les conseils de guerre y remplacèrent les tribunaux réguliers. D'après un document officiel, on arrêta près de 27 000 personnes — chiffre certainement inférieur à la réalité. Pour les juger on institua des tribunaux exceptionnels, et les préfets reçurent le droit de déporter tout individu qui avait fait partie d'une société politique. Il y eut 15 000 condamnations, dont 10 000 au bagne de Cayenne ou en Algérie. Plus de 60 députés, et parmi eux Victor Hugo, furent expulsés de France « pour raison de sûreté générale ».

Au *plébiscite* du 21 décembre, le peuple donna à Louis-Napoléon plus de 7 millions de voix contre moins de 650 000 non. *La France abdiquait sa liberté.*

La Révolution de 1848 en Europe
L'Italie

I. — La Révolution de 1848 en Europe

Zone et marche de la Révolution

La Révolution de 1848 fut un *phénomène européen.* Cependant de nombreux États y échappèrent : l'Angleterre, la Belgique, les Pays-Bas, les États scandinaves, l'Empire de Russie et même l'Empire ottoman — à l'exception des provinces roumaines. Outre la France, ce furent essentiellement l'Italie, l'Autriche et l'Allemagne qui furent atteintes.

Les premiers mois de l'année 1848, de janvier à juin, virent la victoire rapide et générale des révolutionnaires. La *révolution française du 24 février* donna une force irrésistible aux mouvements d'agitation déjà commencés en Italie et obligea les souverains de Naples, Florence, Turin et Rome à céder aux revendications constitutionnelles de leurs peuples. Dans l'Allemagne occidentale, elle détermina la transformation démocratique des États qui avaient déjà une constitution; elle amena aussi en quelques points une agitation ouvrière et paysanne; elle amorça enfin le mouvement national pour l'unité allemande.

Peu après, la *révolution du 13 mars à Vienne* renversa Metternich et amena des soulèvements à Milan, à Venise, puis à Berlin. Les nationalités de l'Empire d'Autriche exigèrent chacune leur autonomie, pendant que dans tous les États de la Confédération germanique un régime politique libéral s'instaurait et qu'un parlement allemand se réunissait à Francfort. *Au début de l'été 1848, il ne restait plus rien de l'ancienne Europe centrale :* elle s'était évanouie au «printemps des peuples».

Mais déjà le reflux commençait. Les révolutionnaires étaient divisés : il y avait parmi eux des monarchistes et des républicains, des modérés bourgeois et des démocrates socialistes. Les nationalités rivales se dressaient les unes contre les autres. Enfin et surtout, en Autriche et en Allemagne, l'armée restait fidèle au pouvoir. L'*année 1849 vit partout la défaite de la Révolution*, qu'explique encore l'attitude de la France.

L'attitude de la France

De nombreux réfugiés politiques de tous pays se trouvaient à Paris au moment de la révolution de Février; à plusieurs reprises ils sollicitèrent l'aide diplomatique et militaire de la France en faveur des insurgés européens. Ils étaient soutenus par Louis Blanc, Ledru-Rollin et tous les éléments avancés du parti républicain.

Mais le ministre des Affaires étrangères, *Lamartine*, par conviction et doctrine, était pacifiste. Il savait l'armée désorganisée et ses chefs peu sûrs. Il craignait aussi une attitude menaçante de la part des monarchies absolutistes, c'est pourquoi il *répudia la politique girondine de 1792 et proclama le principe de non-intervention.*

Le gouvernement français ne prit donc pas en main la cause de la Révolution européenne. Bien au contraire, en 1849, il envoya une armée en Italie pour renverser la République romaine. *Or, seule l'action de la France eût pu coordonner les révolutions locales et leur assurer quelque chance de succès.* Elles se développèrent donc isolément, chacune dans son cadre. Leur simultanéité fit leur victoire provisoire, leur isolement explique leur écrasement final.

II. — Révolution et réaction en Italie

La révolution dans toute l'Italie

Le 12 janvier 1848, la révolution éclatait à *Palerme* et triomphait après quinze jours de lutte. Naples, dans une immense manifestation, réclama à son tour une Constitution que le roi Ferdinand II dut accorder (29 janvier). *C'était la première victoire révolutionnaire de 1848.* L'agitation gagna toute l'Italie; la nouvelle de la révolution de Paris lui imprima une telle ampleur que partout les souverains se soumirent. Successivement le grand-duc de Toscane, puis le roi de Sardaigne *Charles-Albert*, enfin le pape *Pie IX* promulguèrent des Constitutions.

L'agitation n'était pas moins vive en Lombardie et en Vénétie, régions soumises à la domination autrichienne, plus tracassière et brutale que jamais. Quand on apprit qu'à Vienne même, l'insurrection était victorieuse et Metternich en fuite (13 mars), Venise et Milan se soulevèrent aux cris de : « L'Italie libre » et de : « Vive Pie IX! » A Venise, le mouvement, dirigé par l'avocat républicain *Daniel Manin*, triompha pacifiquement. A Milan, il fallut une furieuse et sanglante « bataille de cinq jours » (18-23 mars) pour forcer les troupes autrichiennes du maréchal *Radetzky* à abandonner la ville et à se replier dans le « quadrilatère » des places fortes entre Vérone et Mantoue. Dans le même temps, la révolution triomphait aussi dans les duchés de Parme et de Modène dont les souverains s'enfuirent.

La guerre nationale

Alors, dans tous les États de la péninsule, les patriotes pensèrent que l'*heure de l'unité* avait sonné. Il fallait courir au secours des Lombards et des Vénitiens et, tous ensemble, jeter hors d'Italie les Autrichiens détestés. *A la révolution succéda la guerre nationale.*

Le roi de Sardaigne Charles-Albert se vit contraint de prendre la direction du mouvement national; il adopta le drapeau tricolore, vert-blanc-rouge, symbole de l'unité italienne, et lança une proclamation où il promettait aux Lombards-Vénitiens «l'appui que le frère attend de son frère». Tous les États italiens lui envoyèrent des renforts. Il repoussa l'offre d'alliance que lui faisait Lamartine : *Italia fara da se* («L'Italie agira par elle-même»), tel était le mot d'ordre. Les duchés de Parme et de Modène, puis la Lombardie et la Vénétie déclarèrent fusionner avec le royaume de Sardaigne.

Charles-Albert pénétra en Lombardie et remporta quelques succès, mais il ne sut pas les mettre à profit. D'autre part, Ferdinand de Naples rappela ses troupes et le pape refusa, par scrupule religieux, de prendre parti entre les Italiens et les Autrichiens. Les méfiances apparaissaient entre patriotes; déjà certains se demandaient si Charles-Albert ne cherchait pas à réaliser l'agrandissement de son royaume beaucoup plus que la libération de l'Italie.

Pendant ce temps, Radetzky recevait des renforts et prenait l'offensive à son tour. A la bataille de Custozza (juillet 1848), Charles-Albert fut complètement battu. Il dut signer un armistice qui replaçait l'Italie du Nord dans l'état où elle se trouvait avant la guerre. Les Autrichiens rentrèrent à Milan et bloquèrent Venise où Manin, proclamé dictateur, allait résister héroïquement toute une année (août 1848-août 1849).

La République à Rome et à Florence

La défaite de Custozza affaiblit les gouvernements monarchiques, accusés d'incapacité ou de trahison. De là le développement d'un *mouvement républicain* à Rome et à Florence.

A Rome, le pape Pie IX avait sa popularité ruinée du jour où il s'était refusé à déclarer la guerre aux Autrichiens. Les colères se tournèrent contre son principal ministre, *Rossi*, qui fut assassiné le 15 novembre 1848. Le lendemain, l'émeute assiégeait le pape dans son palais du Quirinal et un prélat tombait frappé d'une balle.

Épouvanté , Pie IX s'enfuit de Rome et vint à *Gaète*, où le roi Ferdinand II lui donna asile. Dès lors, il se refusa à toute transaction avec les «rebelles».

En conséquence, une Assemblée constituante, réunie à Rome, proclama la *République romaine* (9 février 1849) : le pouvoir appartint à un triumvirat, dont *Mazzini* fut le chef.

Quelques jours après, la République était proclamée à Florence, d'où le grand-duc s'était enfui (18 février).

Reprise de la guerre nationale

Le triomphe des républicains dans l'Italie centrale eut pour contrecoup la reprise de la guerre nationale dans l'Italie du Nord. Avec le concours des Républiques romaine et toscane, les Piémontais crurent qu'ils pourraient venir à bout des Autrichiens. Ils imposèrent à Charles-Albert la rupture de l'armistice (20 mars 1849).

La campagne dura tout juste trois jours. Le 23 mars, Radetzky écrasait l'armée sarde à *Novare*.

Le soir même de la défaite, Charles-Albert, désespéré, abdiquait en faveur de son fils *Victor-Emmanuel II*. Radetzky accorda un nouvel armistice, moyennant l'occupation d'une partie du Piémont par les troupes autrichiennes.

L'expédition française de Rome

Les Autrichiens s'installèrent ensuite à Parme et à Modène, en Toscane et dans le nord des États de l'Église. On s'attendait à les voir marcher sur Rome : le pape, tombé sous l'influence du plus réactionnaire des prélats, le cardinal *Antonelli*, les y invitait.

Alors le gouvernement français décida d'intervenir : une armée commandée par le général *Oudinot* débarqua à Civita-Vecchia (avril 1849). L'expédition avait officiellement un double objet : prévenir l'intervention autrichienne, rétablir Pie IX à Rome, tout en assurant à ses sujets des institutions libérales.

Mais, en raison de l'intransigeance du pape, l'expédition aboutit à *une guerre de la République française contre la République romaine*. Oudinot mit le siège devant Rome défendue par *Garibaldi*[1]. Après un mois de combats (3 juin-3 juillet 1849), les Français entrèrent dans la ville. La République romaine disparut et une garnison française resta dans Rome; l'année suivante, le pape revint dans ses États.

[1] Symbole de la solidarité internationale des révolutionnaires, un corps de volontaires polonais défendait la République romaine.

Résultats de la crise

La chute de Rome ne tarda pas à être suivie de celle de Venise (août 1849). La *réaction* était victorieuse et elle fut implacable.

Pie IX et Antonelli rejetèrent les réformes proposées avec insistance par le prince Louis-Napoléon et l'absolutisme fut rétabli en fait. Partout, dans les États de l'Église comme à Naples et dans le Lombard-Vénitien, les patriotes furent emprisonnés par dizaines de milliers. A Parme, 300 personnes furent fouettées publiquement. En même temps, l'autorité de l'Autriche sur l'Italie devenait plus lourde puisqu'elle occupait maintenant, outre le Lombard-Vénitien, une partie des États de l'Église et le duché de Toscane.

Seul le royaume de Sardaigne échappa à la réaction. L'Autriche offrit au jeune roi Victor-Emmanuel une paix avantageuse, pourvu qu'il abrogeât le *Statut*, c'est-à-dire la Constitution donnée par Charles-Albert. Victor-Emmanuel refusa, préférant, disait-il, rester fidèle «à la mémoire de son père, à l'honneur de la maison de Savoie, à la sainteté des serments».

Pour avoir par deux fois osé attaquer les Autrichiens, la maison de Savoie incarna aux yeux des patriotes la *cause de l'indépendance.* Pour s'être refusée à détruire le régime constitutionnel, elle incarna aussi la *cause de la liberté.* Traqués dans toute l'Italie, patriotes et libéraux trouvèrent un refuge en Piémont. Turin, jusque-là simple capitale du petit royaume de Sardaigne, devint la capitale de l'Italie libérale tout entière. Du nord au sud de la péninsule, les patriotes mirent dans Victor-Emmanuel leur espoir de revanche et furent prêts à le reconnaître comme chef.

Mais, dernier résultat de la crise, Victor-Emmanuel et ses ministres comprenaient que l'Italie n'avait pas la force de chasser à elle seule les Autrichiens et qu'il lui fallait *chercher au-dehors l'appui* qu'elle avait d'abord imprudemment dédaigné.

La Révolution de 1848 en Europe
Autriche et Allemagne

I. — Révolution et réaction dans l'Empire autrichien

L'Empire d'Autriche en 1848

En Autriche, la crise révolutionnaire de 1848 fut plus grave et plus complexe que partout ailleurs : les mouvements libéraux et nationaux s'y enchevêtraient en effet d'une façon inextricable.

Au point de vue politique, tout était confusion et désordre. L'empereur *Ferdinand IV* (1835-1848) était un malade qui ne pouvait s'occuper des affaires. A ses côtés, les ministres (dont Metternich) ne s'entendaient pas et un fouillis de chancelleries, de conseils, de bureaux se paralysaient mutuellement. Malgré l'existence de diètes provinciales, pas d'autonomie locale sauf en Hongrie. La police et la censure ne laissaient à l'individu aucune liberté ; le régime social était fondé sur l'inégalité devant la loi ; les paysans, à demi serfs, étaient accablés par les corvées. On trouvait d'ailleurs une certaine *opposition libérale* dans la bourgeoisie des grandes villes, dans la petite noblesse, et même dans certains groupes de la haute aristocratie écartés du pouvoir.

Beaucoup plus dangereuses que les aspirations libérales étaient pour les Habsbourg les *aspirations nationales.* Deux peuples privilégiés dans l'Empire, les Allemands et les Hongrois, étendaient leur autorité sur d'autres nationalités sujettes. Les Allemands dominaient les Tchèques, les Polonais et les Ruthènes, les Slovènes et les Italiens. Les Hongrois dominaient les Slovaques, les Roumains de Transylvanie, les Serbes du Banat et les Croates. Mais, grâce à l'influence des historiens, des poètes, des journalistes, *ces nations sujettes, particulièrement les Tchèques et les Croates, venaient de reprendre conscience de leur grandeur passée :* elles exigeaient une large autonomie administrative et l'usage exclusif de leur langue. Bien plus, la Hongrie elle-même, qui formait pourtant à l'intérieur de l'Empire un royaume constitutionnel particulier sous le nom de «Couronne de saint Étienne», n'était pas satisfaite : elle demandait que la «Chancellerie hongroise» qui, de Vienne, gouvernait le royaume, devînt responsable devant la Diète hongroise. Le porte-parole des mécontents était un député de petite noblesse, journaliste âpre et violent, *Kossuth.*

La Révolution de 1848

Dès qu'on l'on connut la révolution parisienne du 24 février, l'agitation libérale et nationale commença partout. *En Hongrie,* la Diète vota l'abolition du régime féodal et l'égalité de tous les Magyars devant la loi ; elle demanda de nouveau la formation d'un ministère responsable devant elle. *A Prague* les patriotes réclamèrent l'égalité des Tchèques et des Allemands et la reconstitution du «royaume de Bohême» avec son ancienne autonomie. Puis, *le 13 mars, la révolution éclata à Vienne même,* et Metternich s'enfuit, caché dans une voiture de blanchisseuse.

Déconcerté par la soudaineté des événements, obligé de soutenir la guerre en Italie, *le gouvernement céda sur tous les points* et promit de réunir une Assemblée constituante. Cependant *l'armée* lui restait fidèle : ce fut elle qui sauvegarda l'intégrité de l'Empire.

La répression en Bohême

La répression commença en Bohême, à Prague. Les Tchèques avaient pensé que le moment était venu d'unir au moins tous les peuples slaves de l'Empire des Habsbourg pour résister aux prétentions tant des Allemands que des Magyars : un *Congrès panslaviste* s'ouvrit à Prague sous la présidence de l'historien Palacky.

Mais à peine le Congrès slave avait-il commencé à siéger qu'un conflit éclatait à Prague entre des Tchèques et des soldats autrichiens. Après une lutte acharnée, le général *Windischgrætz* obligea la ville à capituler. Le Congrès fut dissous, la Bohême soumise à un régime de dictature militaire. *C'était la première victoire de la réaction* (juin 1848).

La répression à Vienne

Quatre mois plus tard, Vienne eut le même sort que Prague. Tandis que la Constituante votait l'*abolition du régime féodal* (août), les éléments avancés, ouvriers et étudiants fomentaient à Vienne des émeutes presque quotidiennes. Leurs chefs avaient partie liée avec les démocrates hongrois, déjà à demi révoltés. Le 6 octobre, jour où des régiments autrichiens devaient être mis en route pour la Hongrie, une nouvelle émeute éclata, au cours de laquelle le ministre de la Guerre fut assassiné.

Le gouvernement, alors réfugié en Moravie, lança sur Vienne les troupes de Windischgrætz et du gouverneur de Croatie, le général *Jellachich*. Après une semaine de lutte, la ville fut prise (31 octobre 1848), tandis qu'à ses portes Jellachich repoussait une armée hongroise de secours. *La chute de Vienne était pour la réaction une victoire décisive.*

Un grand seigneur, le prince de *Schwarzenberg*, devint premier ministre et entreprit de restaurer l'autorité impériale. Sur ses conseils, l'empereur Ferdinand abdiqua au profit de son neveu, le jeune *François-Joseph* (2 décembre). Le nouvel empereur renvoya l'Assemblée constituante et promulgua une Constitution, mais en ajourna l'application (mars 1849).

La guerre de Hongrie

Mais, entre-temps, la Hongrie s'était soulevée. Pleins de mépris à l'égard des autres nationalités qui faisaient partie de la «Couronne de saint Étienne», les Hongrois se refusaient à leur accorder l'autonomie. Or, les Serbes, les Roumains et surtout les Croates la demandaient impérieusement. Leur porte-parole, le Croate *Jellachich*, convoqua même à Zagreb une assemblée des Slaves du Sud. Bientôt la guerre éclata entre Hongrois et Croates. Le gouvernement impérial ayant pris parti pour Jellachich, la Diète hongroise agit en pleine indépendance. L'empereur (il n'était que roi en Hongrie) riposta en déclarant la Diète dissoute, la Hongrie en état de siège et la Constitution hongroise supprimée (octobre 1848). Puis Windischgrætz et Jellachich envahirent la Hongrie.

Il fut moins facile d'avoir raison des Hongrois que des Tchèques ou des Viennois. L'empereur se heurtait là en effet à un gouvernement organisé, à une armée nationale, à tout un peuple, très fier et décidé à vendre chèrement sa liberté. Les Autrichiens et les Croates furent bientôt repoussés et Kossuth fit proclamer par la Diète la *déchéance des Habsbourg et l'indépendance de la Hongrie* (avril 1849).

Pour venir à bout de la Hongrie, le gouvernement autrichien dut accepter le secours des armées russes. Le tsar *Nicolas Ier*, adversaire-né de toutes les révolutions, souhaitait l'écrasement de la révolte hongroise, dont il craignait le contrecoup dans la Pologne russe. Redoutant d'autre part la formation de l'unité allemande sous la direction de la Prusse, il voulait que l'empire d'Autriche fût fort.

Pris entre les Russes et les Autrichiens, les Hongrois ne tardèrent pas à succomber (août 1849). Le gouvernement autrichien fit fusiller, pendre ou emprisonner tous les chefs qui ne purent, comme Kossuth, se réfugier en Turquie. Puis il enleva à la Hongrie la large autonomie dont elle jouissait avant 1848, et il la partagea en provinces, gouvernées par des fonctionnaires allemands qui ignoraient la langue magyare.

La réaction

Ainsi, avec l'aide du tsar, l'empire d'Autriche sortait intact de cette grande crise où il avait failli succomber. Il s'ensuivit dix années de réaction et d'absolutisme.

Des réformes votées en 1848 il ne subsista que l'abolition du régime féodal. Pour enrayer les mouvements nationaux, Schwarzenberg pratiqua une politique de *centralisation* et de *germanisation* à outrance. On a vu le sort de la Bohême et celui de la Hongrie. Les Slaves du Sud, en dépit du concours qu'ils avaient prêté à l'empereur, ne furent pas mieux traités : on se contenta de détacher leur territoire de la Hongrie et d'en faire des provinces distinctes. Les aspirations nationales furent partout étouffées et comprimées — elles n'en subsistaient pas moins.

III. — Révolution et réaction en Allemagne

Les débuts de la révolution en Allemagne

A la nouvelle de la révolution à Paris, l'agitation politique, très vive depuis l'automne de 1847, se propagea dans toute l'Allemagne et prit la double forme d'un *mouvement national unitaire* et d'une *révolution démocratique*.

Le mouvement national partit de l'Allemagne de l'Ouest. A l'appel d'une cinquantaine de patriotes réunis à Heidelberg dans le grand-duché de Bade, une Assemblée composée de tous les Allemands qui avaient été députés dans les assemblées des divers États décida la convocation d'un *Parlement constituant*, élu au suffrage universel par tous les citoyens habitant la Confédération germanique[1]. Les gouvernements, affolés, laissèrent faire et la Diète se sépara.

En même temps, la foule s'ameutait dans les capitales. Pris de peur, les princes se hâtèrent d'accorder les libertés que réclamaient leurs sujets. En Prusse, l'agitation populaire grandit à la nouvelle de la révolution de Vienne et, le 18 mars, à la suite d'un conflit sanglant entre la foule et la troupe, *la révolution éclata à Berlin*. La lutte, poursuivie toute la nuit, était encore indécise quand le roi *Frédéric-Guillaume IV* (1840-1861) donna l'ordre de cesser le feu et, par une proclamation

[1] Seraient donc électeurs les ressortissants de l'empire d'Autriche qui faisaient partie de la Confédération. Le furent aussi d'ailleurs les habitants des provinces orientales de la Prusse, qui pourtant n'en faisaient pas partie.

«*A mes chers Berlinois*», promit de retirer ses troupes. Le peuple envahit la cour du château royal et obligea le roi à saluer les cadavres des insurgés (19 mars).

La grande majorité des hommes politiques allemands étaient des modérés, mais on trouvait aussi à côté d'eux des républicains à tendance socialiste.

Échec de la Révolution en Prusse

Frédéric-Guillaume IV convoqua une *Assemblée nationale* élue au suffrage universel ; elle se réunit en mai 1848 et discuta un projet de Constitution pour la Prusse. Mais le roi ne tarda pas à entrer en conflit avec elle. Quand la révolution eut été écrasée à Vienne (octobre), il suivit l'exemple de l'Autriche : Berlin fut mis en état de siège, puis l'Assemblée fut dissoute (décembre 1848).

Cependant l'absolutisme ne fut pas restauré en Prusse, comme il l'était en Autriche. Une Constitution, octroyée par le roi, fut promulguée en janvier 1850. La *Constitution de 1850*, restée en vigueur jusqu'en 1918, établit un *Landtag*, c'est-à-dire un Parlement, composé de deux Chambres : une *Chambre des Seigneurs* nommée par le roi, une *Chambre des députés* élue au suffrage universel — en fait le système électoral était ingénieusement combiné pour que les députés fussent réellement élus par la minorité des riches[1]. Les Chambres votaient les lois et les impôts nouveaux, les impôts existants étant perçus de droit tant qu'une loi ne les aurait pas supprimés. Le roi choisissait ses ministres comme il lui plaisait ; en l'absence des Chambres il pouvait faire des ordonnances ayant force de loi. Ainsi le principe de la souveraineté monarchique était sauf, *le pouvoir royal restait prépondérant*. Frédéric-Guillaume jura d'observer la Constitution, mais il déclara : «En Prusse il faut que le roi gouverne ; je gouverne non point parce que c'est mon bon plaisir, mais parce que c'est l'ordre de Dieu… Il faut un peuple libre sous un roi libre.»

[1] Le suffrage était à deux degrés. Dans chaque circonscription électorale, les citoyens étaient répartis en trois collèges électoraux, dont chacun représentait un tiers de la totalité des impôts payés par la circonscription. Donc le premier collège ne comprenait que très peu de membres, le second en comptait davantage et le troisième beaucoup plus que le second. Or, chaque collège nommait le même nombre d'électeurs secondaires et ceux-ci élisaient les députés. De la sorte la majorité des citoyens était annihilée par la minorité des riches qui formaient les deux premiers collèges.

Le Parlement de Francfort

Le Parlement allemand élu au suffrage universel se réunit à *Francfort-sur-le-Main* en mai 1848. Il commença par organiser un gouvernement fédéral provisoire, dirigé par un archiduc autrichien de tendance libérale, puis il élabora une Constitution pour l'Allemagne. Après de très longues discussions on rédigea les «droits fondamentaux», déclaration très libérale des droits et des principes. Ensuite se posa la question de la forme du gouvernement et des limites de l'État. En janvier 1849, on se décida pour un *État fédéral à forme impériale.* Les États existants subsisteraient, chacun avec son gouvernement, mais au-dessus d'eux on créerait un *gouvernement fédéral*, formé d'un empereur et d'un Parlement élu : c'est lui qui gérerait les affaires communes à tous les États (diplomatie, armée, questions douanières).

Plus délicat était le *problème des limites* du nouvel empire. Beaucoup de députés n'admettaient pas une Allemagne d'où les Allemands d'Autriche seraient exclus : ils formaient le parti de la *Grande Allemagne* et, à leurs yeux, l'empereur allemand serait nécessairement l'empereur d'Autriche. Or Schwarzenberg entendait faire entrer l'empire d'Autriche tout entier dans l'Empire allemand. Alors se forma le parti de la *Petite Allemagne* qui ne voulait dans l'Allemagne que des Allemands et se résignait en conséquence à exclure l'Autriche : dès lors, l'empereur serait le roi de Prusse. *Le parti de la Petite Allemagne l'emporta* et le Parlement élut Frédéric-Guillaume IV empereur (mars 1849). Immédiatement Schwarzenberg rappela de Francfort les députés autrichiens.

L'échec du Parlement de Francfort

Frédéric-Guillaume IV désirait ardemment la couronne impériale, mais il voulait la recevoir à la fois en accord avec l'Autriche et des mains des princes. Quand les délégués du Parlement vinrent la lui offrir, *il la repoussa avec mépris* (avril 1849).

Toute l'œuvre du Parlement de Francfort s'écroulait. En Saxe et dans le grand duché de Bade, les républicains appelèrent le peuple aux armes, mais les soulèvements furent réprimés par l'armée prussienne (juillet 1849) et ils ne firent que compromettre la cause unitaire. Les députés quittèrent Francfort ; une centaine de députés républicains se réunirent à Stuttgart, mais ils furent dispersés par les troupes wurtembergeoises.

La tentative prussienne et son échec

Alors Frédéric-Guillaume IV essaya de se faire reconnaître par l'Autriche et donner par les princes cette couronne impériale qu'il n'avait pas voulu accepter d'un Parlement : il proposa de constituer une *Union allemande*, formée d'une part de l'empire d'Autriche, d'autre part d'un empire allemand dont il serait le chef. Les questions diplomatiques, militaires et économiques seraient réglées en commun par des délégués autrichiens et allemands.

Les rois de Bavière et de Wurtemberg repoussèrent le projet ; la plupart des autres princes l'acceptèrent. Mais dès que l'Autriche eut soumis la Hongrie, les rois de Saxe et de Hanovre se retirèrent. Il ne resta autour du roi de Prusse que les petits États : ce fut l'*Union restreinte.* Un Parlement de l'Union restreinte se réunit à Erfurt et vota la Constitution préparée par le roi de Prusse (mars-avril 1850).

Mais alors Frédéric-Guillaume se heurta à l'*opposition catégorique de l'Autriche*, dont la puissance était raffermie. Au risque de déchaîner une guerre, Schwarzenberg prit une attitude provocante à l'égard de la Prusse ; on lui prêtait ce mot : « D'abord avilir la Prusse, puis la démolir. » Il fit savoir à Berlin qu'il entendait reconstituer l'Allemagne telle qu'elle était avant 1848. De part et d'autre, on mobilisa. Puis, sur un ultimatum autrichien appuyé par la Russie, Frédéric-Guillaume capitula : à l'*entrevue d'Olmutz*[1] entre Schwarzenberg et le ministre prussien Manteuffel, toutes les conditions autrichiennes furent acceptées (novembre 1850). L'Union restreinte fut dissoute, l'ancienne Confédération reconstituée sous la présidence de l'Autriche. La Diète reprit ses séances comme autrefois.

[1] Ville située au nord de Vienne, à l'est de la Bohême, en Moravie.

Les résultats de la Révolution de 1848

Dès la fin de 1849, *il ne restait donc à peu près rien en Europe centrale des entreprises politiques de la Révolution.* Les mouvements nationaux avaient partout échoué : des mouvements libéraux il subsistait seulement la Constitution piémontaise et la Constitution prussienne. *Le vainqueur était le gouvernement autrichien.* Il avait restauré son hégémonie en Italie et en Allemagne et, dans son propre Empire, il avait effacé les droits historiques et les droits nationaux au profit d'une centralisation très poussée.

Pourtant le mouvement de 1848 avait réalisé une œuvre capitale : *la destruction du régime féodal.* Il est vrai que les paysans ne devinrent pas propriétaires ; ils obtinrent du moins le droit de s'expatrier : beaucoup d'entre eux émigrèrent vers les régions industrielles nouvelles ou vers les États-Unis. La révolution de 1848 a ainsi contribué à *la transformation économique de l'Europe centrale et à l'européanisation du Nouveau Monde.*

D'ailleurs, même si le triomphe de l'Autriche semblait avoir ruiné le programme libéral et nationaliste proclamé par les Révolutions de 1848, les vaincus ne songeaient qu'à la revanche et c'est à l'accomplissement de ce programme qu'était réservé l'avenir.

L'Europe de 1850 à 1914

Le progrès scientifique et le développement technique

Une ère nouvelle

Malgré l'importance des événements qui se sont déroulés de 1848 à 1850, ces trois années ne marquent pas une franche coupure dans l'histoire politique de l'Europe. L'évolution intérieure des États ne s'est que faiblement transformée ; les grands problèmes qui se posaient — celui des nationalités et celui de l'évolution libérale ou démocratique — continuent à se poser.

En revanche, l'année 1850 marque comme le début d'une autre période dans l'évolution de ce que l'on peut appeler la civilisation européenne. Des transformations qui ne faisaient auparavant que s'ébaucher, s'affirment à partir de ce moment, puis se poursuivent en s'accentuant jusqu'à 1914. *Une ère nouvelle semble commencer.*

Les diverses transformations

Les transformations qui se produisent de 1850 à 1914 sont nombreuses ; elles sont aussi complexes parce qu'elles sont toutes plus ou moins liées entre elles par des *rapports réciproques de cause à effet*. Les principales sont les suivantes : le *progrès scientifique*, continuant sur sa lancée, prend une ampleur extraordinaire et aboutit à des découvertes révolutionnaires ; de nouvelles *inventions techniques* sont réalisées, tandis que les inventions des périodes précédentes se vulgarisent ; l'un et l'autre fait entraînent un bouleversement des conditions de la vie économique et même de la vie quotidienne, sociale ou privée ; l'*accroissement de la population* européenne se poursuit ; la *vie économique* et l'organisation de l'économie se modifient de façon considérable ; la *structure de la société* subit de profonds changements ; les *problèmes sociaux* anciens changent d'aspect et des problèmes sociaux nouveaux sont posés.

Les deux Europes

Ces transformations se manifestent plus ou moins, et plus ou moins rapidement, dans les divers États européens. D'une façon générale, les pays qui étaient déjà les plus évolués vers 1850, c'est-à-dire ceux de l'*Europe occidentale*, sont aussi ceux qui se transforment le plus vite et le plus profondément. Les autres pays — ceux de l'*Europe méridionale* et de l'*Europe orientale* — prennent au contraire ordinairement un retard de plus en plus grand. Ce déséquilibre croissant entre les diverses parties du continent constitue, en lui-même, un des faits importants qui se sont produits durant cette période.

L'Europe et le reste du monde

Les transformations qui sont survenues en Europe de 1850 à 1914, n'ont pas eu seulement pour effet de bouleverser plus ou moins la physionomie du «vieux continent» ; d'immenses conséquences en ont également résulté pour les autres régions du monde. Un vaste mouvement d'*émigration*, parti d'Europe, a alors contribué à peupler des pays encore à peu près vides d'habitants ; grâce à la supériorité technique et militaire qu'elle a possédée, l'Europe a pu pratiquer, sur le plan colonial et sur le plan économique, une large politique d'*expansion*.

I. — Le progrès scientifique

Facteurs généraux du progrès

Plusieurs facteurs d'ordre très différent expliquent comment le mouvement scientifique a pu prendre après 1850 une nouvelle ampleur et comment il a pu aboutir à des progrès extraordi naires.

Tout d'abord, naturellement, les savants de la seconde moitié du XIXe siècle ont bénéficié des recherches de leurs *prédécesseurs ;* vous savez du reste comment le progrès scientifique n'avait jamais cessé de s'accélérer, depuis la fin du XVIIe siècle. En second lieu, l'organisation du mouvement scientifique est allée en se perfectionnant ; une aide gouvernementale importante a été accordée, un peu partout, à la recherche comme à l'enseignement ; elle s'est, en bien des cas, doublée d'une aide privée, venant des grandes sociétés capitalistes qui se sont justement alors constituées. La *coopération des chercheurs* s'est renforcée tant à l'échelle nationale qu'à l'échelle internationale ; les revues, les journaux, les bibliographies se sont multipliés ; les conférences et les congrès ont été de plus en plus fréquents. Une *aide réciproque* s'est également instituée entre la recherche scientifique et l'industrie ; l'équipement technique, réalisé grâce aux savants, a, en retour, aidé ceux-ci à pousser toujours plus loin leurs investigations. Enfin, pendant une longue partie au moins de la période, les chercheurs de toutes sortes ont joui, dans les milieux cultivés et même dans le grand public, d'un *prestige inégalé ;* les penseurs, les journalistes, les littérateurs ont exalté les victoires de la science et fondé d'immenses espoirs sur l'avenir de celle-ci ; le génie ou le talent des savants en a, en quelque sorte, été surexcité.

Les sciences mathématiques

Les branches traditionnelles de la science mathématique ont connu, après 1850, de nouveaux développements grâce aux travaux d'illustres savants, tels qu'Henri Poincaré. Des spéculations toutes nouvelles sont, en outre, apparues, ainsi les géométries qu'on appelle non euclidiennes.

L'un des effets essentiels de ce progrès des mathématiques a été de fournir aux autres savants, et plus spécialement aux physiciens, un instrument d'analyse et d'exposition sans cesse perfectionné. Le progrès des mathématiques a par là constitué un des *moteurs* du progrès de la physique.

Les sciences physiques

Les sciences physiques ont également bénéficié des perfectionnements apportés aux méthodes d'observation et d'expérimentation. La *méthode expérimentale*, que les physiciens pratiquaient déjà auparavant, s'est faite de plus en plus rigoureuse et variée, en grande partie grâce à l'amélioration du matériel et au meilleur équipement des *laboratoires*.

Les progrès des sciences physiques, entre 1850 et 1914, ont été tels qu'on éprouve de la difficulté à les analyser. On peut, dans l'ensemble, distinguer ceux qui ont été réalisés jusque vers 1870 et ceux, beaucoup plus révolutionnaires, qui se sont succédé par la suite.

Les premiers progrès

Les physiciens se sont surtout attachés, jusque vers 1870, à vérifier et préciser les résultats déjà acquis. Les expériences de Foucault (1854) ont, notamment, confirmé la théorie de Fresnel selon laquelle la lumière est une vibration et se propage par ondes. L'Allemand Helmholtz et l'Anglais Lord Kelvin ont achevé de fonder la *thermodynamique*. Ce dernier, ainsi que bien d'autres chercheurs, a poursuivi l'exploration du domaine de l'*électro-magnétisme* qu'Œrsted, Faraday et Ampère avaient naguère découvert.

Les découvertes révolutionnaires

Une première découverte révolutionnaire avait, à vrai dire, déjà été faite avant 1870 : celle de l'*analyse spectrale,* par les Allemands Kirchoff et Bunsen (1860) ; elle avait eu pour conséquence de révolutionner l'astronomie en faisant connaître la composition chimique des astres. Cependant c'est surtout à partir de 1870 que les progrès de cette sorte se sont multipliés. Ils ont concerné principalement l'électricité et la radioactivité.

La *théorie électro-magnétique de la lumière* a été établie dès 1873 par l'Anglais Maxwell, puis elle a été confirmée expérimentalement par l'Allemand Hertz ; celui-ci a prouvé que les oscillations électriques se propagent, comme la lumière, par ondes dans l'espace. Le Hollandais Lorentz a démontré, par la suite, l'existence des atomes d'électricité, les *électrons* (1892) ; cette existence a été confirmée par les expériences du Français J. Perrin et de l'Anglais J.-J. Thomson (1897).

L'histoire prodigieuse de la *radioactivité* a commencé avec la découverte des rayons X — capables de traverser des corps opaques — par l'Allemand Rœntgen (1895). Le Français Becquerel a, presque aussitôt (1896), établi les fondements de la radioactivité, puis, en 1898, Pierre et Marie Curie ont réussi à isoler un premier corps radioactif, le *radium* ; ils ont aussi reconnu le caractère atomique de la radioactivité, sans pouvoir cependant préciser la nature du phénomène.

Planck et Einstein

Si importantes que ces découvertes aient été, elles l'ont cependant été moins que celles qui furent faites après 1900. En effet les théories alors émises par deux savants allemands, Planck et Einstein, n'ont tendu à rien de moins qu'à bouleverser les concepts traditionnels sur la nature de l'Univers. Planck a formulé dès 1900 la *théorie des quanta,* selon laquelle la nature procéderait essentiellement par sauts, très petits, il est vrai ; on ne peut, par suite, prévoir que des probabilités. Einstein a commencé à publier, en 1905, sa *théorie de la relativité ;* cette théorie aboutit à identifier les notions de masse et d'énergie et à affirmer que la matière n'est, pour ainsi dire, que de l'énergie concentrée. Des conséquences stupéfiantes devaient en résulter au cours de la période qui suivit 1914.

Les sciences chimiques

Le développement de la chimie, après 1850, a été si étroitement lié à celui de la physique qu'il est souvent difficile de l'en isoler ; plusieurs des grandes découvertes dont il vient d'être question procèdent de la chimie tout autant que de la physique. Par ailleurs, tandis que la chimie minérale, depuis longtemps pratiquée, a continué à progresser, la chimie organique, qui n'avait fait que débuter avant 1850, a pris un magnifique essor.

Les progrès de la *chimie minérale*, entre 1850 et 1914, ont consisté dans la reconnaissance d'un grand nombre de corps nouveaux : ainsi le Français Sainte-Claire Deville a isolé l'aluminium. D'autre part le Russe Mendeleieff a établi une classification des éléments qui est longtemps restée la base de toutes les recherches (1869). Enfin les travaux de Pasteur et ceux du Hollandais Vant'Hof ont fondé la *stéréochimie* en donnant une image spatiale des molécules.

Le Français Berthelot a été, dans ce même temps, le véritable fondateur de la *chimie organique*. Son apport essentiel a été de démontrer que l'on peut faire la *synthèse* de tous les corps organiques *à partir de corps minéraux* (1862) ; de vastes perspectives se sont dès alors ouvertes à la recherche comme à l'industrie.

Comme ceux de la physique, les progrès de la chimie — minérale ou organique — se sont accélérés après 1900. C'est ainsi, notamment, qu'à la suite des travaux du Danois Bohr, une *théorie chimique de l'atome* a été établie ; la classification empirique de Mendeleieff a pu dès lors être expliquée rationnellement.

Les sciences de la vie

La biologie a été quasi complètement rénovée par les apports de la physique et surtout de la chimie. Une chimie biologique, la *biochimie*, s'est constituée. Elle a, dès avant 1914, réussi à isoler les *vitamines* (1912) et à définir la nature des sécrétions des glandes endocrines, les *hormones.*

La principale des sciences de la vie, la *physiologie*, a mieux conservé son autonomie par rapport à la physique et à la chimie. Elle s'est du moins renouvelée, elle aussi, en empruntant aux sciences physiques leur méthode expérimentale. L'initiateur en a été l'illustre physiologiste français Claude Bernard ; la publication de son petit traité, l'*Introduction à l'étude de la médecine expérimentale* (1865), a constitué une sorte de révolution. Parmi les physiologistes des générations suivantes, l'un des plus importants a été le Russe Pavlov ; sa théorie des *réflexes conditionnés* reste fondamentale de nos jours encore.

Aucun exemple ne montre mieux que celui de Pasteur les rapports étroits qui se sont établis désormais entre les sciences de la vie et les sciences physiques ou chimiques. Chimiste d'origine, Pasteur s'est ensuite intéressé aux phénomènes de fermentation et il a prouvé qu'ils étaient causés par des organismes vivants, les *microbes* (1858-1862). Puis il a démontré — sans être lui-même médecin — que les maladies infectieuses sont, elles aussi, provoquées par des microbes. Enfin il s'est attaché à découvrir le moyen de prévenir ces maladies et il a prouvé rationnellement la vertu des *vaccins* dont Jenner n'avait eu, en 1798, que la révélation empirique. En mettant personnellement au point la *vaccination antirabique* (1885), Pasteur, en fin de compte, s'est révélé comme un des grands bienfaiteurs de l'humanité.

Les problèmes de l'évolution

Parmi tous les débats auxquels la biologie a donné lieu depuis le milieu du XIXe siècle, l'un des plus animés a été celui qui a concerné la *notion d'évolution.* Déjà posée, au début du siècle, par Lamarck, celle-ci n'avait en effet pas encore triomphé vers 1850.

Le fait décisif à cet égard a été la publication, en 1859, du traité de l'Anglais Darwin sur l'origine des espèces. Il ne fut plus permis désormais de récuser le *transformisme.*

L'effort des biologistes, après 1860, a surtout consisté à préciser les mécanismes par lesquels l'évolution s'opère ; le problème essentiel a, par suite, désormais été celui de l'*hérédité.*

Les premiers résultats essentiels ont été obtenus par l'Autrichien Mendel, qui établit comment de nouvelles espèces peuvent apparaître sous l'effet de *mutations* (1866). Puis, en 1910, l'Américain Morgan a défini le mécanisme de celles-ci en démontrant le rôle joué, à l'intérieur des cellules de la reproduction, par les *chromosomes* et les *gènes.*

II. — La civilisation du machinisme

Une nouvelle civilisation

Trois faits différents se sont manifestés sur le plan technique, après 1850, avec une ampleur sans précédent : les *anciennes inventions,* celles de la fin du XVIIIe siècle et du début du XIXe, ont été l'objet de constants perfectionnements ; des *inventions nouvelles,* d'une portée révolutionnaire, ont été faites ; enfin toutes ces inventions — les nouvelles comme les anciennes — ont eu une *extraordinaire diffusion,* en Europe occidentale et en Amérique du Nord surtout.

Le progrès technique de ce temps a été étroitement en rapport avec le progrès scientifique ; les nouvelles inventions, notamment, sont apparues comme d'indiscutables *applications pratiques de la Science.* Par ailleurs la diffusion des techniques et la généralisation de leur utilisation ont résulté principalement de la pression des faits démographiques ou économiques.

Le progrès et le développement techniques, entre 1850 et 1914, ont entraîné un bouleversement des conditions matérielles de la civilisation occidentale. Celle-ci a commencé alors à devenir vraiment ce qu'elle est aujourd'hui : une *civilisation technique et industrielle.*

Les forces motrices

C'est probablement dans le domaine des forces motrices que les transformations les plus révolutionnaires sont apparues et qu'une nouvelle *révolution technique s'est mieux ébauchée.*

La *machine à vapeur*, que Watt avait inventée à la fin du XVIIIe siècle, n'a point cessé de se perfectionner, dans ses mécanismes comme dans son rendement. Son usage qui, sauf en Angleterre, était, jusque vers 1850, resté limité, s'est par ailleurs immensément généralisé : La France, qui en possédait à peine 5 000 en 1850, en avait plus de 100 000, dès 1 900. La production de la *houille* — principal aliment de la machine — s'est accrue parallèlement ; le chiffre mondial d'extraction est passé de 90 millions de tonnes environ en 1850 à plus de 1 200 millions en 1913. La machine à vapeur est restée, de 1850 à 1914, le principal agent moteur pour l'industrie et les transports. Mais de nouvelles machines motrices ont été inventées à partir du dernier tiers du XIXe siècle et leur usage s'est, plus ou moins rapidement, diffusé. La prépondérance de la machine à vapeur a dès lors été contestée, sans toutefois disparaître.

La conception d'une machine capable de produire utilement de l'électricité à résulté des travaux scientifiques sur l'électromagnétisme. La machine elle-même — la *dynamo* — a été mise au point en 1869 par le mécanicien belge Gramme. Cette invention est passée dans le domaine pratique, après qu'elle eut été complétée par deux autres inventions — dues à des Français : Bergès a découvert, vers 1870, qu'on peut actionner la dynamo en utilisant la force des torrents ou des cours d'eau — la *houille blanche* ; Desprez a résolu, en 1883, le problème du *transport de la force électrique à distance*. Le nombre des dynamos en service s'est dès lors accru rapidement. Les lignes à *haute tension* transportant au loin le courant ont commencé, dès avant 1914, à transformer le paysage des campagnes occidentales.

L'idée d'utiliser le pouvoir d'expansion de gaz en combustion était apparue depuis longtemps à la suite des recherches sur la thermodynamique. Mais elle n'a reçu d'application pratique que vers 1860, lorsque les premiers *moteurs à explosion* ont été construits. Une mise au point plus complète de ceux-ci fut faite en 1888 par le mécanicien français Forest : ce fut lui qui imagina d'utiliser, pour actionner le nouveau moteur, les *essences de pétrole* particulièrement inflammables. Le moteur à explosion s'est dès lors diffusé, surtout pour les transports ; la production de pétrole s'est aussi accrue considérablement.

Les nouvelles techniques industrielles

Tandis que la généralisation des machines à vapeur, puis des dynamos et des moteurs à explosion mettait à la disposition des hommes des forces motrices plus abondantes et plus souples, le *machinisme industriel* s'est, après 1850, développé de façon prodigieuse. L'ingéniosité des techniciens, soutenus par les recherches des savants, a construit une foule de machines de plus en plus diverses et spécialisées. Ces machines ont permis de produire en nombre croissant des objets de plus en plus variés, à un moindre prix de revient et au prix de moindres fatigues pour les ouvriers.

Les transformations techniques de l'industrie durant cette période n'ont pas moins résulté de l'utilisation de nouveaux *procédés de fabrication*. L'industrie sidérurgique a, par exemple, subi de profonds changements après l'invention, par l'Anglais Bessemer, d'un nouveau procédé pour convertir la fonte en acier (1860). L'utilisation du procédé Solvay pour la production de la soude a rénové de même les industries de la verrerie, de la savonnerie, du blanchiment des étoffes, etc.

La révolution des transports

Une autre transformation qui a profondément modifié la physionomie du monde a été celle des *moyens de communication et des transports*. Elle a comporté, après 1850, deux grands aspects : le perfectionnement et l'utilisation généralisée des chemins de fer et des bateaux à vapeur; l'invention de deux modes de transport nouveaux — l'automobile et l'avion —, ainsi que les débuts de leur mise en service.

La *locomotive à vapeur*, encore fruste vers 1850, est devenue, en moins de soixante-dix ans, une machine tractrice puissante, rapide et souple. L'équipement des voies a parallèlement subi d'incessantes améliorations, le trafic s'est fait ainsi plus régulier et plus sûr. Par ailleurs, les réseaux ferrés ont, à peu près partout, connu un développement considérable; la longueur du réseau français est notamment passée de moins de 3 000 km en 1850 à plus de 35 000 en 1900. Un autre progrès encore a été l'établissement de liaisons ferroviaires de plus en plus audacieuses; la science des ingénieurs a vaincu les obstacles qui entravaient la circulation à l'intérieur des continents : six grandes *percées* ont, par exemple, été réalisées pour traverser les Alpes.

Les principaux progrès dans les *transports maritimes* ont porté pareillement sur la construction des navires — qui ont, après 1877, été de plus en plus construits en acier —; sur leur multiplication — ils sont vite devenus plus nombreux que les voiliers —; sur l'aménagement des ports et l'établissement de nouvelles routes maritimes — grâce surtout à l'ouverture du *canal de Suez* (1869) et du *canal de Panama* (1914).

Bien qu'on eût tenté déjà, à différentes reprises, de fabriquer des *voitures automobiles* pour circuler sur les routes, on n'y était jamais véritablement parvenu avant 1850. Les premiers modèles pratiques de cette sorte de machine n'apparurent — en France — que vers 1880. Puis l'emploi du moteur à explosion assura, au début du XXe siècle, le succès de la nouvelle invention; il y avait déjà, en 1914, près de cinq millions d'« autos » en service dans le monde. En revanche, les premiers *avions* restaient encore, à cette date, l'objet d'une intense curiosité. En dépit des exploits de Blériot — qui traversa la Manche en 1909 — et de Roland Garros — qui survola la Méditerranée, du nord au sud, en 1912 — ce nouveau mode de locomotion continuait même à susciter de vives controverses.

Les techniques nouvelles de l'agriculture

Le progrès technique proprement dit n'a sans doute pas été, entre 1850 et 1914, moins grand dans l'agriculture que dans l'industrie. Un *machinisme agricole* déjà très varié a été créé; de nombreux *procédés agronomiques* ont été mis au point : c'est ainsi qu'à la suite des recherches du chimiste allemand Liebig, l'efficacité des *engrais chimiques* pour améliorer les sols et augmenter les rendements a été expérimentalement démontrée.

La diffusion des nouvelles techniques a cependant été moins rapide et moins généralisée dans l'agriculture que dans l'industrie. En dehors de l'Angleterre — et surtout des États-Unis — l'utilisation des nouvelles machines ou des nouveaux tracteurs est restée, somme toute, limitée à un nombre assez réduit d'exploitations. Bien que l'usage des engrais chimiques se soit davantage répandu et que l'agriculture se soit plus *intensifiée* qu'elle ne se *mécanisait*, beaucoup de champs continuaient encore, en France notamment, a être cultivés vers 1914 comme ils l'avaient été soixante-dix ans auparavant. Une des causes principales de ce défaut d'adaptation paraît bien avoir été le tempérament volontiers conservateur et routinier du paysan européen. Quant à ses conséquences, elles ont parfois été graves, comme vous le verrez un peu plus loin.

Les transformations de la vie quotidienne

L'utilisation des techniques nouvelles n'a pas bouleversé seulement, après 1850, les conditions générales de la vie économiques. Les *conditions matérielles de la vie quotidienne*, privée ou sociale, ont, elles aussi, été profondément transformée. C'est ainsi que l'utilisation, toujours plus diverse et souple de l'électricité, a, en rénovant l'*éclairage* des rues et des maisons, facilité la vie ménagère, varié les plaisirs et les distractions, modifié le rythme même des occupations diurnes et nocturnes. On ne peut énumérer ici tous ces changements. On se bornera à noter, à titre d'exemples, le développement des *télécommunications* et l'apparition du *cinéma*.

Dès avant 1850 le progrès de la science avait permis l'invention — par Gauss — et la mise au point, par Morse, du *télégraphe électrique;* des réseaux télégraphiques se sont, après 1850, établis dans tous les pays civilisés; on a même posé des câbles sous-marins dans la Méditerranée et l'Atlantique (1866). Une autre invention, celle du *téléphone* par Bell (1876), a provoqué de même, surtout au XXe siècle, l'installation d'importants réseaux téléphoniques. La réalisation théorique de la *télégraphie sans fil* (1896), puis de la *téléphonie sans fil* (1906) a résulté des recherches conduites par plusieurs savants, notamment Hertz, Branly et Marconi. Ces nouvelles télécommunications ont été couramment utilisées dès avant 1914 pour assurer des liaisons entre la terre et les navires en mer. La transmission des nouvelles a pu ainsi désormais se faire à partir de n'importe quel point du monde.

L'invention du cinématographe est né à la fois des progrès de l'*industrie photographique* et des recherches scientifiques sur l'*analyse* et la *synthèse du mouvement.*Elle a été mise au point en 1895 par des industriels Lyonnais, les frères Lumière, et elle a rapidement obtenu du succès dans le public. Toutefois le «cinéma» ne devait devenir vraiment une distraction populaire qu'après 1918.

III. — Le progrès des techniques médicales

Les progrès de la médecine

Les progrès que l'art médical a réalisés après 1850 ont naturellement résulté surtout de ceux des sciences de la Vie ; le rôle que Claude Bernard et Pasteur ont joué à cet égard s'est révélé particulièrement déterminant. Cependant l'évolution de la médecine a bénéficié également du développement de la chimie et de la biochimie. Diverses applications du machinisme ont encore contribué à la favoriser ; les instruments perfectionnés que l'on a pu désormais fabriquér ont permis tantôt de *prévenir* les maladies — ainsi la fabrication par Chamberland d'un filtre à eau perfectionné —, tantôt de les mieux *déceler* — appareils à mesurer le fonctionnement du cœur ou celui des poumons —, tantôt enfin de les *guérir* — notamment dans le domaine de la chirurgie.

Principaux aspects de ces progrès

Les progrès de la technique médicale ont, comme ceux de la technique industrielle, été à peu près illimités entre 1850 et 1914. On se bornera ici à en signaler certains : la pratique, devenue courante après 1880, de l'*asepsie* et de l'*antisepsie* — directement liées, l'une et l'autre, à la microbiologie pasteurienne —; l'usage désormais quasi routinier des *vaccins* — préventifs —, puis des *sérums* — curatifs —; les applications toujours plus variées de l'*opothérapie* — médication qui utilise les sucs végétaux —, de l'*hydrothérapie* — exploitant les priétés des diverses eaux minérales —, de l'*héliothérapie* — adoptée pour les cures antituberculeuses —; les interventions toujours plus audacieuses et sûres de la *gastrochirurgie* — l'ablation de l'appendice n'a plus normalement présenté de danger —, de la *penumatochirurgie* — le premier pneumothorax a été pratiqué en 1908 —, de la *neurochirurgie*, encore à ses débuts.

L'essor démographique européen

D'innombrables conséquences, liées les unes aux autres, ont résulté de ces progrès : diminution de la mortalité infantile ou prématurée, prolongement de la durée moyenne de la vie, abaissement du taux de mortalité. Ce qu'il convient surtout de noter, c'est qu'au bout de cette longue chaîne d'effets, le progrès médical a fortement contribué à provoquer en Europe, de 1850 à 1914, un *essor démographique sans précédent :* la population du continent, qui s'élevait, en 1850, à 265 millions d'habitants, est passée à plus de 400 millions en 1900 et à 452 millions en 1914.

Cependant, et bien qu'il ait été général, cet essor s'est révélé *inégal selon les pays*, pour des raisons tenant aux divers contextes nationaux. La Russie et l'Allemagne ont, par exemple, bénéficié d'augmentations considérables; en revanche, la population de la France ne s'est que faiblement accrue.

L'Europe de 1850 à 1914

Les transformations de l'économie

Une nouvelle économie

L'économie européenne ne s'était que faiblement transformée avant 1850, sauf en Angleterre. Elle a subi, de 1850 à 1914, un véritable *bouleversement.* D'importantes transformations se sont opérées dans le domaine de l'*agriculture* et surtout dans ceux de l'*industrie* et du *commerce ;* une *vie financière* nouvelle s'est éveillée, tandis que l'*organisation bancaire* prenait un soudain essor.

Si l'on se place à un autre point de vue, on doit aussi noter qu'à l'intérieur même de la période 1850-1914, une *évolution importante de la vie économique* s'est produite. Il y a eu une alternance de périodes d'*expansion* et de périodes de *dépression* des affaires.

I. — Les transformations de l'agriculture de l'industrie et du commerce

Les transformations de l'agriculture

Aucun changement important ne s'est manifesté, après 1850, dans la *nature des exploitations agricoles* européennes : ainsi la France est restée un pays de petites et de moyennes exploitations. La persistance de ces cadres traditionnels a correspondu, pour l'essentiel, au retard de l'équipement agricole, notamment à celui de la mécanisation. Par ailleurs cependant, il convient de noter qu'un effort a été effectué dans plusieurs pays — notamment au Danemark, en Allemagne et même, dans une moindre mesure, en France — pour pallier les inconvénients provenant du caractère trop individualiste de l'exploitation; des *coopératives agricoles* sont apparues, pour l'achat de certaines machines ou pour la vente de certains produits : ainsi, dans la région des Charentes, en France, des coopératives laitières (1888).

Si retardataire que l'agriculture européenne soit souvent demeurée au point de vue technique, elle n'en est pas moins devenue, on vous l'a dit, *plus intensive*, grâce à l'usage accru des engrais. Les *rendements* agricoles — pour le blé, pour le vin, etc. — ont, par suite, augmenté et cette augmentation a provoqué logiquement l'*accroissement des productions.* La nature même de cette production a évolué : certaines cultures — comme celle des colorants végétaux, la *garance* et le *pastel* — ont disparu devant la concurrence de produits végétaux d'outre-mer ou de produits d'origine chimique; d'autres cultures, en revanche — ainsi celle de la *betterave à sucre* — ont pris une énorme importance.

Une autre tendance de la nouvelle agriculture a consisté dans la formation progressive de *régions agricoles spécialisées :* les plaines limoneuses se sont, par exemple, consacrées de préférence aux cultures de blé et de betterave à sucre; l'élevage bovin s'est de plus en plus développé partout où le climat humide et doux favorise la poussée des herbages. Cette orientation nouvelle a surtout été provoquée par la constitution des grands réseaux ferrés et la rapide amélioration des transports. Une sorte de *complémentarité* a pu en effet dès lors s'établir, à l'intérieur de chaque pays ou à l'intérieur du continent, entre les différentes régions.

Le nouveau paysage industriel

La plus apparente des innombrables transformations qui se sont produites, au point de vue économique, dans l'industrie a été la substitution d'un nombre relativement réduit d'*usines* à la foule des petits ateliers artisanaux ou familiaux; ceux-ci n'ont plus assuré désormais qu'une part décroissante de la production. Cette *concentration industrielle* est résultée surtout des progrès continuels du machinisme : une utilisation rationnelle des machines ne pouvait être en effet assurée que dans le cadre de grands établissements.

La concentration industrielle proprement dite s'est doublée, entre 1850 et 1914, d'une *concentration géographique des industries.* Naguère encore dispersées sur l'ensemble des territoires nationaux, celles-ci se sont peu à peu regroupées dans un nombre restreint de régions : ainsi la quasi-totalité de l'industrie française s'était rassemblée, dès avant 1914, dans le Nord et le Nord-Est, puis autour de Paris, de Lyon, de Rouen. L'accroissement des quantités de combustibles ou de matières premières nécessaires au ravitaillement des nouvelles usines explique, en grande partie, ce regroupement. Les industries se sont fixées soit auprès des gisements de houille ou de minerais, soit encore aux endroits où l'on pouvait acheminer aux moindres frais matières premières et combustibles.

La production et le travail industriels

Les machines coûteuses rassemblées dans les usines doivent produire *abondamment* pour rémunérer convenablement les énormes capitaux qu'on a investis dans leur achat. La production industrielle est ainsi devenue une *production de masse.* Elle a pris, en même temps, le caractère d'une production *en grande série*, ou, comme on dit aussi, *standardisée.* L'usage de la machine a imposé une fabrication uniforme; chaque catégorie d'objets a désormais été fabriquée à des centaines de milliers, voire même à des millions, d'exemplaires.

Cependant les possibilités techniques et les besoins du marché sont devenus tels qu'en dépit de la standardisation, la production industrielle s'est aussi *diversifiée à l'extrême.* Si les produits fabriqués se sont, dans chaque série, standardisés, le nombre des séries s'est par ailleurs accru d'une façon pour ainsi dire illimitée.

Les mêmes préoccupations de rentabilité expliquent les efforts réalisés, durant cette période, pour améliorer l'*organisation du travail des ouvriers;* le rendement ouvrier devait être accru le plus possible afin que les prix de revient pussent être le plus possible diminués. Dans un premier temps, on a vu se préciser la *division du travail* entre les divers ateliers d'un même établissement. Puis, dans l'atelier lui-même, chaque ouvrier n'a plus été chargé que d'une tâche, toujours la même. Enfin on en est venu dès avant 1914, à adopter, dans certaines usines européennes, les procédés que l'*ingénieur américain Taylor* avait mis au point et fait accepter par de nombreux industriels de son pays : les gestes eux-mêmes de l'ouvrier ont été minutés; les gestes superflus ont été éliminés; l'homme s'est mis à fonctionner *comme une machine.*

La nouvelle organisation de l'industrie

La *concentration capitaliste* de l'industrie est allée de pair avec la concentration industrielle; le nombre des *entreprises* a diminué, en même temps que le nombre des établissements; il a même diminué plus encore, car de nombreuses entreprises ont désormais possédé et dirigé, chacune, plusieurs établissements. Sensible dès 1860, cette concentration capitaliste est ensuite allée en s'accentuant : vous verrez un peu plus loin comment certaines entreprises ont pris à partir de 1880 environ, des *dimensions gigantesques.*

L'apparition et le développement de cette sorte de concentration ont coïncidé avec la naissance et la généralisation d'une création nouvelle du capitalisme, la *société anonyme.* Il n'avait guère existé jusque vers 1850 que des *sociétés de personnes*, pourvues d'un capital relativement restreint. Quand il a fallu construire et équiper les nouvelles usines, les capitaux nécessaires se sont souvent révélés énormes et tels qu'un petit groupe de personnes, même très riches, pouvait difficilement les rassembler. La société anonyme a groupé les capitaux d'un grand nombre de petits ou de moyens possédants. Chacun de ceux-ci a reçu des *actions* en nombre proportionnel à son apport.

Chaque action lui a donné droit, à la fin de chaque exercice, à ce qu'on nomme un *dividende*, c'est-à-dire une part uniforme des bénéfices.

L'essor et les transformations du commerce

L'accroissement de la production et celui de la consommation expliquent dans une large mesure l'*essor commercial* qui s'est manifesté après 1850. Contribuent aussi à l'expliquer : la spécialisation des régions agricoles et la formation de grandes régions industrielles en Europe même; l'expansion européenne et la mise en valeur des territoires d'outre-mer; le développement des voies de circulation et des moyens de transport. Tous les pays européens ont participé à cet essor, mais l'Angleterre, la France et l'Allemagne en ont été les principales bénéficiaires.

Les *aspects géographiques du commerce européen* ont subi de grands changements. Des courants nouveaux ont uni, à l'intérieur de chaque pays, les régions agricoles aux régions industrielles : ainsi, en France, les régions viticoles du Midi aux régions industrielles du nord de la Loire. Des échanges complémentaires se sont intensifiés de même entre les pays industrialisés de l'Europe de l'Ouest et les pays, restés plus agricoles, de l'Europe du Sud et de l'Est. D'une façon plus générale, l'Europe de l'Ouest est devenue et est restée, jusque vers 1900 tout au moins, l'*usine du monde;* elle a exporté vers l'Afrique, l'Asie ou l'Amérique latine, les produits de ses industries; elle en a reçu des matières premières ou des denrées alimentaires.

Les *méthodes commerciales* se sont, par ailleurs, profondément *modifiées.* Les foires locales, naguère nombreuses, ont, dans l'ensemble, périclité. Certains carrefours commerciaux ont pris, en revanche, une importance considérable; on y a effectué des transactions à longueur d'année; les prix des marchandises y ont été fixés. D'autre part, on a vu se multiplier les *foires-expositions :* ainsi à Lyon, en France, à Leipzig ou à Francfort, en Allemagne. Il y a même eu, à intervalles irréguliers, de grandes *Expositions universelles :* par exemple, celles de 1855, 1867, 1889 et 1900, à Paris.

La nouvelle organisation du commerce

La concentration capitaliste et le nouveau capitalisme anonyme se sont manifestés, après 1850, dans le domaine du *grand commerce*, comme dans celui de l'industrie. De grosses entreprises, organisées en sociétés anonymes, s'y sont constituées; elles ont accaparé une part de plus en plus grande des transactions, à l'échelle nationale comme à l'échelle internationale.

Les petites entreprises ont persisté beaucoup plus dans le *commerce de détail*. Cependant de grandes entreprises sont apparues aussi dans ce secteur. Il s'est créé dans toutes les villes importantes des *grands magasins*, immenses bazars réunissant, dans un même bâtiment et sous la même direction, comme une foule de boutiques de détail, les *«rayons»*. «Le Bon Marché», à Paris, a été la première entreprise française de cette sorte (1852); «Le Louvre» (1855), «Le Printemps» (1865) et «La Samaritaine» (1869) ont été fondés peu de temps après lui.

II. — Aspects nouveaux de la vie financière et de l'organisation bancaire

Les faits monétaires

Trois faits principaux sont à noter, en ce qui concerne la monnaie, pour la période qui nous intéresse. Les diverses monnaies européennes ont montré une remarquable *stabilité;* la valeur du franc français, par exemple, n'a jamais varié jusqu'en 1914. En second lieu, l'Europe a disposé, de 1850 à 1914, d'une *quantité croissante de monnaie*. Cette multiplication des instruments monétaires a résulté de la découverte et de l'exploitation, dans le monde, de nouvelles *mines d'or;* la monnaie de papier — les *billets de banque* — est également devenue toujours plus abondante, jusqu'à constituer en France, pour l'année 1910, 85 p. 100 environ de la masse monétaire en circulation. Enfin la monnaie — métallique ou de papier — a montré une *mobilité de plus en plus grande*. Il y a eu sans doute, dans certains pays et dans certains milieux, un goût de la thésaurisation identique à celui qui avait existé dans les périodes précédentes. D'une façon plus fréquente cependant, les possédants ont éprouvé le désir de faire *fructifier leur argent*. Tantôt ils ont acheté des *actions*, tantôt encore ils se sont contentés d'acquérir des *obligations*, sorte d'emprunts lancés par les sociétés et comportant le paiement annuel d'un intérêt fixe ; tantôt enfin ils ont acheté des *titres de rente* émis par les États, en quête d'argent à cause de leurs dépenses croissantes.

La vie financière

L'épargne, mobilisée sous forme d'actions, d'obligations ou de rentes, a constitué, dès avant 1860, une masse financière considérable. Cette masse a elle-même donné lieu à d'innombrables *transactions* ou *spéculations.*

Une vie financière d'un type nouveau s'est éveillée et développée autour des *Bourses de valeurs.* Acheteurs et vendeurs de titres divers y ont confronté désormais leurs demandes et leurs offres par l'intermédiaire d'*agents de change* et de *courtiers* de toutes sortes. La Bourse de Paris est restée, durant cette période, la plus animée d'Europe après le Stock-Exchange, c'est-à-dire la Bourse de Londres. Le nombre des valeurs qui y étaient admises s'est élevé de quelques centaines en 1860 à plusieurs milliers en 1914.

Le crédit et l'organisation bancaire

Le développement quasi constant de l'industrie et du commerce a exigé, après 1850, un développement parallèle du *crédit.* Les entrepreneurs ont, en effet, besoin de crédit pour assurer la marche de leurs entreprises ou pour compléter et pour moderniser leur équipement, en fonction du progrès incessant des techniques.

L'extension considérable que l'*organisation bancaire* a prise dans tous les pays d'Europe occidentale à répondu à ces exigences. Les vieilles *banques d'affaires* — animatrices principales des grosses entreprises — se sont développées et il s'en est aussi créé de nouvelles. Elles se sont organisées selon les procédés du nouveau capitalisme ; elles sont souvent devenues elles-mêmes de grandes entreprises, capables de procurer à leurs clients de très gros crédits. D'autre part, des banques d'une autre sorte — les *banques de dépôts* — sont apparues; elles ont rassemblé les dépôts d'un nombre immense de petits épargnants et réuni ainsi d'énormes capitaux. Tels ont été notamment, en France, le Crédit Lyonnais (1863) et la Société Générale (1964).

Importance du capitalisme financier et bancaire

Le *capitalisme financier* — bureaux d'agents de change — *et bancaire* — grosses banques — a exercé de 1850 à 1914 une influence croissante sur la *vie économique des divers pays.* Les industriels et les commerçants ont, en effet, dépendu plus ou moins des financiers et des banquiers. Les grandes banques ont souvent possédé de gros paquets d'actions leur assurant le contrôle de nombreuses sociétés.

L'influence des financiers et des banquiers a aussi tendu de plus en plus à s'exercer sur la *vie politique.* Les journaux, qui dirigent en grande partie l'opinion dans les pays démocratiques, étaient souvent organisés en sociétés et, de la sorte, plus ou moins contrôlés par les financiers. D'une façon plus directe, les financiers et les banquiers ont servi ordinairement d'intermédiaires pour assurer le lancement des emprunts émis par les États. *Cette mainmise de la finance sur l'État n'a pas été la moindre des transformations survenues, après 1850, dans la vie du continent européen.*

III. — L'évolution de la vie économique

Aspects généraux

Dans le cadre général des transformations qui viennent d'être décrites, une *évolution* notable a affecté la vie économique de l'Europe, entre 1850 et 1914. Cette évolution a été déterminée par deux facteurs très généraux. Tout d'abord le rapport entre l'*offre* des marchandises produites et la *demande* de ces mêmes marchandises n'a pas pu rester stable étant donné les variations importantes — mais non toujours simultanées — de la production, de la consommation et des échanges. D'autre part, une pareille instabilité est apparue dans le rapport entre la *masse des transactions effectuées* et la *masse monétaire* qui sert au règlement de ces transactions.

Si l'on néglige les variations *passagères* ou *régionales* de cette évolution, on peut y distinguer, de 1850 à 1914, trois phases successives. La première (1850-1875) a été ce qu'on nomme une période de «prospérité» ou d'«expansion» des affaires. La seconde (1875-1895) a correspondu à un ralentissement des affaires, ou, comme on dit aussi, à une «dépression». Puis les affaires se sont peu à peu plus ou moins ranimées de 1895 à 1914.

La «grande expansion» (1850-1875)

La découverte et l'exploitation de *mines d'or* en Californie (1849), puis en Australie orientale (1861) ont gonflé le stock de monnaie dont l'Europe disposait; comme l'argent affluait, les entrepreneurs ont pu trouver du crédit à moindre prix; les affaires ont pu se développer. D'autre part, la construction des voies ferrées, le développement de l'équipement industriel, la masse accrue des consommateurs ont fait augmenter la demande de produits fabriqués; les entrepreneurs, assurés de vendre, ont été encouragés à étendre leurs entreprises ou à en créer de nouvelles. Vous verrez plus loin quelles ont été, en France et en Angleterre notamment, les principales manifestations de cette expansion.

Un autre fait d'une grande portée s'est aussi produit durant cette première période. Dans l'euphorie suscitée par l'expansion, rien ne paraissait s'opposer à ce que les diverses mesures de protection ou de réglementation qui persistaient encore fussent abolies. Le *libéralisme économique* a triomphé sur le plan du commerce extérieur : le *libre-échange*, dont les Anglais s'étaient faits les champions dès 1846, à été progressivement adopté dans tous les pays européens. Les obstacles, qui entravaient l'initiative des producteurs industriels, ont de même été peu à peu levés : ainsi dans l'exploitation des mines. Une *libre concurrence* a pu par suite s'établir entre les entrepreneurs; la loi libérale *de l'offre et de la demande* a été désormais la seule règle dans les rapports entre les producteurs et les consommateurs.

La «grande dépression» (1875-1895)

Trois faits principaux ont contribué, vers 1875, à renverser le cours de la vie économique. Il n'y a plus eu, durant une vingtaine d'années, de nouveaux apports d'or, donc de monnaie; l'argent, devenu plus *rare*, a été plus *cher;* les entrepreneurs n'ont point été sollicités de développer leurs affaires. La production industrielle, qui s'était beaucoup accrue grâce aux équipements de la période précédente, ne s'est plus écoulée que difficilement, car la demande ne s'est pas accrue autant; il y a eu une *crise de mévente.* Enfin de grandes quantités de denrées alimentaires — notamment de blé — sont arrivées des pays neufs d'outre-mer et, grâce au libre-échange, ont pu envahir les marchés européens; les agriculteurs européens ont eu désormais de la peine à écouler leurs produits; il y a eu, ici aussi, une crise de mévente. La crise industrielle et la crise agricole combinées ont, en fin de compte, entraîné une *crise bancaire;* les débiteurs, appauvris, n'ont plus pu payer les intérêts de l'argent qu'ils avaient emprunté aux banques. Plusieurs de celles-ci ont dû fermer leurs guichets.

La grande dépression, grave surtout de 1885 à 1895, a entraîné l'abolition du libre-échange. Chaque État s'est en effet efforcé de protéger, par des barrières douanières, ses propres producteurs contre la concurrence étrangère. *Le protectionnisme a été rétabli* en Allemagne dès 1879: la France l'a adopté en 1881, puis renforcé en 1892; les autres pays — à l'exception de l'Angleterre et de la Belgique — ont, plus ou moins tôt, fait de même.

D'autre part, étant donné la dépression, chaque entreprise s'est efforcée de maintenir à tout prix ses débouchés; le marché est devenu de plus en plus concurrentiel; une élimination des entreprises les plus faibles en est finalement résultée. Il n'est souvent plus resté, dans beaucoup de secteurs industriels ou commerciaux, qu'un nombre relativement réduit d'entreprises puissantes. *La concentration capitaliste a ainsi tendu vers une forme extrême.*

Ces entreprises géantes ont parfois continué à lutter entre elles et à se concurrencer, mais, plus souvent, elles ont fini par conclure des ententes, afin de maintenir les prix et de se partager, à l'amiable, le marché ; elles ont, en ce cas, exercé conjointement une sorte de *monopole* dans tel ou tel secteur de l'économie ; elles ont pu de la sorte imposer leur loi aux consommateurs. Le pays européen où ces *ententes capitalistes* se sont le mieux organisées a certainement été l'Allemagne.

La « nouvelle expansion » (1895-1914)

De *nouvelles mines d'or* ont été mises en exploitation en Australie occidentale, en Alaska et en Afrique du Sud, entre 1890 et 1895. Il y a eu, en même temps, une *reprise de la demande* de produits fabriqués ; les nouvelles colonies européennes d'Afrique ainsi que les pays neufs de l'Amérique du Sud ont commencé en effet à s'équiper, donc à acheter aux pays industriels d'Europe ; en Europe même, la tension internationale croissante a déterminé une « course aux armements ». Sous l'action de ces divers facteurs, la production industrielle a pris un nouveau départ. L'accroissement de la masse des salaires qui a accompagné la reprise de l'emploi a fait également se regonfler la demande de biens de consommation et de produits alimentaires. *Une nouvelle période d'expansion s'est ouverte.*

Cependant, si bénéfique que cette reprise de la vie économique ait été pour les entrepreneurs comme pour les ouvriers, elle n'en est pas moins demeurée précaire ; plusieurs crises passagères se sont succédé. Ce climat d'inquiétude et d'instabilité à interdit de revenir à l'ancien libéralisme : le protectionnisme a subsisté et s'est même raffermi ; le mouvement de concentration capitaliste s'est peut-être ralenti ; il ne s'est, en tout cas, pas arrêté.

L'Europe de 1850 à 1914

La nouvelle société. Aspects nouveaux des problèmes sociaux

Les transformations sociales

Les progrès de la science, le développement technique et l'essor démographique contribuent à provoquer, de 1850 à 1914, de grandes transformations dans la société européenne. Le facteur le plus direct de ces transformations est cependant la révolution économique dont on vient de vous parler.

Le *monde paysan* reste, durant cette période, celui qui évolue le moins. En revanche, une *poussée urbaine* considérable se produit. La prépondérance que prennent dès lors les citadins — en Europe occidentale tout au moins — est un des faits essentiels de l'évolution européenne au cours de ces soixante-quatre ans.

La *bourgeoisie* achève de conquérir la primauté au point de vue économique comme au point de vue politique, mais en même temps sa structure et sa mentalité évoluent. Elle aspire à sortir de l'état de sujétion où elle se trouve placée. Un puissant mouvement ouvrier, le *syndicalisme*, apparaît et se développe plus ou moins rapidement. Un autre mouvement, à la fois doctrinal et politique, le *mouvement socialiste*, reprend son essor. Le problème social passe désormais, à partir de 1900 surtout, au premier plan de l'actualité.

Comme les autres transformations dont il a été précédemment question, ces transformations sociales s'épanouissent principalement dans les pays de l'Europe occidentale; elles sont plus tardives, moins nettes et moins complètes dans ceux de l'Europe de l'Est et du Sud.

I. — Les campagnes et les villes

Les paysans

A l'exception de la Russie — où le servage sera enfin aboli en 1861, — il n'y a plus eu, après 1850, de changement dans le statut légal des paysans. Leur situation par rapport à la terre qu'ils exploitaient n'a, elle aussi, que faiblement varié : le paysan français est, par exemple, demeuré, le plus souvent, un petit propriétaire pratiquant ce qu'on appelle le «*faire valoir direct*»; les progrès de la grande propriété, en Angleterre, y ont encore renforcé la classe des «*grands fermiers*»; l'Europe orientale et méridionale a conservé ordinairement sa paysannerie de «*tenanciers*».

La situation matérielle des paysans européens a, d'une façon générale, empiré durant cette période, tout au moins jusque vers 1900. La cause principale en a été l'apparition d'un *surpeuplement rural*, lui-même provoqué à la fois par l'essor démographique et par l'insuffisante adaptation de l'agriculture aux conditions nouvelles de la technique et de l'économie. Des causes occasionnelles s'y sont ajoutées : ainsi la concurrence des produits agricoles d'outre-mer a, vous le savez, provoqué, après 1875, une chute des prix, partant une baisse du revenu et du niveau de vie des producteurs. Cette évolution, qui a été sensible dans les pays européens de l'Ouest, l'a été plus encore dans les autres.

La *mentalité paysanne* s'est transformée surtout dans les pays occidentaux — où le régime politique est devenu plus démocratique et où l'enseignement primaire s'est davantage vulgarisé. Les paysans y sont peu à peu sortis de leur ignorance traditionnelle. Le progrès des transports et des communications aidant, ils se sont progressivement ouverts aux nouveautés de toutes sortes ; leur horizon s'est lentement élargi.

L'exode rural

Le mouvement principal qui s'est manifesté alors au sein de la paysannerie a été l'*exode rural* — c'est-à-dire le départ massif des agriculteurs vers les villes. Le fait était déjà assez ancien en Angleterre ; il a gagné désormais les autres pays.

Les causes générales de l'exode rural se discernent assez aisément : la *baisse du niveau de vie* des paysans ; l'essor de l'industrie et l'*appel de main-d'œuvre* qu'il a provoqué ; le *progrès des transports* qui a facilité les déplacements. En revanche, les modalités qu'il a présentées de 1850 à 1914 ont été complexes ; il a en effet varié d'intensité selon les catégories sociales, les époques et les régions. Les catégories paysannes les plus atteintes par lui ont certainement été celle des *journaliers agricoles* et celle des *métayers*, dont la situation était plus précaire et qui n'avaient, en tout cas, point à abandonner leurs propres terres. La période où l'exode a sévi le plus a, dans l'ensemble, été, entre 1875 et 1895, celle où les effets de la grande dépression se sont fait sentir le plus rudement. Enfin, les pays d'Europe du Sud et de l'Est ont ordinairement été moins affectés que ceux de l'Europe de l'Ouest ; la misère n'y était pas moins grande, assurément, mais l'industrialisation y était bien moins avancée.

Les *conséquences de l'exode rural* ont, elles aussi, été variées. Il n'a point fait disparaître le surpeuplement dans certaines régions, parce que la natalité y est restée élevée — ainsi en Bretagne. Ailleurs, où il a sévi le plus massivement, il a, au contraire, entraîné un véritable *dépeuplement* — ainsi dans de nombreux massifs montagneux. Ses effets les meilleurs se sont produits là où il y a eu aussi, en même temps, un effort plus vigoureux d'adaptation aux nouvelles conditions de la vie paysanne — ainsi dans certaines parties du Bassin parisien, ainsi encore en Angleterre ou en Allemagne.

La poussée urbaine

L'*accroissement de la population urbaine*, surtout dans les pays d'Europe occidentale, a formé comme la contrepartie de l'exode rural. Il a été souvent rapide et considérable : par exemple, la population de l'agglomération parisienne est passée de moins d'un million et demi d'habitants en 1850 à près de 4 millions en 1914. La population de Londres s'est accrue, entre 1815 et 1914, de 350 p. 100; celle de Berlin, de 850 p. 100.

Cette énorme poussée démographique des villes s'est naturellement accompagnée de profondes *transformations matérielles*. Des quartiers nouveaux — industriels ou résidentiels — sont apparus à la périphérie des vieux quartiers. Les vieux quartiers eux-mêmes se sont fréquemment transformés soit par suite d'initiatives privées, soit surtout grâce à l'action des pouvoirs publics; un exemple probant est celui de Paris où la modernisation des quartiers centraux, inaugurée peu après 1850, s'est poursuivie durant au moins une cinquantaine d'années. Enfin, en même temps qu'elles se peuplaient et qu'elles s'étendaient, les villes se sont aussi équipées de façon plus moderne : des *halles* — parfois construites en fer — ont remplacé les vieux marchés; le ravitaillement en *eau* s'est amélioré; l'*éclairage* au gaz s'est généralisé; des *services urbains de transport* — omnibus, puis tramways et autobus, quelquefois même *métros* — se sont créés et constamment développés.

II. — Bourgeois et ouvriers

La bourgeoisie

La bourgeoisie s'était déjà bien enrichie, dans les pays d'Europe occidentale, avant 1850; elle s'y était déjà aussi substituée, en général, à l'aristocratie, en tant que «classe dirigeante». Les bourgeois ont, dans ces mêmes pays, continué à s'enrichir de 1850 à 1914, car *ils ont recueilli le principal profit du nouvel essor capitaliste*. Ils ont achevé d'y acquérir la primauté politique, à la suite des réformes libérales ou démocratiques qui s'y sont effectuées.

Le rôle des bourgeois s'est aussi renforcé dans les autres pays du continent. Cependant l'ancienne aristocratie a ordinairement pu conserver dans ces pays une grande partie de sa prépondérance.

Grande bourgeoisie et classes moyennes

La composition de ce qu'on nomme la *grande bourgeoisie* ne s'est guère modifiée après 1850. Elle est restée constituée de riches financiers, de riches négociants et de riches industriels — l'importance de ces derniers s'accroissant avec le soudain essor des industries. La moyenne bourgeoisie ou, comme on dit aussi, les «*classes moyennes*», est demeurée pareillement formée, après comme avant 1850, de commerçants, de petits entrepreneurs, de gens des professions libérales, de moyens fonctionnaires, de salariés occupant des fonctions importantes dans les grandes entreprises capitalistes. Ce dernier élément, naguère négligeable, a compté de plus au fur et à mesure que de nouvelles sociétés anonymes se sont créées et que les progrès de la technique ont multiplié le nombre des *ingénieurs* et des *cadres de maîtrise*.

La grande bourgeoisie a accumulé d'énormes richesses et, dans la mesure où, comme on l'a vu, l'économie a commencé à diriger l'Etat, elle a pris peu à peu la haute main sur la destinée des pays. Les classes moyennes, de leur côté, ont de plus en plus constitué l'*armature des nouveaux partis politiques.* Elles ont ainsi formé en quelque sorte les cadres des nouvelles démocraties.

L'ascension bourgeoise

Les classes moyennes n'ont pas cessé d'augmenter en nombre tout au long de la période. Leur recrutement a été assuré surtout par une promotion des enfants — ou des petits-enfants — des anciens paysans devenus désormais citadins. La même *ascension sociale* s'est manifestée dans le recrutement de la grande bourgeoisie jusque vers la fin du XIXe siècle ; des enfants des classes moyennes ou même, plus rarement, des fils d'ouvriers ou de paysans ont pu devenir de grands bourgeois, grâce à leur intelligence ou à leur esprit d'entreprise ; l'exemple de Boucicaut, le fondateur du *Bon Marché*, à Paris, est resté célèbre. Cependant, à partir du début du XXe siècle, de telles réussites ont été plus rares, en Europe tout au moins. La grande bourgeoisie a en effet tendu à ne plus se recruter que parmi les enfants de ses propres *dynasties*.

Aspects de la mentalité bourgeoise

Une évolution analogue s'est dessinée en ce qui concerne la mentalité de la grande bourgeoisie. Tandis que les générations de celle-ci qui ont vécu jusque vers la fin du siècle ont fait preuve d'un grand *esprit d'entreprise*, la génération suivante a paru se préoccuper plus d'administrer que de créer. Elle est, en quelque sorte, devenue *conservatrice*, tout particulièrement en France.

On pourrait en dire à peu près autant des classes moyennes. En effet celles-ci ont fait tout d'abord preuve d'une réelle combativité sur le plan politique et elles n'ont souvent guère hésité, sur le plan économique, à prendre des risques, par exemple en achetant des actions. Puis elles se sont assagies. Elles ont semblé se soucier surtout d'assurer, sur le plan politique, les avantages qu'elles avaient conquis. Elles ont aussi paru préférer, sur le plan financier, les *titres à revenus fixes* — rentes sur les Etats ou obligations émises par les sociétés.

Les ouvriers

La population ouvrière ne comprenait encore en 1850 qu'un petit nombre d'*ouvriers d'usines*. Les artisans prédominaient — travaillant soit dans des ateliers, soit, plus encore, chez eux. Le développement de la classe ouvrière proprement dite s'est fait, après 1850, parallèlement au progrès du machinisme et de la concentration industrielle. Déjà très avancé vers 1870, il était à peu près achevé trente ans après, en Europe occidentale tout au moins.

Tandis que la distinction de l'ouvrier d'usine et de l'artisan s'effaçait, une autre distinction est apparue : celle de l'*ouvrier spécialisé* et du simple *manœuvre*, dont la seule ressource est la force de ses bras. D'abord relégués à une place subalterne, les manœuvres n'ont point tardé à prendre une importance de premier plan dans le monde ouvrier; ils étaient en effet, de loin, les plus nombreux.

La mentalité ouvrière

La mentalité de l'artisan était, dans une large mesure, déterminée par ses rapports personnels avec le patron. Telle qu'elle est apparue dès avant 1870, la *mentalité de l'ouvrier d'usine* s'est révélée bien différente. Celui-ci, qui travaillait au coude à coude avec des centaines d'autres ouvriers et qui vivait en contact avec des milliers d'autres dans les nouvelles cités ou régions industrielles, a acquis en effet rapidement le sens d'une *solidarité de classe*. Par la suite, le caractère de plus en plus impersonnel des entreprises et les abus de pouvoir souvent commis par les dirigeants des ententes capitalistes ont éveillé en lui la notion d'un *antagonisme des classes*. Y ont aussi contribué fortement : la séparation — et le contraste — des quartiers bourgeois et des quartiers ouvriers dans les nouvelles agglomérations; la diffusion de l'instruction grâce à l'enseignement primaire obligatoire; la propagande effectuée par les militants des partis politiques avancés.

Une autre évolution — qui s'est manifestée surtout après 1900 — doit être notée. L'ouvrier spécialisé, qui jouissait de conditions matérielles relativement favorables, a plus ou moins tendu à «*s'embourgeoiser*» et à oublier la combativité de ses prédécesseurs. Mais le relais a été alors assuré par l'entrée en scène des manœuvres de toutes sortes — notamment des *dockers* des grands ports. C'est en grande partie grâce aux manœuvres que le mouvement ouvrier a gardé, de 1900 à 1914, son allant et sa vigueur.

III. — Le problème ouvrier. Syndicalisme et socialisme

Le problème ouvrier après 1850

Un problème ouvrier s'était déjà posé avant 1850 en Europe occidentale. Il avait même pris, en Angleterre tout au moins, une singulière importance, suscitant un vaste mouvement de revendications — le chartisme — et provoquant des troubles graves.

Ce problème s'est peu à peu généralisé, entre 1850 et 1914 ; il a fini par se poser dans tous les pays européens, même en Russie. Il s'est aussi considérablement aggravé, au point de devenir, à partir de 1890 *un des problèmes nationaux ou internationaux, prédominants.* Enfin ses données se sont nettement modifiées, par rapport à ce qu'elles avaient été dans la première moitié du XIXe siècle.

Les données nouvelles du problème

Cette transformation des données du problème ouvrier est résultée de plusieurs faits dont il a déjà été question. Tout d'abord la transformation de la structure du capitalisme et de la mentalité de ses dirigeants ; l'événement le plus décisif à cet égard a été, entre 1875 et 1895, le progrès considérable de la concentration financière des entreprises, la formation d'entreprises géantes, la conclusion d'ententes entre ces entreprises ; d'une façon générale, le patronat, devenu impersonnel, a tendu à *durcir son attitude* au fur et à mesure qu'il s'est senti plus puissant. Un autre fait, non moins important, a été l'évolution de la nature du monde ouvrier et la nouvelle mentalité ouvrière qui en a découlé ; les ouvriers, devenus plus conscients de leur solidarité et davantage animés par un esprit de classe, ont *précisé leurs revendications* et mis plus d'ardeur — ou plus d'habileté — à défendre celles-ci. Enfin la position des *dirigeants politiques* des pays n'a plus pu rester, devant ce problème, ce qu'elle avait naguère été. Les gouvernements n'ont plus pu se contenter, comme auparavant, de prendre des mesures — pacifiques ou violentes — pour assurer le maintien de l'ordre public; ils ont dû intervenir plus activement et essayer d'apporter des solutions au problème tel qu'il se posait. Leur comportement a varié selon les pays et selon les moments. Dans certains cas, l'influence de la haute bourgeoisie a réussi à empêcher des réformes sociales trop hardies ou trop générales. Dans d'autres occasions, les gouvernants ont dû — bon gré, mal gré — accorder aux ouvriers des satisfactions plus substantielles; il en a été ainsi notamment dans les pays ayant un régime démocratique; les ouvriers en effet y représentaient — grâce à leur nombre — un *élément de force politique* qu'il était impossible de négliger.

L'évolution du problème

Dans les pays les plus évolués de l'Ouest du continent, l'évolution du problème ouvrier a comporté, entre 1850 et 1914, deux phases successives.

Au cours d'un premier temps, qui s'est terminé plus tôt en Angleterre et en Allemagne qu'en France, les ouvriers ont lutté — en ordre plus ou moins dispersé — pour obtenir l'abolition des mesures de discrimination dont ils étaient l'objet — ainsi l'obligation d'un *livret* — et pour se faire accorder des *garanties légales :* le droit de *faire grève* et le droit de *former des associations* capables de les représenter en justice. En France, par exemple, les ouvriers ont reçu le droit de grève en 1864 et le droit d'association en 1884.

Une fois que les associations ouvrières — les syndicats — ont pu se former, une phase nouvelle a commencé : la phase du *syndicalisme*. Après s'être organisés — ce qui a parfois exigé, en France notamment, plusieurs années —, les syndicats ont utilisé leur puissance pour faire accorder à leurs membres des *garanties* ou des *avantages d'ordre professionnel :* des augmentations de salaires, une limitation de la journée de travail, des indemnités pour les victimes des accidents du travail, des retraites ouvrières, des assurances en cas de maladie ou même de chômage. Cette seconde phase, qui s'est ouverte en France vers 1890, a duré dans tous les pays jusqu'à 1914 et même au-delà.

Luttes et victoires du syndicalisme

Dans le combat qu'il a mené pour faire aboutir ces diverses revendications, le syndicalisme s'est heurté à trois grands obstacles : les *réticences de beaucoup d'ouvriers* qui ont craint, en s'affiliant aux syndicats, de provoquer des représailles patronales ; la *résistance acharnée offerte par les patrons* — c'est-à-dire les dirigeants des grandes sociétés — qui désiraient maintenir dans leur intégralité leurs privilèges ; l'opposition, ou tout au moins les *hésitations*, des dirigeants politiques, soucieux de ne point mécontenter les puissances économiques capables de les évincer du pouvoir. Mais le syndicalisme a aussi disposé, dans la partie extrêmement serrée qu'il a jouée, d'*atouts appréciables :* l'inflexible détermination de la plupart de ses chefs, animés par un véritable idéal ; la sympathie d'une fraction, plus ou moins large, de l'opinion, soucieuse de prolonger les réformes démocratiques par des réformes sociales ; les encouragements que certains éléments des clergés — du clergé catholique notamment — lui ont donnés ; l'appui direct que certains partis politiques lui ont apporté, surtout dans les pays pourvus d'un régime parlementaire. Ainsi s'expliquent les victoires que le syndicalisme a fini, le plus souvent, par remporter. La plupart des revendications qu'il avait présentées se trouvaient à peu près satisfaites en Angleterre et en Allemagne dès avant 1914. Pour avoir été moins complets, les succès qu'il avait obtenus en France à cette date n'étaient cependant pas négligeables.

Syndicalisme et socialisme

L'appui le plus puissant que le syndicalisme a reçu à la fin du XIXe siècle et au début du XXe, lui est venu d'un mouvement à la fois social et politique, le *mouvement socialiste.* A dire vrai, on peut même considérer que les victoires du syndicalisme ont été, tout aussi bien, des victoires du socialisme.

Les deux mouvements doivent cependant être distingués dans la mesure où chacun a eu ses buts particuliers et ses méthodes propres. Dans l'ensemble, le socialisme a débordé largement du cadre — relativement restreint — que le syndicalisme se fixait. Il est parti d'un *conception doctrinale* de l'histoire et de la société ; il a visé à *bouleverser* toute l'organisation sociale et économique.

Aspects nouveaux du socialisme

Il y avait déjà eu des doctrines et des mouvements socialistes avant 1850, en Angleterre et en France principalement. Mais le socialisme, tel qu'il s'est développé en Europe occidentale, entre 1850 et 1914, a montré des caractères nouveaux. Tout d'abord, et s'il est vrai qu'il y a eu, après comme avant 1850, plusieurs doctrines socialistes différentes, l'une d'elles, le *marxisme*, n'a pas tardé à exercer une influence prédominante ; la grande majorité des socialistes l'ont — sauf en Angleterre — adoptée. D'autre part, le mouvement socialiste, inspiré par la doctrine marxiste, a pris désormais une ampleur qu'aucun autre mouvement similaire n'avait jamais eue ; il a tendu à devenir, en Europe occidentale du moins, un *mouvement de masse*. Enfin le socialisme a réussi, plus ou moins rapidement, à s'organiser en *partis politiques*. Le nombre des députés qu'il a envoyés dans les divers parlements est allé croissant jusqu'en 1914 ; aucun gouvernement n'a plus pu négliger la force parlementaire qu'il représentait ; certains députés socialistes ont même fini, au début du XXe siècle, par accéder à des postes ministériels.

Lutte des classes et internationalisme

Deux thèses fondamentales du marxisme ont comporté d'importants prolongements sur le plan de l'action : la thèse de la lutte des classes et celle de l'internationalisme ouvrier.

La *thèse de la lutte des classes* — selon laquelle la classe ouvrière doit inéluctablement s'opposer à la classe bourgeoise et finir par en triompher — a constitué, dès le moment où elle s'est largement diffusée — c'est-à-dire entre 1880 et 1890 — une *idée-force* qui a décuplé la valeur combative des dirigeants ouvriers et notamment de la plupart des chefs syndicalistes.

La *thèse de l'internationalisme ouvrier* n'a pas exercé une moindre influence, bien au contraire. D'après elle, les ouvriers

— les « prolétaires » — doivent s'unir, par-delà toutes les frontières, en un unique et irrésistible mouvement ; la défaite de la bourgeoisie en sera rapprochée d'autant. Cette conception a suscité la formation d'une *Première Internationale ouvrière*, dès 1864, à Londres. Puis, quand celle-ci, déchirée par des dissensions intérieures, eut disparu (1876), une autre Internationale — *la Deuxième* — n'a point tardé à se former. Elle s'est constituée à Paris en 1889 et elle a bientôt reçu l'adhésion de la plupart des mouvements ou des partis socialistes nationaux. Elle est restée, jusqu'en 1914, l'organisme de liaison du socialisme européen et même mondial.

Le Second Empire (1852-1870)

I. — l'Empire autoritaire

La Constitution de 1852

Par 7 millions de *oui* contre 600 000 *non* et près de 2 millions d'abstentions, le peuple français avait, dans le plébiscite du 20 décembre 1851, approuvé le coup d'Etat du 2 décembre et chargé Louis-Napoléon Bonaparte de faire une nouvelle Constititution.

La Constitution que le Prince Président promulgua en janvier 1852, et qui subsista sans grandes modifications quand il devint Empereur, était imitée de celle de l'an VIII. Le *Président*, élu pour dix ans au suffrage universel, avait tout le pouvoir exécutif. Seul il possédait l'initiative des lois et il les faisait rédiger par le Conseil d'Etat, dont les membres étaient nommés et révoqués par lui. — Un Corps *Législatif*, élu pour six ans au suffrage universel, votait ou rejetait les projets de lois qui lui étaient soumis. Il était convoqué, prorogé ou dissous au gré du Président. Les députés ne pouvaient exercer aucun contrôle sur les ministres, qu'ils n'avaient le droit ni de renverser ni même d'interpeller. — Les *ministres* dépendaient uniquement du Président; ils ne pouvaient être choisis parmi les députés. — Le *Sénat*, composé d'amiraux, de maréchaux, de cardinaux et de personnalités nommées à vie par le Président, était «gardien de la Constitution» et toutes les lois devaient lui être soumises. Il réglait aussi par *senatus-consulte* la législation des colonies et ce qui n'avait pas été prévu par la Constitution. Ministres, députés, sénateurs, conseillers d'Etat, officiers, magistrats et fonctionnaires devaient prêter au Président un *serment de fidélité.*

Sous des apparences républicaines et démocratiques, la Constitution de 1852 établissait en fait une monarchie déguisée et de caractère dictatorial.

Proclamation de l'Empire

En quelques mois les institutions nouvelles furent mises en place. En même temps une vive reprise des affaires préludait à l'essor économique qui allait marquer le Second Empire. Le pays ne demandait qu'à s'abandonner à son «sauveur». Le rétablissement de l'Empire fut la conséquence de cet état d'esprit.

A la suite d'un voyage en province, où le Président avait été accueilli aux cris de «Vive l'Empereur», le Sénat soumit à un plébiscite «le rétablissement de la dignité impériale en la personne de Louis-Napoléon». Le plébiscite de novembre 1852 donna 7 839 000 *oui* contre 253 000 *non*. Le 2 décembre 1852, jour anniversaire du couronnement de Napoléon Ier, Louis-Napoléon fut proclamé *Empereur héréditaire des Français* et prit le nom de *Napoléon III.*

Un mois plus tard, en janvier 1853, il épousa une Espagnole de vieille famille noble, *Eugénie de Montijo*, dont le père avait servi dans l'armée de Napoléon Ier.

Napoléon III et son entourage

Napoléon III a été jugé de façon très diverse. Ses adversaires politiques et ceux qui ont souffert par lui n'ont vu en lui qu'un homme sans moralité ni scrupules, qui a tout sacrifié à son ambition. Ceux qui l'ont servi lui sont au contraire restés très attachés.

Napoléon était *bienveillant, humain, généreux*. Par esprit de justice, il s'est fait souvent (pas toujours) le champion du principe des nationalités ; il a multiplié en faveur des pauvres les œuvres d'assistance ; il a favorisé la classe ouvrière ; pacifique, il voulait régler par des Congrès tous les conflits internationaux et réaliser ce qu'il appelait « les Etats-Unis d'Europe ». Napoléon était aussi *ouvert à toutes les nouveautés :* il a deviné l'évolution économique de son temps et favorisé le développement de la grande industrie et du capitalisme. En revanche, il n'a pas compris que les Français avaient pris l'habitude de la liberté politique ; il crut pouvoir gouverner despotiquement sans faire appel à eux, à condition qu'il leur donnât la prospérité ; et, quand il fut acculé aux concessions, il les fit de mauvaise grâce, timidement et *sans jamais renoncer à son pouvoir personnel.*

L'*Impératrice Eugénie* était très pieuse et d'idées très conservatrices. Au contraire le *prince Jérôme*[1], cousin de l'Empereur, ancien « Montagnard » à l'Assemblée Législative, s'affichait démocrate fougueux et violemment anticlérical.

Quant au personnel dirigeant, il varia peu. On y trouvait un fidèle de toujours, *Persigny*, d'un dévouement passionné, mais brutal et maladroit ; puis le principal artisan du coup d'Etat, *Morny*, infiniment intelligent et souple, mais homme de plaisir et d'argent ; enfin des orléanistes ralliés, tels le banquier *Fould* et trois avocats de valeur, *Baroche, Billault* et *Rouher.*

Entre ces influences diverses, Napoléon hésitait souvent, mais *n'en faisait qu'à sa tête.* Très fermé, dissimulé, énigmatique, confiant en son étoile, il garda toujours de son passé des habitudes de conspirateur : il cachait longuement ses desseins, même à ses intimes, puis il les imposait soudain, par décisions brusques. *Napoléon III était l'homme des coups d'Etat et des coups de théâtre.*

L'Empire autoritaire régime de dictature

De 1852 à 1860, la France vécut sous un régime de dictature. C'est la période dite de l'*Empire autoritaire.* Durant ces huit années, l'Empereur trouva son appui d'abord dans les classes

[1] Fils de Jérôme Bonaparte, ancien roi de Wesphalie, l'un des frères de Napoléon Ier

rurales qui lui restèrent toujours fidèles, puis dans la bourgeoisie reconnaissante d'avoir été sauvée des «rouges» en 1851, enfin dans le clergé qui avait, dans son immense majorité, applaudi au coup d'Etat et fut comblé de faveurs. Seuls refusèrent de se rallier les légitimistes et, parmi les orléanistes, les anciens chefs politiques du temps de Louis-Philippe : Guizot, Thiers, Montalembert, Molé.

Dans chaque département le préfet veillait à étouffer les moindres manifestations d'opposition. *Les Français avaient perdu toute liberté.* La police épiait les conversations privées; les professeurs et les instituteurs étaient étroitement surveillés. Dès février 1852, un décret sur la presse avait rétabli l'autorisation préalable pour toute création de journal, le cautionnement, le droit de timbre, la juridiction des tribunaux correctionnels pour les délits de presse. En outre, il avait institué un système de *répression administrative :* les journaux pouvaient être avertis, suspendus, supprimés par simple décision du ministre ou d'un préfet, sans qu'il fût besoin d'une action judiciaire.

En 1858 l'*attentat d'Orsini* servit de prétexte à de nouvelles mesures de rigueur. L'Italien Orsini, voulant punir l'Empereur de n'avoir rien fait pour la cause de l'unité italienne, tenta de l'assassiner (1858). Le gouvernement promulgua aussitôt une *loi de sûreté générale*, qui permettait de déporter ou d'incarcérer sans jugement quiconque avait subi une condamnation lors des événements de juin 1848, juin 1849 et décembre 1851, et quiconque était jugé «dangereux pour la sûreté publique». Chaque préfet reçut l'ordre d'arrêter un nombre déterminé de personnes : 300 environ furent bannies ou déportées.

Quant à la vie politique, elle avait presque disparu. Pour être certain d'avoir un Corps Législatif docile, le guvernement pratiquait la *candidature officielle* et il interdisait à ses adversaires de tenir des réunions électorales[1]. Le vote était secret mais il durait deux jours et, la nuit, on laissait l'urne non scellée à la garde du maire — qui était nommé par le gouvernement. Sur un total de 261 députés, le Corps Législatif de 1852 comptait 256 candidats officiels et, dans la salle du Palais Bourbon où il siégeait, *il n'y avait plus de tribune.*

[1] Sous la Seconde République, on avait voté au scrutin de liste. Sous l'Empire les députés furent élus au scrutin uninominal. La division du département en circonscriptions électorales était faite par le gouvernement et pouvait être remaniée a chaque élection.

La surveillance de la police et la nullité de la vie politique, formant contraste avec les fêtes de la vie mondaine et avec le développement des affaires et de la spéculation, — tel est le caractère essentiel de l'Empire autoritaire.

Faiblesse de l'opposition

Sous ce régime, l'opposition était complètement désarmée. Celle de la noblesse légitimiste et des orléanistes qui boudaient n'était qu'une opposition de salon. En revanche, l'*opposition républicaine* conservait ou même gagnait des partisans dans la jeunesse des Ecoles et les masses ouvrières. Elle se manifesta par quelques complots, par la propagation de livres interdits comme les *Châtiments* de Victor Hugo (1853), par la présence de foules silencieuses aux funérailles de Lamennais. Aux élections de 1857, bien que toute campagne électorale fût impossible, sept républicains furent élus (dont cinq à Paris) : mais l'un d'eux, le général Cavaignac, mourut peu après et, des six autres trois seulement acceptèrent de prêter le serment de fidélité à l'Empereur et purent siéger. Aux élections complémentaires de 1858, Paris élut encore deux républicains : ainsi se trouva constitué le *groupe des Cinq*, parmi lesquels deux brillants orateurs, *Jules Favre* et *Emile Ollivier.*

Le changement de 1860

A partir de 1859 ce régime autoritaire se détendit. Ce fut la conséquence de la guerre d'Italie et du traité de commerce avec l'Angleterre.

La *guerre d'Italie*, dirigée contre l'Autriche, fut mal vue des conservateurs. Elle le fut aussi des hommes d'affaires qui s'effrayaient des conséquences d'une guerre sur la situation financière du pays. Enfin elle indigna les catholiques parce qu'elle eut pour conséquence l'annexion à la Sardaigne d'une partie des Etats du pape. Les évêques, jusque-là fidèles partisans de Napoléon, firent désormais opposition à sa politique italienne.

D'autre part, Napoléon conclut avec l'Angleterre un *traité de commerce*, en vertu duquel les droits de douane entre les deux pays furent considérablement abaissés (1860). Ce traité irrita les industriels français, contraints de moderniser leur outillage et de diminuer leurs prix pour résister à la concurrence anglaise. Leur zèle pour l'Empire disparut.

Pour arrêter l'Empereur dans ses innovations économiques et diplomatiques, bourgeois d'affaires et catholiques ne virent qu'un moyen : le retour au gouvernement parlementaire qui permettrait aux députés et aux sénateurs de contrôler les ministres. D'ailleurs, Napoléon désirait lui-même adoucir le régime autoritaire : il y était poussé par Morny, président du Corps Législatif.

Ainsi s'explique l'évolution qui, en dix années, de 1860 à 1870, fit de l'Empire autoritaire un *Empire libéral.*

II. — De l'Empire autoritaire à l'Empire libéral

Premières concessions. Progrès de l'opposition

Cette transformation de régime ne se fit pas sans beaucoup d'hésitations, car, si Napoléon désirait mettre fin à la période de dictature, il entendait pourtant ne pas laisser porter atteinte à son pouvoir. D'autre part, comme il n'aimait pas à changer de personnel politique, *il conserva les hommes de l'Empire autoritaire* et les laissa trop souvent annuler en fait les réformes libérales par la façon dont ils les appliquaient.

En août 1859, l'*amnistie* fut accordée aux quelque 1 800 condamnés politiques qui n'avaient pas encore été amnistiés : beaucoup l'acceptèrent[1], mais n'en devinrent pas pour cela des partisans de l'Empire.

Puis le *décret du 24 novembre 1860* annonça trois concessions : 1° Le Corps Législatif et le Sénat auraient le droit de rédiger, à l'ouverture de la session, une *adresse* en réponse au discours du Trône : l'opposition aurait ainsi le moyen, une fois par an, de discuter la politique générale du gouvernement; 2° le *compte rendu des débats* des Chambres pourrait être publié par les journaux; 3° des *ministres sans portefeuille* viendraient soutenir devant les députés les projets de loi du gouver-

D'autres la refusèrent : tels Victor Hugo, Quinet, Louis Blanc, Schœlcher

nement. — Mais les décrets sur la presse et les élections, et même la loi de sûreté générale subsistaient. La France se trouva ainsi soumise à un régime étrange, *mélange incohérent de despotisme dans la nation et de demi-libéralisme dans les Chambres.*

Du moins la vie politique se ranima-t-elle. Aux élections de 1863, l'opposition, surtout forte dans les villes, recueillit près de *deux millions de voix* et fit entrer au Corps Législatif 32 députés, dont certains catholiques et protectionnistes jusque-là bonapartistes. Paris avait élu huit républicains et, avec eux, un autre adversaire de l'Empire, *Thiers.*

Napoléon continua d'osciller entre l'ancienne politique d'autorité et la politique libérale. Il confia le ministère de l'Instruction publique à *Victor Duruy* et le laissa accomplir, de 1863 à 1869, une œuvre de réorganisation universitaire dans un esprit démocratique et laïque. Il donna le ministère de la Justice et des Cultes à *Baroche*, qui était décidé à maintenir le contrôle de l'Etat sur le clergé, d'après les règles du Concordat. Enfin, contrairement au vœu des patrons, il accorda aux travailleurs le *droit de grève* (1864). En revanche, Napoléon se refusa à concéder les *libertés nécessaires* que Thiers, en un discours célèbre de 1864, avait réclamées[1]. Et, quand Morny fut mort (1865), *Rouher*, l'homme du régime autoritaire, exerça une influence prépondérante dans les Conseils de gouvernement.

Le Tiers-Parti. Nouvelles concessions

Cependant le désir d'en revenir au régime parlementaire pour rétablir le contrôle des Chambres sur les ministres gagnait de plus en plus d'adeptes dans la bourgeoisie. Ainsi se forma, entre 1864 et 1866, un parti nouveau, à la fois bonapartiste (parce que partisan de l'ordre) et «libéral», le *Tiers-Parti.* Il eut bientôt pour chef un républicain rallié à Napoléon, *Emile Ollivier.*

Dès lors, et pendant quatre ans, de 1866 à 1870, l'histoire de la politique impériale représente l'aspect d'une *lutte entre les*

1. Thiers entendait par là : la liberté personnelle (donc la suppression de la loi de sûreté générale), la liberté de la presse, la liberté des élections (donc la suppression de la pression administrative), le droit d'interpellation dans les Chambres, enfin le droit pour la majorité de renverser le ministère.

influences rivales de Rouher et d'Emile Ollivier. Sous l'influence de ce dernier, Napoléon III fit trois nouvelles concessions.

1. Un décret de 1867 *remplaça l'adresse par l'interpellation :* désormais députés et sénateurs purent discuter les actes du gouvernement non plus seulement une fois par an mais à leur heure.

2. Une *loi sur la presse* (1868) abolit le régime des avertissements, tout en maintenant le cautionnement, le timbre et le jugement des délits de presse par les tribunaux correctionnels.

3. Enfin une *loi sur les réunions* (1868) établit la liberté de réunion, mais conserva l'autorisation préalable pour les réunions où l'on discutait de questions politiques ou religieuses.

Nouveaux progrès de l'opposition

Comme en 1860, les concessions profitèrent à l'opposition, et surtout à la plus violente de toutes, l'opposition républicaine. En effet, dans les milieux républicains les *tendances révolutionnaires* s'étaient développées depuis 1860 : les jeunes étaient pour la plupart antimilitaristes, violemment aniclériacaux, souvent même athées, et prêts à recourir à l'insurrection pour renverser l'Empire. Les lois de 1868 leur donnèrent les moyens d'entreprendre une furieuse campagne de presse et de réunions publiques — car on pouvait dans les réunions traiter librement des questions économiques et sociales.

Les coups les plus durs furent portés au régime en 1868 par un journaliste, *Rochefort* et un avocat, *Gambetta.* Rochefort publia un pamphlet hebdomadaire, *La Lanterne*, d'une verve insolente et souvent insultante. Gambetta se fit connaître par la plaidoirie qu'il prononça pour défendre du journal, *Le Réveil*, qui avait ouvert une souscription en faveur du député Baudin, tombé sur les barricades lors du Coup d'Etat de 1851. Dans le même temps, les graves échecs du gouvernement dans le domaine de la politique extérieure (expédition du Mexique, dangereux accroissement de la puissance de la Prusse, question romaine) fortifiaient les attaques de l'opposition.

Aux élections de mai 1869 les partisans du régime autoritaire (on les appelait les *mameluks*) furent mis en minorité pour la première fois. Le Tiers-Parti revenait renforcé et les républicains avaient conquis plus de 30 sièges : Rochefort et Gambetta étaient parmi les élus.

Les dernières concessions

Les élections de 1869 eurent de très graves conséquences. Conservateur, protectionniste, clérical, *le Tiers-Parti semblait ressusciter le parti de l'ordre de 1849.* Sa victoire contraignit Napoléon à sacrifier aux exigences du clergé les ministres Baroche et Victor Duruy. Mais le Tiers-Parti se disait aussi «libéral», parce qu'il voulait étendre le droit de contrôle des Chambres : il exigea donc le départ de Rouher, et demanda le rétablissement du gouvernement parlementaire. Napoléon dut se résigner à de nouvelles concessions.

1. Un *sénatus-consulte de septembre 1869* accorda au Corps Législatif l'initiative des lois, la liberté d'amendement, le droit de voter le budget par chapitres détaillés, le droit complet d'interpellation.

2. Puis Napoléon chargea Emile Ollivier de former un ministère composé de membres pris dans la majorité du Corps Législatif, c'est-à-dire dans le Tiers-Parti qui comptait alors environ 170 membres : ce fut le *ministère Emile Ollivier* (2 janvier 1870).

3. Enfin, le *sénatus-consulte du 20 avril 1870* enleva au Sénat son pouvoir constituant et fit de lui une seconde chambre législative, semblable à la Chambre des Pairs sous la Monarchie constitutionnelle. Mais Napoléon n'en continuait pas moins à nommer et à révoquer les ministres à sa guise et à faire appel au peuple par voie de plébiscite quand il le jugeait bon : en particulier, il pouvait lui proposer de modifier tel ou tel article de la Constitution.

Le régime établi par les réformes de 1867, 1869 et 1870 (on l'appelle la *Constitution de 1870*) *était non un régime parlementaire, mais une combinaison hybride où le césarisme de 1852 se mêlait à la monarchie de 1814.*

Le plébiscite de 1870. La fin de l'Empire

L'opposition républicaine devenait de plus en plus violente. En même temps les ouvriers allaient aux partis révolutionnaires : des grèves aboutirent, en 1869 et 1870, à des conflits sanglants. A Paris l'état des esprits était tel qu'un incident tragique, le meurtre du journaliste républicain *Victor Noir* par un prince Bonaparte, cousin de l'Empereur, faillit y déchaîner une révolution.

Inquiet, *l'Empereur chercha un appui dans l'opinion publique* et recourut au plébiscite. Il demanda aux Français d'approuver les réformes libérales opérées depuis 1860. En fait, il s'agissait de voter pour ou contre l'Empire. Le *plébiscite de mai 1870* donna 7 538 000 *oui*, 1 572 000 *non* et il y eut 1 900 000 abstentions. Déjà les «mameluks» reprenaient courage et se préparaient à renverser le ministère Emile Ollivier.

Mais l'avenir du régime dépendait autant de sa politique extérieure que de l'opposition intérieure. Or, deux mois plus tard, la guerre franco-allemande commençait : au lendemain du désastre de Sedan, l'Empire fut renversé et la République proclamée (4 septembre 1870).

La France sous le Second Empire

I. — L'œuvre économique

Napoléon III et les questions économiques

Le Second Empire a été une époque d'activité économique intense, caractérisée surtout par le développement des affaires financières, industrielles et commerciales. Napoléon III a travaillé systématiquement à développer la prospérité matérielle.

Si Napoléon s'engageait dans cette voie, ce n'était pas seulement parce que la satisfaction donnée aux intérêts matériels lui semblait le meilleur moyen de faire oublier au pays la confiscation de ses libertés, c'est aussi et surtout parce qu'il avait subi dès sa jeunesse l'*influence du saint-simonisme.* L'Empereur s'intéressait aux questions économiques et désirait sincèrement améliorer la condition des classes populaires. Avec les saint-simoniens, il pensait que le progrès industriel était la première condition du progrès social.

Le développement du crédit

Dans l'œuvre économique du Second Empire, il faut placer au

premier plan le *Développement du crédit.* L'accroissement de la production, la construction des voies de communication, la modernisation des grandes villes exigeaient une masse énorme de capitaux.

Ainsi s'explique l'*essor prodigieux des banques.* C'est à partir de 1850 que les banquiers se donnèrent pour tâche essentielle de financer les entreprises industrielles et les grands travaux. Napoléon, dès 1852, participa à la création du *Crédit Foncier*, qui devait faire des avances de fonds aux propriétaires fonciers — en fait les deux milliards qu'il prêta allèrent surtout aux propriétaires d'immeubles parisiens. La même année, deux financiers entreprenants, et bien en cour, les *frères Pereire*, anciens saint-simoniens, fondaient le *Crédit Mobilier*; ils lancèrent ou commandèrent nombre d'entreprises : compagnies de chemins de fer en France, en Suisse, en Autriche, en Espagne, compagnies de gaz, de navigation, etc. Mais, compromis par la spéculation et en butte à la jalousie des banques rivales, le Crédit Mobilier s'effondra en 1867. Le *Comptoir d'Escompte* fonda des comptoirs en Asie, émit des emprunts chinois : il est resté jusqu'à nos jours un des plus grands établissements de crédit, avec le *Crédit Lyonnais* (1863) et la *Société Générale* (1864). La Banque de France qui, depuis 1848, avait le monopole d'émettre des billets de banque, vit son privilège renouvelé en 1857; elle ouvrit une succursale par département.

Les mines, récemment découvertes, d'Australie et de Californie jetaient alors sur le marché d'énormes quantités d'or. Attirés par l'espoir de placements fructueux, les capitaux affluèrent à Paris, qui devint, pour quelques années, la première place financière du monde.

En 1867 une loi facilita la création des *sociétés anonymes*, qui servent à recueillir les capitaux nécessaires à la constitution des grandes entreprises. En même temps l'usage de la *monnaie fiduciaire* se généralisa : le nombre des billets de banque en circulation quadrupla de 1850 à 1870.

Les moyens de communication

Avec le développement du crédit, l'œuvre la plus importante du Second Empire fut l'accroissement des nouveaux moyens de communication, chemins de fer, télégraphe, transports maritimes.

Le réseau ferré prévu par la loi de 1842 dépassait à peine 3 000 kilomètres en 1852. Pour activer la construction, Napoléon abaissa les droits de douane sur les fers anglais, de façon à avoir des rails à meilleur marché ; surtout il favorisa le groupement en *réseaux* des lignes existantes. Ainsi se constituèrent les *six compagnies* du Nord, de l'Est, du P.L.M., d'Orléans, du Midi et de l'Ouest qui se partagèrent la France, et reçurent pour 99 ans un monopole d'exploitation. Elles étaient dirigées par les financiers les plus importants de l'époque, les *Pereire*, *Rothschild* et *Enfantin*, l'ancien chef de l'école saint-simonienne. En 1870 étaient en exploitation 18 000 kilomètres. Continuant la politique de la Monarchie de Juillet, le Second Empire augmenta également le nombre des chemins vicinaux, de même qu'il améliorait le réseau des rivières navigables et des canaux. Dans le même temps, le *télégraphe* entrait dans les mœurs (la longueur des lignes télégraphiques était 18 fois plus grande en 1870 qu'en 1851). Alors aussi les premiers *câbles* français furent immergés dans l'Atlantique et la Méditérranée. Napoléon protégea également les grandes Compagnies de navigation : *Messageries Maritimes*, créées en 1851, *Transatlantique* fondée en 1862.

Les progrès de la technique permirent de forer sur douze kilomètres de long *le tunnel du Mont-Cenis*, la première des grandes percées dans les Alpes occidentales (1858-1870) et de creuser en Égypte, sous la direction du saint-simonien Ferdinand de Lesseps, les 173 kilomètres du *canal de Suez* (1859-1869).

Les grands travaux. Transformation de Paris.

Dans l'œuvre économique du Second Empire, il faut encore donner une place de premier plan à la *transformation, l'aménagement et l'agrandissement de Paris*, travail prodigieux, destiné à la fois à accroître le prestige du régime, occuper les masses ouvrières et assurer la police de la ville révolutionnaire. Il fut exécuté sous la direction du baron *Haussmann*, préfet de la Seine de 1853 à 1870.

Haussmann était un administrateur énergique qu'aucun obstacle n'arrêtait. Il fit éventrer les vieux quartiers ; on y perça de larges avenues rectilignes, tels les boulevards Saint-Michel, Sébastopol, de Strasbourg, qui formèrent avec la rue de Rivoli prolongée la « grande croisée » de Paris, grandes voies de circulation qui assainirent la ville, mais aussi voies stratégiques où l'artillerie pouvait tirer comme en rase campagne. On amena dans d'énormes réservoirs les eaux de deux rivières, la Vanne et la Dhuys : la longueur des conduites d'eau doubla, celle des égouts quadrupla. On transforma en parcs les bois de Boulogne et de Vincennes, les carrières des Buttes-Chaumont. On acheva le jonction du Louvre aux Tuileries. On construisit les Halles centrales, des marchés, des églises (Saint-Augustin, la Trinité), des hôpitaux, des théâtres (l'Opéra, le Châtelet), des gares, des casernes, vraies citadelles complétant le système de défense contre l'émeute. En même temps s'opéra une nouvelle répartition de la population parisienne : riches et pauvres ne furent plus confondus, comme ils l'étaient jusque-là, dans les mêmes quartiers et les mêmes maisons.

En 1860 on doubla l'étendue de Paris en annexant onze communes comprises entre l'ancien mur des Fermiers Généraux et les fortifications élevées en 1840 : Auteuil, Passy, Montmartre, Grenelle, Vaugirard, etc.

Accroissement de la production

Par le développement du crédit, de la circulation, des travaux d'utilité publique, l'Empereur espérait stimuler toutes les formes de la production. En fait, l'industrie en bénéficia beaucoup plus que l'agriculture.

Dans l'histoire de l'industrie française, le Second Empire marque en effet une étape décisive, caractérisée par *les progrès du machinisme et de la grande industrie*. Sans doute les artisans établis à leur compte, les petits patrons employant quelques ouvriers, étaient-ils encore les plus nombreux ; dans beaucoup d'industries, le travail se faisait encore à la main ; la fabrication restait dispersée et l'on ne trouvait de concentration ouvrière que dans quelques centres : Lille, Roubaix, Tourcoing, Rouen, Mulhouse, Saint-Étienne, Le Creusot. Les grands capitaines d'industrie étaient alors plus rares en France qu'en Angleterre et en Allemagne. Mais d'une année à l'autre on voit la situation changer.

Dans les fonderies le charbon de bois recula de plus en plus devant le coke; des ententes se nouèrent entre industriels : le *Comité des Forges* remonte à 1864. La production de la houille tripla, celle de l'acier quadrupla, le nombre des machines à vapeur quintupla et celui des chevaux-vapeur en usage en 1870 était douze fois plus grand qu'en 1850. Si l'industrie cotonnière souffrit pendant quelques années d'une disette de coton, conséquence de la guerre de Sécession aux États-Unis (1861-1865), les industries de la laine et de la soie progressèrent; dans l'industrie betteravière, l'accroissement de la production fut de 400 p. 100. En même temps, des progrès techniques bouleversèrent la vie quotidienne : tels l'emploi du gaz pour faire la cuisine ou l'usage de la machine à coudre. Les progrès accomplis par l'industrie française furent mis en pleine lumière dans les deux *Expositions universelles* organisées à Paris en 1855 et en 1867.

L'agriculture se transforma elle aussi. Les travaux de drainage dans les Landes, dans les Dombes, en Sologne, l'utilisation de nouveaux engrais, guanos et phosphates, l'amélioration par le chaulage des terres siliceuses dans l'ouest du Massif Central augmentèrent la production du blé et de la pomme de terre; le développement des cultures fourragères permit de nourrir le bétail à l'étable; l'extension des voies ferrées provoqua un début de spécialisation régionale, surtout dans le Languedoc qui se consacra presque uniquement à la culture de la vigne. Dans l'ensemble pourtant, *le progrès agricole fut plus lent et incertain que le progrès industriel.* Il y eut même des reculs : les couleurs industrielles tuèrent la culture de la garance et du pastel, l'huile de palme ou d'arachide fit reculer le colza. D'autre part, l'agriculture demeurait ordinairement routinière : sauf dans le Nord, l'outillage et les méthodes n'avaient guèrre changé depuis le Moyen-Age; les machines étaient rares; de grandes étendues de terres restaient en friche ou en jachère.

La politique commerciale

C'est peut-être en matière de politique commerciale que Napoléon III se montra le plus hardiment novateur. Au traditionnel système protecteur il aurait voulu substituer le système du *libre-échange*, que Cobden, en 1846, venait de faire triompher en Angleterre. Mais il savait combien les industriels français y étaient opposés.

Des négociations furent menées très secrètement entre Cobden et l'économiste Michel Chevalier, puis on apprit soudain, le 23 janvier 1860, la conclusion d'un *traité de commerce avec l'Angleterre :* en échange de concessions analogues, la France abolissait toutes prohibitions ou réduisait les droits d'entrée sur les marchandises anglaises — de moitié sur la houille. Ce traité fut suivi de conventions analogues avec la Belgique, l'Italie, le Zollverein allemand, la Suède, la Suisse, l'Espagne, le Portugal, l'Autriche.

En fait, la concurrence anglaise ne ralentit pas les progrès de l'industrie française : c'est que les industriels français avaient été contraints, comme l'espéraient les libre-échangistes, de secouer leur routine, de moderniser leur outillage et de baisser leurs prix. Quant au commerce extérieur, il doubla en dix ans. En revanche, il ne semble pas que le coût de la vie ait subi la baisse escomptée par l'Empereur.

Le commerce intérieur fut bouleversé par l'apparition des *Grands Magasins* et des *Magasins à succursales multiples.* Dans le premier cas il s'agissait d'un magasin qui fournissait, dans ses centaines de « rayons », toutes les sortes d'articles courants. En même temps les conditions de vente y étaient nouvelles : le magasin se contentait d'un léger bénéfice sur chaque article et il « se rattrapait sur la quantité » ; il ne vendait qu'à *prix fixe*, ce qui évitait l'ennui et la perte de temps de marchander ; l'entrée était libre et l'on pouvait se faire montrer les objets sans être tenu d'acheter. Ainsi se développèrent le *Bon Marché* (1852), le *Louvre* (1855), le *Printemps* (1865), la *Samaritaine* (1869). Quant aux magasins à succursales multiples, ils apparurent d'abord dans l'épicerie et leur initiateur fut, vers 1850, *Félix Potin.*

Ce qu'était le Grand Magasin dans les villes, l'*épicerie-bazar* le fut dans les villages. En quelques années les colporteurs furent ruinés.

L'enrichissement de la France

Pour couvrir les frais de ses guerres et de ses grands travaux, le gouvernement impérial eut besoin de recourir à une *politique d'emprunts* dont le résultat fut *l'accroissement considérable de la Dette publique;* le capital en tripla de 1852 à 1870.

Mais il est juste d'ajouter que l'*enrichissement du pays* a progressé plus rapidement encore que la Dette publique. La preuve en est dans le succès croissant des appels à l'épargne — emprunts d'État, émissions des valeurs industrielles — ce qu'on a pu appeler le «suffrage universel des capitaux» : lorsqu'en 1868 le gouvernement lança un emprunt de 400 millions, plus de 800 000 prêteurs offrirent 15 milliards. *Les richesses accumulées sous l'Empire permirent à la France de supporter financièrement, sans être écrasée, les désastres de la guerre de 1870.*

II. — La question sociale

La population

La France était encore, sous le Second Empire, l'État *le plus peuplé de l'Europe,* l'immense Russie mise à part. Sa population passa de 35 800 000 habitants en 1851 à plus de 38 millions au recensement de 1866[1] — 8 millions de plus que celle du Royaume-Uni de Grande-Bretagne et d'Irlande.

La mortalité était en recul sensible. Cependant l'*accroissement de la population continua à se ralentir* parce que le chiffre des naissances déclinait régulièrement : l'excédent annuel des naissances sur les décès tomba parfois à moins de 100 000, alors qu'il dépassait le chiffre de 400 000 en Angleterre. L'*afflux des étrangers* compensait un peu le fléchissement de la natalité : on comptait à Paris, vers 1860, plus de 35 000 Allemands, 30 000 Suisses, de très nombreux Belges, des Italiens, des Polonais, des Hongrois.

L'augmentation de la population dans les grandes villes frappait vivement l'opinion publique, plus que le *lent dépeuple-*

[1] Le territoire s'était augmenté de la Savoie et de Nice, soit 700 000 habitants.

ment des campagnes : le nombre des villes ayant plus de 100 000 habitants passait de 5 à 8, mais on constatait dans une trentaine de départements le début de l'exode rural qui allait s'accentuer depuis lors.

Soif de plaisir et spéculation

Tous les contemporains ont noté comme l'un des traits caractéristiques du Second Empire le goût du luxe, l'attrait des fêtes, la soif du plaisir. Par opposition à la Cour, toute bourgeoise, de Louis-Philippe, celle de Napoléon III fut extrêmement brillante. Dans les salons parisiens comme sur les Boulevards, jamais la vie mondaine ne fut plus ardente, ni la «société» plus désireuse de s'amuser. L'opérette de Meilhac et Halévy, *la Vie parisienne* (1866) est, dans son rythme endiablé, le tableau à peine poussé de cette poursuite des jouissances matérielles, au beau temps de ce que l'on appelle parfois la «Fête impériale».

Comme sous le Directoire, il y avait dans la «société» bien des *parvenus.* Le besoin pressant d'argent et la passion de s'enrichir expliquent la fièvre de spéculation, le jeu à la Bourse, les intrigues auprès des hommes politiques pour acheter leur appui, la brusque apparition et le non moins brusque effondrement de colossales fortunes — avec tout ce que ces pratiques ont de démoralisant[1].

Cependant, au-dessous de cette «société», qui d'ailleurs ne se recontrait guère qu'à Paris, le reste de la France vivait dans le travail.

Les paysans

La population rurale formait en 1870 près de 70 p. 100 de la population totale de la France. Un quart à peine des paysans étaient propriétaires de leur champ; un cinquième le cultivait à titre de métayers et de fermiers; le reste, c'est-à-dire la moitié, n'avait pas de terre : c'étaient les domestiques, les valets de

[1]L'un des plus gros brasseurs d'affaires en 1860 était *Mirès.* Issu d'une famille très pauvre, il s'était prodigieusement enrichi, avait été décoré de la Légion d'honneur et avait marié sa fille à un Polignac. Des spéculations malheureuses, la jalousie de ses rivaux, sa rupture avec l'un de ses associés qui le dénonça amenèrent son arrestation et son procès (1861). On découvrit qu'il avait acheté l'appui du jeune Baroche (le fils du ministre), alors membre du Conseil d'État.

ferme, les bouviers, les bergers, les charretiers et surtout les journaliers. Ces derniers avaient une vie particulièrement dure parce qu'ils étaient en chômage tout l'hiver: d'autre part, le progrès agricole faisait disparaître les biens communaux et la vaine pâture dont ils avaient jusqu'alors profité. On s'explique qu'ils avaient souvent *émigré à la ville*, d'autant que les chemins de fer rendaient maintenant le voyage plus facile. Ils s'y plaçaient comme ouvriers d'usine ou comme domestiques: s'ils pouvaient faire quelques économies, ils montaient un petit commerce. *L'exode rural a permis à la France de résoudre pacifiquement le problème agraire que créait l'impossibilité de donner du travail à un grand nombre de paysans privés de terres.*

D'ailleurs, la vie du petit exploitant lui-même restait monotone et dure : point de viande, point de vin, très peu d'hygiène, aucun confort, pas de distractions, pas d'instruction. Aussi celui-là même qui possédait un champ le vendait-il parfois, dans l'espoir de trouver une vie plus facile à la ville ou même à l'étranger : les paysans de la vallée de Barcelonnette dans les Basses-Alpes émigraient au Mexique et les Basques en Argentine, puis, fortune faite, ils revenaient au pays.

La bourgeoisie

La bourgeoisie continua sous l'Empire, mais à un rythme plus accéléré que dans les années précédentes, son ascension sociale.

Au sommet, la *grande bourgeoisie* dont l'influence tenait surtout à sa richesse. Financiers, banquiers et agents de change, gros négociants et armateurs, enfin grands industriels — ceux-ci encore en petit nombre. — constituaient la «féodalité industrielle» que flétrissait Proudhon.

Au-dessous, le *moyenne bourgeoisie* groupait les industriels, les commerçants et les membres des «professions libérales» : avocats et notaires, médecins et pharmaciens, ingénieurs, certains écrivains et artistes, employés de commerce, professeurs et autres fonctionnaires. Les officiers formaient un groupe social encore très fermé et qui vivait replié sur lui-même. — Enfin la *petite bourgeoisie* se recrutait parmi les fonctionnaires et employés de situation plus modeste, les artisans aisés, les boutiquiers des villes et les revendeurs.

La bourgeoisie avait accaparé la multitude d'actions et d'obligations jetées sur le marché par les banques durant les vingt années du Second Empire. Sa fortune fut dès lors essentiellement une *fortune mobilière*, et non plus la terre comme jadis. Ce grand changement s'accompagna de transformations morales et sociales : chacun tenta de faire fortune de son côté et les liens de famille en furent souvent affaiblis.

Le clergé

La Second Empire fut, pour L'Église de France, une période d'une exceptionnelle importance : d'une part, *elle devint ultramontaine;* d'autre part, elle exerça, surtout jusque vers 1860, une influence considérable dans le pays.

Napoléon créa de nouveaux diocèses, accrut le nombre de prêtres séculiers, augmenta le traitement des ecclésiastiques, institua une caisse de retraite pour les prêtres âgés ou malades. Les religieux, qui ne comptaient guère que 3 000 membres en 1851, étaient environ huit fois plus nombreux en 1870. Quant aux religieuses, vouées surtout aux œuvres de charité et d'enseignement (34 000 en 1851), leur nombre quadrupla. En même temps la fortune de l'Église de France en immeubles et en rentes augmentait prodigieusement.

Le clergé exerçait son influence d'abord par le moyen de son ministère religieux et de ses œuvres de charité, puis *par le moyen de l'enseignement.* On a vu les avantages que lui accordait la loi Falloux. En 1870 l'enseignement secondaire ecclésiastique comptait à peu près autant d'élèves que l'enseignement secondaire public. Quant à l'enseignement secondaire des jeunes filles, les religieuses étaient seules à le donner.

La lutte pour l'enseignement. L'œuvre de Victor Duruy

Devant le danger que courait l'Université, les ministres de l'Instruction Publique tentèrent de réagir, particulièrement *Victor Duruy*, de 1863 à 1869.

Ému du grand nombre d'illettrés qu'on trouvait encore en France, et désireux, lui fils d'ouvrier, de répondre au vœu des ouvriers, Duruy créa *des milliers d'écoles primaires*. Il en ouvrit aussi pour les filles — alors que la loi Guizot de 1833 ne s'appliquait qu'à l'enseignement des garçons. Il tenta, sans y parvenir, d'établir la gratuité de l'enseignement primaire; du moins put-il étendre la gratuité à un plus grand nombre de familles. Les programmes furent élargis et chaque école dut posséder sa petite bibliothèque. Duruy multiplia aussi les *cours du soir pour adultes*; il releva le traitement des instituteurs et créa en leur faveur une société de secours mutuel. Il fut soutenu dans sa tâche par la *Ligue de l'Enseignement*, fondée en 1866 par *Jean Macé*.

L'action de Duruy se fit aussi sentir dans l'enseignement secondaire. Il rétablit les cours de philosophie supprimés en 1852 et introduisit l'étude de l'histoire contemporaine. A côté de l'enseignement classique où l'on apprenait le latin et le grec, il créa un *enseignement secondaire spécial*, sans langues anciennes, réservé aux élèves qui se destinaient aux carrières industrielles et commerciales. Puis, pour enlever à l'Église le monopole de l'*enseignement secondaire des jeunes filles* de la bourgeoisie, Duruy organisa pour elles à Paris et dans les grandes villes de province un enseignement d'État. Le programme était semblable à celui de l'enseignement spécial et, comme il n'y avait encore ni locaux ni professeurs féminins, les cours étaient donnés dans une salle de l'hôtel de ville par le personnel du lycée de garçons. Les évêques s'élevèrent contre cette innovation qui menaçait d'enlever à l'Église un moyen d'influence auquel elle tenait fort et Duruy leur fut sacrifié en 1869. Les cours continuèrent, mais c'est seulement en 1880 que Jules Ferry organisera un Enseignement secondaire d'État pour les jeunes filles.

Lui-même historien de valeur, Duruy favorisa le travail scientifique. Il fonda des laboratoires, institua dans les Facultés des cours libres et créa à Paris un nouveau centre de recherche et d'enseignement supérieur : l'*École des Hautes Études*.

La question ouvrière

La question ouvrière fut au premier rang des préoccupations

sociales sous le Second Empire. Pour la comprendre, il faut se rappeler la condition des ouvriers à cette époque.

En vertu des *articles 414 à 416* du Code pénal, ils n'avaient le droit ni de faire grève ni de fonder un syndicat. En vertu de l'*article 1781* du Code civil, le maître était « cru sur son affirmation » s'il y avait conflit entre l'ouvrier et lui en matière de gages.

D'autre part, la situation matérielle de l'ouvrier était le plus souvent pénible et précaire. Les lois de 1848 limitant la journée de travail à dix ou onze heures n'étaient pas appliquées ; le travailleur n'avait nul recours en cas de chômage, d'accident du travail ou de maladie ; enfin la hausse des salaires était moins rapide que celle du prix de la nourriture et surtout des loyers.

Contre leur condition si dure les ouvriers protestèrent. On vit se former vers 1860 un *mouvement ouvrier* dirigé non plus, comme avant 1848, par des théoriciens et des militants venus de la bourgeoisie mais par des artisans parisiens, avec un programme de revendications précises, uniquement professionnelles : droit de grève, création de syndicats ouvriers, abolition de l'article 1781, instruction primaire gratuite et obligatoire. Ce programme fut exposé en 1864 dans une lettre signée de 60 ouvriers, le *Manifeste des Soixante*[1].

Napoléon III et les ouvriers

L'Empereur suivait avec intérêt ce mouvement qui se désintéressait de la politique et dont la modération lui plaisait. Dans sa jeunesse, il avait écrit un opuscule sur l'*Extinction du paupérisme* et il eut toujours à cœur d'améliorer la situattion des classes pauvres.

En même temps qu'il leur fournissait du travail par ses grandes entreprises d'utilité publique, Napoléon s'efforça de leur venir en aide par le développement des œuvres d'assistance : crèches, maisons de convalescence, orphelinats, caisses de retraite pour la vieillesse, caisses d'assurances en cas de décès ou d'accident du travail (1868), caisse d'avances de fonds aux ouvriers pauvres pour l'achat de leurs outils.

[1]Les ouvriers voulaient aussi présenter quelques-uns d'entre eux aux élections de façon que le point de vue des travailleurs pût toujours être exposé et défendu au Corps Législatif

En 1862 Napoléon autorisa une délégation d'ouvriers, dirigée par l'un d'eux, *Tolain*, à aller à Londres, visiter l'Exposition universelle. Tolain y revint en 1864 et s'entendit avec des ouvriers anglais pour fonder l'*Association internationale des travailleurs*, dont le principal but était la discussion des problèmes économiques et sociaux qui concernaient les travailleurs de tous les pays.

En cette même année 1864, par une loi dont Émile Ollivier fut le rapporteur, *le droit de grève fut accordé* : seules désormais furent réprimées les violences, les manœuvres frauduleuses et l'atteinte à la liberté du travail.

Cette première concession fut suivie d'autres : vote d'un statut légal des *coopératives* (1867), abolition de l'*article 1781*, tolérance accordée à l'existence de *syndicats ouvriers*. On sait d'autre part tout ce que fit Victor Duruy pour donner aux ouvriers l'*instruction primaire*.

Les ouvriers contre l'Empire

Cependant en 1870, Napoléon III n 'avait pas d'ennemis plus acharnés que les ouvriers. C'est que si l'Empire voulait le plus grand bien aux ouvriers, il entendait les tenir en tutelle politiquement : or, ils s'y refusaient. Lorsque les membres français de l'Internationale participèrent à des manifestations républicaines, le gouvernement ordonna *la dissolution de la section française de l'Internationale* (1868). Son hostilité redoubla quand, sous l'influence de l'Allemand Karl Marx, l'Internationale eut décidé, en 1869, que « la Société a le droit de convertir la propriété privée en propriété collective ».

L'hostilité du gouvernement à l'égard de l'Internationale eut pour effet de rejeter les ouvriers du côté des révolutionnaires, partisans de l'insurrection selon les méthodes du vieux *Blanqui* ou du Russe *Bakounine*. Les Internationalistes préparèrent à la fois le renversement de l'Empire et l'avènement de la « République sociale ».

En 1869 et 1870, à Ricamarie près de Saint-Étienne puis à Aubin dans l'Aveyron, enfin au Creusot, les grèves aboutirent à des conflits sanglants avec la troupe. La fin de l'Empire fut ainsi marquée par une *renaissance du socialisme révolutionnaire*.

La politique extérieure de Napoléon III

I. — Les tendances de la politique impériale

Guerres européennes et coloniales

Contrairement à la période précédente, le Second Empire fut une *Période de guerres.*

En Europe, la France fut engagée dans trois grandes guerres, la *guerre de Crimée* (1854-1856) contre la Russie, la *guerre d'Italie* (1859) contre l'Autriche, la *guerre de 1870* contre la Prusse et les autres États allemands.

Hors d'Europe, Napoléon III intervint dans toutes les parties du monde, en Afrique, en Asie, en Océanie, en Amérique.

La politique de Napoléon III

Napoléon III n'avait pourtant le tempérament ni d'un homme de guerre ni d'un conquérant ; la guerre, quand il la vit de près — sur le champ de bataille de Solférino en 1859 —, lui fit horreur et renforça son penchant pour le pacifisme humanitaire.

Mais Napoléon désirait apporter au statut quo territorial de l'Europe de graves transformations. Il y était poussé par le désir de faire triompher en Europe le *principe des nationalités :* ce fut là, semble-t-il, la pensée dominante de sa politique. «Nous donnerons à l'Empire, disait-il, une signification immense de nationalité et de grandeur». Vaste programme qui comportait à la fois l'affranchissement des nationalités opprimées — Italiens du Lombard-Vénitien ou Polonais — et la formation de nouveaux groupements politiques à base nationale, l'union des États italiens, celle des États allemands, la restauration de la Pologne, l'union des principautés roumaines et même l'union des États ibériques et celle des États scandinaves. A la faveur des remaniements territoriaux qu'entraînerait la politique des nationalités, *la France pourrait recouvrer tout ou partie de ses frontières naturelles.* Or cette modification de la carte de l'Europe Napoléon, très optimiste sur ce point, croyait pouvoir la réaliser par des moyens pacifiques, par des discours entre chefs d'État réunis en *Congrès.*

Mais, que l'Empereur le voulût ou non, la guerre était, dans une certaine mesure, en germe dans le régime impérial. Appuyé sur l'armée issu de la tradition napoléonienne, le Second Empire pouvait difficilement se passer de la gloire militaire. Napoléon III avouait lui-même qu'il voulait «réunir tous les partis sous le manteau de la gloire».

Le secret de l'Empereur

La plupart des ministres et des diplomates français considéraient les projets de Napoléon comme une politique d'aventures. Pour faire prévaloir ses vues, l'Empereur agit par voies secrètes, négociant et décidant le plus souvent par-dessus la tête de ses ministres et de ses ambassadeurs.

L'Empereur était tenace et il fit généralement prévaloir ses vues personnelles. Mais le mal n'en fut que plus grand : car, pour jouer et gagner une aussi grosse partie dans les affaires internationales, il manquait à Napoléon III certaines qualités essentielles, celles que possédèrent au plus haut degré ses partenaires Cavour et Bismarck : le sens des réalités et des possibilités, l'habileté à calculer les conséquences lointaines d'une décision, l'art de saisir l'occasion au vol, et surtout la vue claire des intérêts nationaux.

Les deux périodes

On peut distinguer deux périodes dans l'histoire extérieure, comme dans l'histoire intérieure, du Second Empire : avant et après 1860.

La première période, qui correspond à l'Empire autoritaire, est marquée par l'abaissement de la Russie et de l'Autriche à la suite des victoires de Crimée (1855) et d'Italie (1859). *Le Congrès de Paris* en 1856, l'annexion de *Nice* et de la *Savoie* en 1860 parurent inaugurer une ère de prépondérance française en Europe.

Après 1860 au contraire, Napoléon laissa imprudemment se développer les mouvements unitaires en Italie et en Allemagne, convaincu qu'il saurait toujours les diriger et les limiter. Mais, débordé par les événements, manœuvré par Bismarck, déprimé enfin par une douloureuse maladie, il ne connut plus que les difficultés de la *question romaine*, les déboires de la guerre du *Mexique*, les échecs diplomatiques en Allemagne après la victoire de la Prusse à *Sadowa*, les défaites enfin de la *guerre franco-allemande*, qui entraînèrent l'effondrement de l'Empire (4 septembre 1870).

L'histoire de l'unité italienne, celle de l'unité allemande, celle de l'expansion coloniale devant être étudiées dans des chapitres distincts, on se bornera à exposer dans le présent chapitre les affaires d'Orient puis la guerre du Mexique.

II. — Les affaires d'Orient — La guerre du Mexique

Le Second Empire et l'Europe

Au lendemain du rétablissement de l'Empire, les souverains d'Angleterre, d'Autriche, de Prusse et de Russie avaient décidé de reconnaître Napoléon III, mais de veiller au maintien du *statu quo* territorial.

Or, Napoléon III ne pouvait songer à jouer un rôle actif hors de France tant qu'il n'aurait pas brisé cette nouvelle Sainte-Alliance. D'autre part, l'histoire de Napoléon Ier lui montrait le danger d'avoir l'Angleterre pour adversaire. Une *entente avec l'Angleterre contre la Russie* lui parut le moyen de parvenir à ses fins. Il en trouva l'occasion dans les ambitions du tsar en Orient.

Les ambitions du tsar en Orient

Fier de ses victoires sur la Révolution en Hongrie et en Allemagne (1849-1850), Nicolas Ier engageait en effet contre l'empire ottoman une action décisive.

Depuis de nombreuses années déjà, il essayait d'obtenir du sultan que la garde des Lieux Saints à Jérusalem et à Bethléem fût confiée non à des religieux *latins*, c'est-à-dire catholiques, comme le stipulait le traité franco-turc de 1740, mais à des moines *grecs*, c'est-à-dire de religion orthodoxe. Cette *question des Lieux Saints* faillit amener une rupture entre les gouvernements français et russe : elle fut cependant réglée pacifiquement au début de 1853.

Beaucoup plus dangereuses étaient les ambitions de Nicolas Ier sur la Turquie. Elles n'allaient à rien de moins qu'à imposer au sultan de *reconnaître au tsar un droit de protectorat sur tous les chrétiens orthodoxes de l'empire ottoman* — soit une dizaine de millions d'habitants. Ce droit permanent d'intervention dans les affaires intérieures turques équivalait à un véritable *protectorat russe sur la Turquie*. Si le sultan repoussait ces conditions, Nicolas Ier était décidé à lui faire la guerre et à ne lui laisser que ses possessions d'Asie.

Rupture entre la Russie et la Turquie

Le gouvernement de Londres se déroba : non seulement il tenait à conserver le marché turc, grand acheteur de produits manufacturés anglais, mais surtout il entendait, selon sa politique traditionnelle, barrer aux Russes l'accès de la Méditerranée.

Abandonnant le projet de démembrement de la Turquie,

Nicolas Ier envoya du moins à Constantinople un ambassadeur extraordinaire, le *prince Menchikof*, exiger du sultan le protectorat russe sur les populations orthodoxes de l'empire (mai 1853). L'Angleterre protesta et fut appuyée par la France. Napoléon III voyait là une occasion d'obtenir l'alliance anglaise qui lui était nécessaire pour réaliser ses projets de transformation de la carte de l'Europe.

En fait, aucun gouvernement ne voulait la rupture. Mais l'excitation de l'opinion publique en Turquie, l'envoi de vaisseaux anglais et français à l'entrée des Dardanelles, enfin l'invasion des provinces roumaines par les troupes russes amenèrent le sultan à déclarer la guerre au tsar (octobre 1853).

Coalition contre la Russie

L'Angleterre et la France ne rompirent avec la Russie qu'en mars 1854. Elles s'engagèrent par traité à garantir l'indépendance de l'empire truc et à ne rechercher pour elles-mêmes aucun avantage particulier : le sultan promit en échange d'établir l'égalité de tous ses sujets devant la loi, sans distinction de religion.

Nicolas Ier se croyait sûr de la neutralité de l'Autriche qu'il avait aidée en 1849 à triompher des Hongrois. De leur côté, la France et l'Angleterre tenaient à voir l'Autriche se joindre à elles, de façon à pouvoir porter la guerre en Russie occidentale et dans les Balkans. Le gouvernement autrichien y mettait pour condition qu'il serait soutenu par les troupes de la Confédération germanique. Or *Bismarck*, délégué de la Prusse à la Diète de Francfort, obtint que la Confédération refusât de prendre part au conflit. Sans doute pensait-il que si la Prusse devait un jour entrer en lutte avec l'Autriche pour la prédominance en Allemagne, elle aurait besoin de la bonne volonté de la Russie.

A défaut de l'alliance de l'Autriche, les Alliés obtinrent celle du roi de Sardaigne (janvier 1855). Victor-Emmanuel II et son ministre *Cavour* comptaient que Napoléon, reconnaissant, les aiderait dans un conflit éventuel entre Turin et Vienne.

La guerre de Crimée. Le siège de Sébastopol

La guerre dura deux ans (1854-1856). Elle eut pour théâtre essentiel la presqu'île de Crimée — d'où le nom de *guerre de Crimée :* les Alliés avaient en effet décidé de détruire *Sébastopol*, base de la puissance maritime russe en mer Noire. Une audacieuse victoire des zouaves sur les bords de la rivière de l'*Alma* ouvrit la route de Sébastopol, mais les hésitations des Alliés donnèrent au colonel russe *Todleben* le temps d'organiser la défense de la ville. Alors commença le *siège de Sébastopol*, interminable guerre de tranchées qui allait durer onze mois. Les assiégeants furent décimés par la maladie, le froid, l'épuisement. Encore durent-ils repousser à *Balaklava* et à *Inkermann* les attaques des troupes russes qui les prenaient à revers.

Enfin, sur l'ordre du général français *Pélissier*, le bastion *Malakoff*, clef de la défense, fut enlevé le 8 septembre 1855 par la division du général *Mac-Mahon*. Les Russes évacuèrent la ville. Le siège avait coûté aux Alliés plus de 120 000 hommes, dont 95 000 Français, la plupart emportés par la maladie et le froid.

Congrès et Traité de Paris

Le tsar Nicolas Ier était mort six mois auparavant (mars 1855). Son sucesseur, *Alexandre II*, finit, sur les instances du roi de Prusse et devant un ultimatum de l'Autriche, par accepter les exigences des Alliés (janvier 1856). Un Congrès se réunit à Paris. Les négociations aboutirent à la signature du *traité de Paris* (30 mars 1856) dont les clauses principales étaient :

1° *La neutralisation de la mer Noire*, fermée désormais aux navires de guerre et sur les rives de laquelle aucun arsenal militaire ne pouvait s'élever.

2° *L'autonomie des principautés de Moldavie, Valachie et Serbie*, sous la suzeraineté du sultan, était garantie par l'Europe. La Russie cédait à la Moldavie une partie de la Bessarabie.

3° *La liberté de navigation sur le Danube* était établie sous le contrôle d'une Commission internationale.

4° Le sultan accordait à ses sujets chrétiens les droits dont jouissaient les musulmans. En contrepartie l'*Europe garantissait l'indépendance et l'intégrité de l'Empire ottoman.*

Résultats généraux de la guerre

Le Congrès de Paris semblait consacrer la *banqueroute de la politique russe.* Complètement désarmée sur la mer Noire, la Russie trouvait désormais en face d'elle non plus la Turquie, mais l'Europe, garante de l'intégrité de la Turquie. D'autre part, sa défaite avait montré au tsar la nécessité de vastes réformes administratives et sociales : désormais, pendant une quinzaine d'années, la Russie ne fut plus en état de jouer un rôle actif dans la politique européenne. *Cette carence de la Russie permettra à Cavour et à Bismarck de réaliser l'unité italienne et l'unité allemande.*

Le Congrès de Paris paraissait en même temps ouvrir une *ère de prépondérance française en Europe.* Napoléon pensa pouvoir entreprendre le remaniement de l'Europe sur la base des nationalités : aussi permit-il à Cavour de soulever au Congrès la *question italienne* en attaquant l'influence que l'Autriche exerçait dans la péninsule. Déjà on pouvait prévoir la guerre d'Italie.

Formation de la Roumanie

Le traité de Paris laissait en suspens l'organisation des deux principautés roumaines de Moldavie et de Valachie. Appliquant de nouveau sa politique des nationalités, *Napoléon se fit le défenseur de l'unité roumaine :* Moldaves et Valaques ne formaient en effet qu'un seul peuple, parlaient la même langue et voulaient ne former qu'un seul État. Mais, plus encore que le sultan, François-Joseph s'y opposait : les patriotes roumains revendiquaient en effet la Bukovine et la Transylvanie, qui faisaient partie de l'empire d'Autriche.

Les diplomates décidèrent que la Moldavie et la Valachie resteraient deux États distincts, ayant chacun à sa tête un *hospodar* élu à vie. Mais les Moldaves et les Valaques élurent le même hospodar, *Couza,* qui prit le titre de *prince de Roumanie* (1859). L'union fut ainsi établie en fait.

Sept ans après, le successeur de Couza, le prince prussien *Charles de Hohenzollern*, prit le titre de *prince héréditaire de Roumanie*, se bornant à payer au sultan un faible tribut. La Roumanie s'acheminait à l'indépendance.

Dans le même temps, Napoléon soutenait les efforts du Montenegro et de la Serbie qui tentaient aussi de se rendre indépendants.

La politique des réformes en Turquie

Napoléon réussit moins bien en Turquie. Les édits de réforme proclamèrent bien que tous les sujets ottomans, sans distinction de religion, étaient égaux en droits : les traditions, les mœurs, les passions religieuses étaient plus fortes que les bonnes intentions du gouvernement. Les partisans de la tradition — on les appelait les *Vieux Turcs* — considéraient comme sacrilège tout essai de modifier l'antique organisation de la Turquie et ils avaient pour eux l'immense majorité des musulmans. Les chrétiens eux-mêmes préféraient leurs anciens privilèges locaux à une égalité de principe qui n'était jamais réalisée.

Dans ces conditions aucune réforme sérieuse n'aboutit. On créa un lycée franco-ottoman à Galata, faubourg de Constantinople, un Conseil d'État chargé de préparer les lois et le budget, des conseils élus dans les circonscriptions administratives de l'empire. En fait, l'inégalité subsista entre chrétiens et musulmans et le régime turc resta ce qu'il était : arbitraire, corrompu, anarchique.

Les essais de réformes en faveur des chrétiens ne firent même qu'exaspérer les passions religieuses et provoquer des troubles sanglants. En Crète, les chrétiens se soulevèrent (1866) ; en Syrie, les *Druses* musulmans massacrèrent les *Maronites* chrétiens (1860), ce qui poussa Napoléon III à organiser, au nom de l'Europe, une petite expédition française en Syrie pour rétablir l'ordre.

Le canal de Suez œuvre française

Le *percement du canal de Suez* fut le témoignage le plus éclatant du grand rôle que la France jouait en Orient. C'est en 1854 que l'ancien vice-consul de France à Alexandrie, *Ferdinand de Lesseps,* obtint du pacha d'Égypte *Saïd* l'autorisation de creuser un canal entre la Méditerranée et la mer Rouge. Lesseps se heurta immédiatement à l'opposition acharnée du ministre anglais *Palmerston.* Des 400 000 actions émises pour financer les travaux, aucune ne fut souscrite en Angleterre, et le gouvernement de Londres demanda instamment au sultan de refuser à son vassal Saïd l'autorisation de laisser percer le canal. Mais Napoléon soutint les efforts tenaces de Lesseps, à qui, de leur côté, Saïd puis son successeur *Ismaïl* ne ménagèrent pas leur appui. Le canal fut ouvert à la navigation en 1869. Les relations de l'Europe avec l'Inde et l'Extrême-Orient en furent bouleversées.

Influente à Constantinople, toute-puissante au Caire, maîtresse de l'Algérie, *la France était une grande Puissance méditerranéenne,* au moment où l'ouverture du canal de Suez rendait à la Méditerranée l'importance qu'elle avait en partie perdue, depuis le XVIe siècle, au profit de l'océan Atlantique.

La France hors d'Europe. L'expédition du Mexique

Sous le Second Empire, le drapeau français se trouva engagé hors d'Europe presque sur toutes les mers et sur tous les continents : en Algérie, au Sénégal, en Indochine, en Chine, en Nouvelle-Calédonie, au Mexique. Cette politique d'expansion était inspirée par des considérations non seulement économiques mais aussi religieuses, pour la défense des intérêts catholiques.

L'intervention au Mexique s'explique surtout par des considérations commerciales. La République du Mexique était alors déchirée par la rivalité entre « conservateurs » et « libéraux », c'est-à-dire catholiques et anticléricaux. Mais le pays était susceptible de se développer économiquement et Napoléon aurait voulu qu'il fût mis en valeur par des capitaux français. Encore fallait-il que l'ordre y fût d'abord rétabli. Sur la suggestion de quelques monarchistes mexicains réfugiés en France, Napoléon songea à remplacer le gouvernement républicain par un régime monarchique en faveur de l'*archiduc Maximilien,* frère de François-Joseph empereur d'Autriche.

Le prétexte de l'intervention fut la décision prise par le

Président du Mexique, *Juarez*, de suspendre le paiement des intérêts de la Dette et de frapper d'un impôt les résidents étrangers. Pour contraindre Juarez à abroger ces mesures, la France, l'Angleterre et l'Espagne s'entendirent pour débarquer quelques troupes au Mexique (1861). Dès 1862, l'Angleterre et l'Espagne retirèrent les leurs ; Napoléon au contraire donna aux siennes l'ordre de marcher sur Mexico. Il pensait n'avoir rien à craindre des États-Unis, alors déchirés par la guerre de Sécession.

Échec de l'expédition

L'entreprise se heurta dès le début à de nombreux obstacles : la masse des habitants soutenait Juarez, d'autre part la nature montagneuse du pays rendait les opérations difficiles. Finalement, les Français enlevèrent les villes de *Puebla* et de *Mexico* et un simulacre d'Assemblée nationale proclama Maximilien *empereur du Mexique* (1863).

Mais le régime de Maximilien n'avait d'autre appui que les 30 000 hommes du corps expéditionnaire du général *Bazaine*, et les Mexicains, formés en guérillas, ne cessaient de harceler les troupes françaises. On essaya en vain de briser leur résistance par des exécutions sommaires. De plus, la guerre de Sécession terminée (1865), les États-Unis menacèrent de chasser Maximilien au nom de la doctrine de Monroe. Napoléon dut rappeler ses troupes (1866-1867).

Abandonné de tous, Maximilien fut pris par les Juaristes à *Queretaro* et fusillé, en représailles des exécutions qu'il avait ordonnées (1867).

Ce dénouement tragique — et plus encore, peut-être, la révélation de louches tractations financières dans cette affaire — portèrent un coup très grave au prestique de l'Empire.

La formation de l'unité italienne

I. — Cavour — La préparation de l'unité

Cavour, artisan de l'unité italienne

Les victoires de l'Autriche et de la France sur les patriotes italiens en 1848 et 1849 semblaient avoir remis à un avenir lointain la réalisation de l'unité italienne. Mais *Victor-Emmanuel II* avait conservé dans son royaume le régime constitutionnel, et il allait trouver en Cavour un ministre d'une habileté supérieure.

Le comte de *Cavour* était un noble piémontais. Il fut d'abord officier, puis se consacra à l'exploitation de ses propriétés. C'était un esprit clair, ouvert à toutes les nouveautés, et qui s'intéressait aux questions pratiques : développement des chemins de fer, progrès de l'agriculture et de l'industrie. Bientôt la vie politique l'attira et il se passionna pour la cause de l'indépendance italienne. En 1847 il fonda un journal, poussa Charles-Albert à accorder une constitution et à déclarer la guerre à l'Autriche. Député au parlement de Turin en 1848, bientôt ministre, il devint président du Conseil en 1852 et le resta, sauf une courte interruption en 1859, jusqu'à sa mort en 1861.

Cavour reprit le programme des patriotes de 1848 : chasser d'Italie les Autrichiens et créer une fédération italienne sous la direction du roi de Sardaigne. Mais le succès n'était possible qu'à deux conditions : faire du royaume un Etat fort; obtenir l'alliance de la France. En sept ans (1852-1859), Cavour mena à bien cette double tâche.

L'œuvre intérieure

Cavour était un libéral. Bien que siégeant au centre droit, il lia partie avec la gauche modérée, qui était monarchiste. Grâce à cette alliance, il put mener à bien l'œuvre des réformes intérieures malgré l'opposition acharnée qu'il rencontra de la part de la Droite et du haut clergé, parfois même du roi, très jaloux de ses prérogatives monarchiques.

Pour *accroître les ressources* du royaume, Cavour conclut des traités de libre-échange avec les Etats voisins et remania le système des impôts. Une loi de 1854 supprima les congrégations religieuses qui ne se consacraient pas à l'enseignement ou aux œuvres charitables : leurs biens furent affectés à l'amélioration du sort du bas clergé. Un réseau de voies ferrées fut construit, et le *tunnel du Mont-Cenis* commencé (1857). Un arsenal maritime fut créé à *la Spezia*. On fit d'*Alexandrie* une puissante citadelle. L'armée fut réorganisée par le général *La Marmora.*

En même temps Cavour tenta de *rallier tous les patriotes italiens autour de Victor-Emmanuel.* Beaucoup de républicains abandonnèrent Mazzini et suivirent *Manin* qui, de Paris où il était réfugié, avait dit : «Moi républicain, je plante le premier l'étendard de l'unification : l'*Italie avec le roi sarde.*» Dès lors Cavour commença à croire possible l'*unité italienne* par la fusion de tous les Etats de la péninsule dans le royaume de Sardaigne. Une *Société Nationale* se fonda pour grouper les patriotes autour d'un programme commun : Indépendance, Unité, Maison de Savoie.

L'alliance avec la France

Mais la Sardaigne ne pouvait espérer triompher de l'Autriche sans l'aide militaire de la France. Aussi Cavour déploya-t-il toute son habileté pour acquérir l'alliance de Napoléon III.

En France, la cause italienne n'avait pas de meilleur partisan que l'Empereur. Il avait participé au soulèvement de 1831 en Romagne. En 1849, il avait obligé les Autrichiens à limiter leurs exigences à l'égard du Piémont. Dès 1852, il avait promis formellement à La Marmora «de faire quelque chose pour l'Italie». Afin de fortifier ces sympathies, Victor-Emmanuel avait jeté son pays dans la guerre de Crimée et Cavour avait évoqué au Congrès de Paris la situation malheureuse de l'Italie, soumise à l'oppression autrichienne.

Napoléon hésitait cependant à s'engager. Mais il fut profondément ému par les lettres où l'Italien Orsini, après l'échec de sa tentative criminelle, le suppliait de prendre en main la cause italienne.

A l'insu de ses ministres, Napoléon demanda à Cavour de venir le trouver secrètement dans un village des Vosges, à *Plombières* (juillet 1858). Les deux hommes se mirent facilement d'accord sur les modifications à apporter au statut territorial de l'Italie. Les Autrichiens seraient chassés d'Italie; le royaume lombard-vénitien, les duchés de Parme et de Modène, le nord des Etats pontificaux seraient donnés à Victor-Emmanuel; la Toscane, agrandie du reste des Etats de l'Eglise à l'exception de Rome, formerait un royaume de l'Italie centrale. On ne toucherait pas au royaume de Naples, dont le souverain était bien vu par le tsar. Les Etats italiens s'uniraient en une confédération sous la présidence du pape. Pour prix de son intervention, la France recevait la Savoie et le comté de Nice.

Sur les bases de l'accord de Plombières, un *traité d'alliance offensive et défensive* fut conclu en janvier 1859. Quelques jours plus tard, le prince Napoléon, cousin germain de l'Empereur, épousait la princesse Clotilde, fille du roi Victor-Emmanuel.

II. — La formation du royaume d'Italie (1859-1861)

Rupture avec l'Autriche

La convention d'alliance franco-sarde n'était exécutoire que dans le cas «d'un acte agressif de l'Autriche». Pour entraîner l'Autriche à cet «acte agressif», Cavour eut recours à tout un système de provocations.

L'Autriche donna dans le piège que lui tendait Cavour. Le 23 avril 1859, elle somma le gouvernement piémontais de désarmer sous trois jours. C'était «l'acte agressif» prévu par le traité. L'ultimatum fut repoussé, les Autrichiens envahirent le Piémont et Napoléon déclara la guerre à l'Autriche.

Magenta, Solférino. L'armistice de Villafranca

La guerre fut courte : elle dura moins de deux mois (10 mai - 8 juillet 1859). Elle fut marquée par les deux victoires de *Magenta* et de *Solférino*, difficilement gagnées d'ailleurs par les Alliés. L'allant du soldat français et son opiniâtre ténacité compensèrent le *manque complet d'organisation* et la *médiocrité du commandement.*

La victoire de Magenta avait chassé les Autrichiens de Lombardie, celle de Solférino semblait inaugurer la conquête de la Vénétie. Mais, brusquement, Napoléon III offrit la paix à François-Joseph.

Ce revirement inopiné tenait à des causes multiples. *Causes militaires :* l'armée française, très éprouvée par les pertes en tués et en malades[1], n'était plus en état de déloger les Autrichiens du quadrilatère des places fortes qui protégeaient la Vénétie. — *Causes politiques :* Napoléon s'effrayait du mouvement révolutionnaire qui se propageait dans l'Italie centrale et qui déjà gagnait les Etats pontificaux, à la grande indignation des catholiques français. — *Causes diplomatiques* surtout : les victoires de Magenta et de Solférino avaient renouvelé en Alle-

[1] La vue du champ de bataille de Solférino avait bouleversé Napoléon III : la description qu'en donna l'écrivain suisse *Dunant* produisit une telle émotion dans le monde civilisé qu'elle contribua à la formation des Sociétés de la Croix-Rouge pour les secours aux blessés (1864).

magne les méfiances de 1840 contre la France : la Prusse mobilisait sur le Rhin. Or la France était dans l'impossibilité de soutenir une guerre sur deux fronts. Napoléon et François-Joseph se rencontrèrent, non loin de Solférino, à *Villafranca* et signèrent des préliminaires de paix : la Sardaigne recevrait la Lombardie, mais non la Vénétie qui demeurerait à l'Autriche; rien ne serait changé dans le reste de la péninsule, sinon que les différents Etats formeraient une fédération italienne, où l'empereur d'Autriche entrerait lui-même comme souverain de la Vénétie.

N'ayant pas rempli sa promesse de rendre l'Italie libre jusqu'à l'Adriatique, Napoléon renonça à demander Nice et la Savoie.

Annexion de l'Italie centrale

La tâche que Napoléon laissait en suspens fut reprise par les patriotes eux-mêmes. Avec son assentiment, ils balayèrent les stipulations de Villafranca. Quelques mois suffirent pour que la plus grande partie de la péninsule fût annexée au royaume de Sardaigne.

La question de l'Italie centrale fut réglée la première. Dès le début de la guerre, les patriotes de la «Société Nationale» s'étaient rendus maîtres de la *Toscane*, de *Modène*, de *Parme* et même de la *Romagne pontificale.* Puis des assemblées constituantes élues dans ces pays votèrent l'union au royaume sarde (août-septembre 1859).

Napoléon accepta l'union, *moyennant cession à la France de la Savoie et de Nice.* De part et d'autre les populations, consultées *par plébiscites,* acquiescèrent à ces décisions.

Garibaldi. L'annexion du Sud

Cinq mois plus tard, le royaume de Naples et les provinces pontificales des Marches et de l'Ombrie se donnaient à leur tour à Victor-Emmanuel. La révolution fut ici l'œuvre de *Garibaldi.*

En avril 1860, une insurrection éclatait en Sicile contre le roi François II. Pour secourir les insurgés, Garibaldi organisa à

Gênes, avec la complicité de Cavour, un corps d'un millier de volontaires, les *Mille* — appelés aussi les *Chemises rouges*, à cause de leur uniforme. Ils débarquèrent à *Marsala*, occupèrent la Sicile, puis abordèrent en Calabre. Déjà Garibaldi parlait d'établir la République à Naples, puis d'occuper Rome et la Vénétie.

Les succès de Garibaldi épouvantèrent Cavour. L'Italie du Sud allait-elle être républicanisée au profit de Mazzini, la marche sur Rome allait-elle amener une intervention militaire de la France et de l'Autriche en faveur du pape ? Cavour conçut alors un plan d'une extraordinaire audace : traverser les provinces pontificales des Marches et de l'Ombrie et entrer dans le royaume de Naples, pour détourner sur Victor-Emmanuel l'enthousiasme que les populations témoignaient à Garibaldi. Dans une entrevue secrète qu'il eut à Chambéry avec deux émissaires de Cavour, Napoléon donna son acquiescement à ce plan.

Le plan s'exécuta point par point. Les troupes sardes dispersèrent l'armée pontificale de Lamoricière au combat de *Castelfidardo* (septembre 1860), puis entrèrent à Naples, où Garibaldi venait de recevoir une magnifique ovation. En Sicile, à Naples, dans les Marches, en Ombrie, les patriotes firent voter à d'énormes majorités l'annexion au royaume sarde. Garibaldi s'inclina : s'il ne pardonnait pas à Cavour d'avoir cédé à la France Nice, sa ville natale, il était d'une magnifique loyauté à l'égard de son roi.

Le royaume d'Italie

Ainsi, par annexions successives, le petit royaume de Piémont-Sardaigne, peuplé de cinq millions d'habitants au mois de juillet 1859, de 12 en juillet 1860, en comptait maintenant 22. C'était là un résultat bien différent de celui qu'avait prévu Napoléon III en engageant la guerre d'Italie : l'équilibre européen, l'équilibre méditerranéen se trouvaient profondément modifiés. Un parlement «italien», réuni à Turin, *proclama Victor-Emmanuel roi d'Italie* «par la grâce de Dieu et par la volonté de la Nation» (14 mars 1861). Le régime politique du nouveau royaume fut celui du Piémont. Fondé sur le principe de la souveraineté nationale et sur le libre consentement des populations, l'unité italienne avait un caractère libéral et démocratique.

Trois mois plus tard, usé par l'activité prodigieuse qu'il avait déployée, Cavour était emporté par une maladie soudaine (6 juin 1861). Il avait fait l'Italie, quoiqu'il manquât encore Venise et Rome.

III. — Rome et Venise

La question romaine. La Convention de Septembre

Cavour avait toujours conservé l'espoir que Pie IX renoncerait de son plein gré au Patrimoine de saint Pierre[1], à condition que le gouvernement lui reconnût autorité pleine et entière sur le clergé italien. C'est le régime qu'il appelait : «l'Eglise libre dans l'Etat libre». Mais le pape avait repoussé ce compromis et affirmé que sa liberté spirituelle de chef de l'Eglise ne pouvait pas être assurée s'il ne demeurait pas un souverain temporel indépendant.

D'autre part, depuis l'expédition de 1849, il y avait à Rome une garnison française pour y garantir la souveraineté du pape. Quand Garibaldi, en 1862, voulut envahir les Etats pontificaux, le gouvernement italien, sur la pression de Napoléon III, l'arrêta à la bataille d'*Aspromonte*. Cependant Napoléon III désirait retirer ses troupes de Rome où leur présence blessait le sentiment national italien, mais il ne pouvait le faire sans s'exposer aux reproches des catholiques français. En 1864, il crut avoir trouvé une solution et il conclut avec le gouvernement italien la *Convention de septembre.*

Victor-Emmanuel s'engageait «à ne pas attaquer le territoire pontifical et à empêcher par la force toute attaque venant de l'extérieur contre ledit territoire». Les troupes françaises évacueraient à Rome dans un délai de deux ans. Comme gage de renoncement à Rome, *Florence fut proclamée capitale du royaume d'Italie.*

[1] On appelait ainsi la province de Rome.

Acquisition de la Vénétie

A défaut de Rome, les Italiens voulaient au moins Venise : Napoléon III s'entremit encore pour leur procurer cette compensation. D'une part, il fit conclure une *alliance entre la Prusse et l'Italie* contre l'Autriche (avril 1866) ; d'autre part, il obtint de l'Autriche, en échange de la neutralité française, l'engagement qu'elle abandonnerait la Vénétie, même si les Italiens étaient battus.

La guerre fut défavorable aux Italiens. Tandis que leurs alliés prussiens remportaient une victoire décisive à *Sadowa* (juillet 1866), ils étaient vaincus sur terre à *Custozza* en Vénétie et dans la mer Adriatique près de l'île de *Lissa*. La Prusse ayant traité avec L'Autriche, les Italiens furent contraints de poser les armes à leur tour[1]. François-Joseph céda la Vénétie à Napoléon III qui, après plébiscite, la remit à Victor-Emmanuel (octobre 1866).

Mentana

La question romaine revint au premier plan des préoccupations nationales. Les dernières troupes françaises avaient évacué Rome à la fin de 1866. L'année suivante, Garibaldi, soutenu par toute l'opinion publique, lança ses volontaires sur Rome (octobre 1867).

Napoléon III fit réoccuper Rome en toute hâte et les troupes françaises aidèrent l'armée pontificale à battre les garibaldiens devant *Mentana* (3 novembre 1867). Cette intervention souleva dans toute l'Italie les plus vives colères contre la France.

Après avoir rendu tant de services à la cause de l'unité italienne, la France était maintenant le principal obstacle à son achèvement.

Difficultés intérieures

Au lendemain de Mentana, les dificultés intérieures semblaient

[1] Les Italiens regrettèrent que la guerre n'eût pas duré plus longtemps. Ils voulaient en effet, au nom du principe des nationalités, conquérir le *Trentin* (c'est-à-dire la partie méridionale du Tyrol) et l'*Istrie* avec le port de Trieste. Ces deux régions, peuplées en majorité d'Italiens, formèrent jusqu'en 1919 l'*Italia irredenta* (c'est-à-dire : **l'Italie non encore rachetée**).

d'ailleurs presque aussi graves que les difficultés extérieures.

L'assimilation de l'ancien royaume de Naples paraissait chaque jour plus délicate. Les populations de ces régions étaient non seulement très pauvres et complètement illettrées, elles étaient aussi violentes, indisciplinées, vouées traditionnellement à des alternances d'obéissance servile et d'insurrection. Le gouvernement piémontais était tenu en échec par les partisans du régime déchu, par les républicains, enfin et surtout par les brigands groupés en sociétés secrètes.

Ailleurs aussi, dans la plaine du Pô, en Toscane, l'*autorité du gouvernement, la légitimité même de la dynastie étaient mises en question*. Les dépenses militaires, sans cesse accrues par suite des campagnes de 1855, 1859-1860 et 1866, avaient contraint le gouvernement à proclamer le cours forcé des billets, à réduire les traitements et même la liste civile du roi, à augmenter les impôts. On accusait l'administration d'être tyrannique, incapable, corrompue. On s'indignait des *scandales financiers* qui éclaboussaient certaine parlementaires et jusqu'au roi lui-même. Enfin les humiliations successives de Custozza et de Lissa en 1866, de Mentana et du «Jamais» de Rouher en 1867 avaient jeté un grand nombre d'Italiens dans un tel état d'exaspération qu'on parlait couramment, au début de 1870, du renversement de la dynastie au profit de la République de Mazzini. *L'esprit de révolte gagna même l'armée*, où plusieurs régiments se mutinèrent. Pendant que la Droite réclamait des mesures de répression et la suspension de la Constitution, des garibaldiens proclamaient la République dans une ville de Calabre et Mazzini tentait (en vain d'ailleurs) de soulever la Sicile. Heureusement pour Victor-Emmanuel, la prise de Rome allait rétablir la popularité de la dynastie et apaiser les esprits.

La prise de Rome. La loi des Garanties

Ce furent les défaites françaises de 1870 qui ouvrirent Rome aux Italiens. Napoléon III rappela ses troupes dès le début de la guerre franco-allemande. Après la chute de l'Empire (4 septembre 1870), Victor-Emmanuel se considéra comme délié de ses engagements envers l'Empereur. Quand Pie IX eut de nouveau refusé de renoncer au pouvoir temporel, une armée italienne se présenta devant Rome. Après un simulacre de résistance, la ville se rendit le 20 septembre 1870. Un plébiscite consacra l'annexion par 133 000 voix — contre 1 500 non et 32 000 abstentions.

Pour assurer l'indépendance spirituelle du Souverain Pontife et calmer ainsi les inquiétudes du monde catholique, le Parlement italien vota, quelques mois plus tard, la *loi des Garanties* (mai 1871) : le pape conservait les prérogatives d'un souverain, gardait en toute propriété les palais du Vatican et du Latran à Rome et recevait une dotation annuelle. Le gouvernement italien assurait la liberté absolue des conclaves et des conciles, enfin il renonçait à tout contrôle sur le clergé italien, qui ne devait plus dépendre que du pape. Pie IX refusa de reconnaître la perte de ses Etats, il refusa la dotation qui lui était proposée et se considéra, désormais, comme moralement prisonnier au Vatican.

Ainsi la question romaine, réglée en fait, ne l'était pas en droit. Elle ne le fut que soixante ans plus tard, quand l'*accord du Latran*, signé en 1929, eut rendu au Saint-Siège le quartier de Rome qui entoure le Vatican : depuis lors, il existe de nouveau un état pontifical, minuscule il est vrai, la *Cité du Vatican.*

L'unité allemande, œuvre de Bismarck

I. — L'Allemagne et la Prusse en 1862 à l'avènement de Bismarck

La prospérité économique

Les dix années qui suivirent le triomphe de l'Autriche sur la Prusse après la «reculade d'Olmutz» furent pour l'Allemagne une période d'abaissement politique, mais aussi de grand essor économique.

Vers 1860 l'Allemagne presque tout entière faisait partie de l'Union douanière, ou *Zollverein*, fondée par la Prusse vers 1825 : elle formait ainsi un marché unique, tout prêt à absorber les produits d'une industrie en progrès. Elle disposait également d'un réseau déjà dense de *voies de communication*. Sur le Rhin, circulaient les grands chalands en fer remorqués par des bateaux à vapeur; d'autre part, on avait raccordé les différents tronçons de voies ferrées construits depuis 1835.

L'abondance des capitaux et de la main-d'œuvre contribua aux progrès de l'industrie. Comme en France, de grandes banques se constituèrent entre 1850 et 1860 et l'Allemagne adopta pour monnaie fédérale le thaler prussien[1]. Des hommes d'af-

[1] Il valait 3,75 fr.-or. En 1871 le tiers du thaler devint, sous le nom de *mark*, l'unité monétaire du nouvel Empire allemand.

faires actifs, d'esprit ouvert utilisèrent les derniers progrès techniques de l'étranger. De 1850 à 1870, la mise en valeur des gisements de la Ruhr quadrupla la production de la houille et favorisa l'essor de l'industrie sidérurgique à Essen chez *Krupp*, et à Berlin chez *Borsig*, grand fabricant de locomotives, La découverte des mines de potasse de Stassfurt développa l'industrie chimique, pour laquelle l'Allemagne devait, depuis lors, rester sans rivale. L'industrie cotonnière progressa également et, plus encore, l'industrie sucrière grâce à la culture de la betterave.

Tous ces progrès profitaient surout à la Prusse, l'Etat de beaucoup le plus étendu, le plus peuplé, le plus industrialisé de l'Allemagne. *La prééminence économique de la Prusse a préparé sa prééminence politique.* Les gouvernements de l'Allemagne du Sud n'osèrent jamais rompre avec elle, car, en s'excluant du Zollverein, ils auraient porté à la richesse économique de leur Etat un coup fatal. C'est pour mieux dominer l'Allemagne, que la Prusse se refusa toujours à admettre l'entrée des pays autrichiens dans le Zollverein.

Le problème de l'unité allemande

L'essor économique contribua à fortifier dans la bourgeoisie allemande le *désir d'unité*. La méfiance contre la France lors de la guerre d'Italie en 1859, puis lors de l'annexion de Nice et de la Savoie (1860) le renforça encore. Une «Société Nationale» — le *Nationalverein* — fit campagne en faveur d'une Allemagne unie. Mais tous les plans de réforme fédérale échouèrent, par suite de la mésentente entre Berlin et Vienne.

Depuis 1850, en effet, un violent antagonisme opposait l'Autriche et la Prusse à l'intérieur de la Confédération. Grisés par la «reculade d'Olmutz», les ministres de François-Joseph entendaient imposer leurs volontés à la Diète, alors que jusque-là ils y avaient traité la Prusse en égale de l'Autriche. Mais ils s'y heurtèrent au délégué de la Prusse, Bismarck, qui pendant la guerre de Crimée sut les tenir en échec à Francfort. Quelques années plus tard la guerre d'Italie envenima les rapports entre Vienne et Berlin, François-Joseph accusant la Prusse de vouloir profiter des défaites autrichiennes pour prendre le commandement de toutes les forces militaires de l'Allemagne. Aussi le Nationalverein demandait-il que l'Autriche fût exclue de la Confédération.

Cette tension dans les relations entre Berlin et Vienne coïncidait avec une grave crise intérieure en Prusse.

Le roi Guillaume Ier. La crise en Prusse

En 1861 le frère de Frédéric-Guillaume IV était devenu roi, sous le nom de *Guillaume Ier*. Très loyal, il était décidé à appliquer scrupuleusement la Constitution de 1850, mais il entendait que dans les questions militaires et diplomatiques, le roi eût toujours le dernier mot. Or, au moment de son avènement, le *problème de la réforme de l'armée* opposait violemment le Gouvernement et la Chambre des députés.

En Prusse, l'armée de ligne comprenait l'active, la réserve et le premier contingent de la territoriale. Pour avoir une armée plus homogène et toute dévouée au roi, le ministre de la guerre *Roon* proposait de ne plus faire appel à la territoriale, moins bien entraînée et dont les officiers se recrutaient le plus souvent dans la bourgeoisie libérale. Pour compenser l'affaiblissement numérique qu'entraînait cette mesure, on enrôlerait chaque année un plus grand nombre de conscrits[1].

La mobilisation de l'armée en 1859, pendant la guerre d'Italie, fournit à Roon l'occasion de réaliser la réforme avant même qu'elle fût votée par les députés. Mais les libéraux, qui constituaient alors la majorité de la Chambre, y étaient profondément hostiles. Ils commencèrent par n'accorder les crédits militaires qu'à titre provisoire, puis, en 1862, ils les refusèrent à une énorme majorité.

Découragé, Guillaume Ier était prêt à abdiquer. Mais, sur les instances de Roon, il se décida à confier le pouvoir à son ambassadeur à Paris, *Bismarck* (septembre 1862).

[1] Depuis 1814 le service universel existait officiellement en Prusse ; mais, par économie, on n'incorporait chaque année qu'une partie du contingent.

Bismarck

Otto de Bismarck était né en 1815, d'une vieille famille noble de Brandebourg. Après avoir passé quelques années dans l'administration, il avait démissionné et s'était consacré, comme Cavour, à l'exploitation de ses propriétés. Puis il s'intéressa à la vie politique. Député en 1847 et en 1849, il se signala tout de suite par la violence de ses *opinions conservatrices* et son mépris pour le régime constitutionnel. «Ne pourra être ministre, notait Frédéric-Guillaume IV, que si la baïonnette est maîtresse absolue». Bismarck professait alors une grande admiration pour l'Autriche qui avait su dompter la Révolution en 1849. Ces sentiments austrophiles le firent choisir en 1851 comme *représentant de la Prusse à la Diète de Francfort.* Mais, très vite, il comprit que l'Autriche et la Prusse ne pouvaient plus coexister en Allemagne et que l'une devait évincer l'autre. Dès lors, il ne cessa de conseiller la *lutte contre l'Autriche.*

La hardiesse de ces idées et de ces propos effrayait Guillaume Ier : rappelé de Francfort, Bismarck fut envoyé comme ambassadeur à Saint-Pétersbourg (1859), puis à Paris (1862). Il était en France quand le roi, dans les conditions que l'on sait, se résigna à lui offrir le pouvoir (septembre 1862). Bismarck avait alors quarante-sept ans. Bâti en colosse, c'était un homme d'action, au tempérament de lutteur. «Quand j'ai mon ennemi en mon pouvoir, avouait-il un jour, il faut que je le détruise.» Esprit lucide, pratique, prêt à utiliser toutes les occasions favorables, *il ne s'embarrassait d'aucun scrupule quand la grandeur de son pays était en jeu.* Quelques jours après son arrivée au ministère, il disait aux députés comme une chose toute naturelle : «Les grandes questions ne se décideront pas par des discours et des décisions de majorité, mais par le fer et par le sang.»

II. — La lutte contre l'Autriche — Sadowa

Les premiers actes de Bismarck

Appelé à la Présidence du Conseil pour tenir tête à la Chambre des députés et, au besoin, gouverner sans elle, Bismarck instaura un *régime de dictature.* Il leva illégalement les impôts et réalisa, malgré les députés, la réforme militaire : Roon, aidé du chef d'Etat-major général *Moltke*, organisa rapidement et silencieusement une armée nombreuse et bien entraînée.

Au-dehors aussi Bismarck agit avec résolution. Sous prétexte que la Prusse n'y obtenait pas la même place que l'Autriche, *il fit échouer un projet autrichien de réforme fédérale.* Il se gagna la *sympathie de Napoléon III* en signant avec la France un traité de commerce qu'il fit ensuite, malgré les efforts de l'Autriche, accepter par tous les membres du Zollverein. Enfin, en prenant parti contre les Polonais alors soulevés contre la Russie, il s'acquit la *reconnaissance d'Alexandre II*, sans la bienveillance de qui il n'aurait pu réaliser l'unité allemande.

L'affaire des duchés

En arrivant au ministère, Bismarck désirait réunir les Etats allemands en un Etat fédéral fort sous la direction de la Prusse, mais il n'avait aucun plan arrêté. Il attendait seulement une occasion favorable. La première qui se présenta fut l'*affaire des duchés de Slesvig et de Holstein.*

Les deux duchés étaient propriété personnelle du roi de Danemark : le Holstein, peuplé d'Allemands, faisait partie de la Confédération germanique ; le Slesvig, de population mi-allemande mi-danoise, n'en faisait pas partie. Les patriotes allemands désiraient faire des duchés un Etat indépendant à l'intérieur de la Confédération, sous la direction d'un prince allemand, le duc d'Augustenbourg ; les Danois, au contraire, demandaient l'annexion du Slesvig au Danemark. En 1852, les grandes Puissances avaient décidé que les duchés resteraient propriété du roi de Danemark mais conserveraient leurs lois propres sans jamais pouvoir être annexés au royaume. Or, dès son avènement (1863), le roi Christian IX incorpora le Slesvig au Danemark. Immédiatement, la Diète de Francfort puis, peu après, la Prusse et l'Autriche lui déclarèrent la guerre.

Après une brève campagne, Christian IX, vaincu, dut remettre à Guillaume Ier et à François-Joseph le Slesvig et le Holstein (1864).

Des deux duchés conquis en commun qu'allaient faire la Prusse et l'Autriche ? Bismarck les voulait pour la Prusse et il ne reculait pas devant l'idée d'un conflit avec Vienne pour les acquérir. Mais Guillaume Ier répugnait à rompre avec François-Joseph. Finalement, par la *convention de Gastein* (une petite ville d'eaux des Alpes autrichiennes), les deux adversaires se partagèrent l'*administration* des duchés : à l'Autriche celle du Holstein, à la Prusse celle du Slesvig et même du port de Kiel situé dans le Holstein (1865). Contrairement à ce qui s'était fait en en Italie, les populations ne furent pas consultées.

Bismarck contre l'Autriche

La convention de Gastein n'était pour Bismarck qu'un arrangement provisoire. Elle lui laissait le temps d'achever les préparatifs militaires de la Prusse, et elle pourrait lui fournir une occasion de conflit avec l'Autriche, s'il se décidait à la guerre. Il pouvait compter sur la neutralité russe. Il entreprit de s'assurer la neutralité de la France et l'alliance de l'Italie. Comme l'une et l'autre dépendaient de Napoléon III, Bismarck alla trouver l'Empereur à *Biarritz* (octobre 1865). Or Napoléon laissa entendre qu'il ne s'opposerait pas aux ambitions de Bismarck; bien plus il offrit ses bons offices pour faire conclure un *traité d'alliance italo-prussien*, valable pour trois mois (avril 1866).

Comme l'avait fait Cavour en 1859, Bismarck sut, par une habile politique de provocations, pousser à bout le gouvernement de Vienne. Il proposa une réforme de la Confédération : l'exclusion de l'Autriche et le remplacement de la Diète par un Parlement élu au suffrage universel. François-Joseph refusa et, pour se gagner l'opinion de l'Allemagne, se déclara prêt à remettre à la Diète de Francfort le soin de décider du sort des duchés : il autorisa même dans le Holstein la propagande en faveur du duc d'Augustenbourg. Bismarck riposta que la convention de Gastein était violée et il fit envahir le Holstein.

François-Joseph demanda alors à la Diète de *mobiliser l'armée fédérale contre la Prusse :* sa proposition fut adoptée (14 juin 1866).

La Prusse avait l'alliance de l'Italie, mais l'Autriche avait celle de la Saxe, de la Bavière, du Hanovre, de Bade, du Wurtemberg, et elle était assurée de la neutralité de la France depuis que François-Joseph avait promis à Napoléon d'abandonner la Vénétie, quel que fût le sort de la guerre. La balance des forces semblait en faveur de l'Autriche.

Sadowa

La guerre, que tout le monde pensait devoir être longue, dura un mois à peine (fin juin-fin juillet 1866). Les forces des princes allemands furent partout battues par les troupes prussiennes et l'armée autrichienne elle-même, renforcée des Saxons, fut écrasée en Bohême à *Sadowa* (3 juillet 1866).

Sadowa décida du sort de la guerre et du sort de l'Allemagne. Les victoires des Autrichiens en Italie ne leur servirent de rien. Moins de trois semaines après Sadowa, le gros de l'armée prussienne cantonnait à 60 kilomètres de Vienne, à *Nikolsbourg*, quand l'armistice y fut signé (22 juillet).

La Prusse devait sa victoire d'abord au ministre *Roon*, qui avait constitué l'armée, puis au chef d'état-major Moltke qui l'avait entraînée et l'avait commandée. Roon et Moltke avaient doté les troupes prussiennes d'un excellent fusil à tir rapide ; ils avaient combiné dans les derniers détails les plans de mobilisation, enfin ils utilisèrent très habilement les chemins de fer et les lignes télégraphiques. D'autre part, les officiers prussiens firent preuve d'un sens de l'offensive, d'un esprit d'initiative et de solidarité, d'une confiance dans la victoire qui manquèrent entièrement à leurs adversaires.

Si Bismarck dut à Roon et à Moltke les succès militaires de la Prusse, c'est à *la bonne volonté extraordinairement complaisante de Napoléon III* qu'il dut de pouvoir réorganiser l'Allemagne à son gré après sa victoire sur l'Autriche. Napoléon se refusa en effet à mobiliser au lendemain de Sadowa, en sorte que les troupes prussiennes purent, en toute sécurité, continuer leur marche sur Vienne, Bien plus, à l'insu de ses ministres, par négociation personnelle avec l'ambassadeur prussien à Paris, *Napoléon accepta tous les projets de Bismarck :* annexion de plusieurs Etats allemands à la Prusse, organisation sous la direction de celle-ci d'une nouvelle Confédération allemande, d'où l'Autriche serait exclue. Il exigea seulement que les quatre Etats situés au sud du Main (Bade, Hesse-Darmstadt, Wurtemberg, Bavière) ne fissent pas partie de la Confédération. Une Allemagne divisée en *trois tronçons :* Allemagne du Nord sous l'égide de la Prusse, Allemagne du Sud sous l'influence française, Autriche isolée — telle était la conception de Napoléon.

La réorganisation de l'Allemagne

Fort de cet appui inespéré, Bismarck put exploiter sa victoire. Il annexa à la Prusse le *Slesvig* et le *Holstein*, le royaume de *Hanovre*, le duché de *Nassau*, l'Etat de *Hesse-Cassel* et la ville libre de *Francfort sur le Main* — soit plus de 4 millions d'habitants. Contrairement à ce qui avait lieu en Italie, les populations ne furent pas consultées et c'est contre leur gré qu'une partie d'entre ellles, notamment dans les Slesvig, le Hanovre et à Francfort, devinrent prussiennes.

Pour la première fois dans son histoire, la Prusse formait un Etat d'un seul tenant, qui allait de la frontière russe à la frontière française.

En revanche, Bismarck n'enleva aucun territoire à l'Autriche : il se contenta de l'*exclure de l'Allemagne.*

La Confédération germanique fut dissoute. Les 21 Etats qui subsistaient au nord du Main constituèrent une *Confédération de l'Allemagne du Nord*, dont l'organisation fut réglée en 1867 après entente entre Bismarck et les princes. Au-dessus des 21 gouvernements, fut créé un gouvernement fédéral. Il était formé d'un *Président*, qui fut le roi de Prusse, assisté d'un *chancelier fédéral* qui fut Bismarck, et de deux Assemblées. L'une, élue au suffrage universel, le *Reichstag*, représentait le peuple allemand, l'autre, le *Bundesrat*, semblable à l'ancienne Diète de Francfort, représentait les gouvernements des Etats. Le Gouvernement fédéral dirigeait souverainement tout ce qui touchait à la diplomatie, à la guerre et aux questions économiques. La Confédération avait une armée, composée des armées de tous les Etats, organisées sur le modèle prussien et placées sous le commandement direct du Président, c'est-à-dire du roi de Prusse.

Ainsi, tout en conservant leurs souverains, leurs gouvernements particuliers et leur législation propre, les Etats allemands au nord du Main formaient un *Etat fédéral* qui avait son chef, sa diplomatie, son armée, ses finances. Seuls restaient en dehors de la Confédération les Etats situés au sud du Main : *Hesse-Darmstadt*, *Bade*, *Wurtemberg*, *Bavière;* encore avaient-ils signé des traités d'alliance qui plaçaient en cas de guerre leurs armées sous le commandement du roi de Prusse. De la sorte *l'unité militaire* de l'Allemagne était à peu près réalisée. D'autre part, l'unité économique subsistait, car le Zollverein n'avait pas été supprimé : Bismarck avait créé un *Parlement douanier* où des représentants des Etats du Sud siégeaient à côté de ceux de la Confédération de l'Allemagne du Nord.

Napoléon et la demande de pourboires

On a vu comment l'attitude bienveillante de Napoléon III avait favorisé l'action de Bismarck après Sadowa. Pourtant la victoire prussienne eut pour conséquence immédiate un *violent antagonisme franco-allemand.*

L'opinion publique en France s'était montrée fort émue de l'accroissement de la puissance prussienne.

Napoléon voulut l'apaiser en obtenant de Bismarck quelques compensations. Mais, alors qu'il n'avait posé aucune condition quand il était en situation de le faire, au lendemain de Sadowa, il présenta ses demandes quand les armées prussiennes, déjà victorieuses, pouvaient se retourner contre lui. De là l'échec de ce que Bismarck appela dédaigneusement *la politique des pourboires.*

Au début d'août 1866 Napoléon demanda les territoires hessois et bavarois situés sur la rive gauche du Rhin, au nord de l'Alsace. Non seulement il se heurta à un refus catégorique, mais il déchaîna dans toute l'Allemagne une indignation universelle.

Alors Napoléon proposa à Bismarck une alliance offensive et défensive : les Etats du Sud entreraient dans la Confédération; en compensation, l'Allemagne aiderait la France, au besoin par les armes, à acquérir le Luxembourg et, plus tard, la Belgique. Bismarck ne répondit pas.

Les démarches maladroites de Napoléon III renforcèrent les sentiments antifrançais en Prusse. Dès la fin de 1866, en France comme en Allemagne, les esprits clairvoyants sentaient qu'un conflit entre les deux pays était presque inévitable.

La guerre Franco-Allemande (1870-1871)

I. — Les origines de la guerre Franco-Allemande

L'antagonisme franco-allemand. L'affaire du Luxembourg

Depuis la fin de l'année 1866 l'antagonisme franco-allemand ne fit que croître jusqu'au jour où, en juillet 1870, la France déclara la guerre à la Prusse. L'*affaire du Luxembourg* en fut le premier épisode.

Pour donner satisfaction à l'opinion publique française, Napoléon avait décidé d'acheter le Luxembourg au roi de Hollande, qui le possédait à titre personnel. Brusquement, en avril 1867, Bismarck affirma au Reichstag qu'il ne laisserait pas une terre « allemande » tomber aux mains de la France[1]. Une guerre parut imminente, mais Napoléon savait son armée désorganisée par la campagne du Mexique : il recula. Une conférence internationale décida que le Luxembourg deviendrait un État neutre (satisfaction donnée à la Prusse) et que la garnison prussienne en serait retirée (satisfaction donnée à la France). *Le nouvel échec de Napoléon montra à Bismarck qu'il pouvait tout oser.*

[1]De 1815 à 1866 le Luxembourg avait fait partie de la Confédération germanique et une garnison prusienne s'y trouvait encore en 1867.

Or Bismarck voyait avec dépit les sentiments particularistes et antiprussiens se développer dans les États du Sud. Une guerre contre la France lui parut le moyen le plus sûr de cimenter l'unité.

Bismarck s'assura la neutralité du gouvernement de Londres, inquiet des visées de Napoléon III sur la Belgique. En même temps, il obtint du tsar la promesse que la Russie empêcherait l'Autriche d'intervenir en cas de guerre franco-allemande.

Vains efforts de redressement en France

De son côté, Napoléon entreprit une œuvre de redressement à la fois militaire et diplomatique — qui, en fait, ne donna guère de résultats.

Le maréchal Niel, ministre de la Guerre, fut chargé de la *réforme militaire.* Son projet conservait l'ancien système du tirage au sort et du remplacement, auquel tenait la bourgeoisie. Les concrits incorporés devaient faire *cinq ans de service* au lieu de sept, puis feraient des périodes d'instruction pendant *quatre ans dans la réserve.* A côté de cette armée de première ligne, tous les exemptés, c'est-à-dire ceux qui n'avaient pas été appelés et ceux qui s'étaient fait remplacer, formeraient une armée de seconde ligne sous le nom de *garde mobile.*

La loi fut très mal accueillie par l'opinion publique et le nouveau ministre de la Guerre, le maréchal *Lebœuf,* ne tenta pas sérieusement d'organiser la garde mobile. Mais la loi Niel, la supériorité du fusil *Chassepot,* la construction en grand secret d'une arme nouvelle, le canon à balles ou *mitrailleuse,* donnèrent au gouvernement l'illusion que l'armée française était invincible.

Napoléon échoua dans ses négociations avec les gouvernements de Florence et de Vienne. La question romaine empêcha les discussions franco-italiennes d'aboutir et l'Autriche se déroba.

Le ministère Émile Ollivier était d'ailleurs tout à la paix : bien que la Prusse eût décliné l'offre de diminuer ses armements, il demanda au Corps Législatif de réduire le contingent de 10 000 hommes. Cependant il existait en France un parti de la guerre. A la Cour l'Impératrice, au Corps Législatif les «Mameluks», au ministère le nouveau ministre des Affaires Étrangères, le *duc de Gramont,* étaient d'avis qu'une guerre victorieuse était le seul moyen de triompher de l'opposition républicaine et de relever le prestige de la dynastie.

Au début de l'été de 1870, la France était isolée diplomatiquement et son armée était mal organisée, au moment où Bismarck était prêt à la guerre et où un parti belliqueux la souhaitait à Paris.

La candidature Hohenzollern

La guerre était donc à la merci d'un incident. Elle éclata en juillet 1870 à la nouvelle qu'un prince prussien, *Léopold de Hohenzollern,* frère du prince Charles de Roumanie, allait monter sur le trône d'Espagne.

Les Espagnols avaient chassé leur reine en 1868 et le gouvernement provisoire de Madrid avait proposé la couronne à Léopold.

D'abord éconduit par le père de Léopold, le prince Antoine de Hohenzollern, il était revenu à la charge au début de 1870 et avait demandé à Bismarck de l'appuyer. Après plus de trois mois d'efforts, Bismarck réussit à convaincre le prince Antoine et le roi Guillaume Ier des avantages que la Prusse trouverait à «avoir sur les derrières de la France un pays dont les sympathies lui seraient assurées». A regret d'ailleurs, Antoine et Léopold acceptèrent et Guillaume Ier, chef de la maison de Hohenzollern, donna son assentiment (juin 1870). Toute la négociation entre Berlin et Madrid s'était déroulée dans le plus grand secret et il était entendu que les *Cortès,* c'est-à-dire l'Assemblée nationale espagnole, éliraient Léopold à la fin de juin : La France serait ainsi mise en présence du fait accompli et n'oserait pas s'opposer au libre choix de la nation espagnole. Mais, par suite d'une erreur dans la lecture d'un télégramme chiffré, les Cortès se séparèrent avant d'avoir nommé le prince et, presque aussitôt, le secret fut ébruité à Madrid et à Paris (2 et 3 juillet 1870).

La riposte de la France. Bismarck en échec

Cette candidature préparée mystérieusement apparut à Paris comme une machination de Bismarck contre la France. Le duc de Gramont exigea le retrait de la candidature et, dès le début, proféra des menaces de guerre contre la Prusse — il est caractéristique qu'il signifia son veto non à Madrid mais à Berlin.

L'ambassadeur de France, *Benedetti*, reçut l'ordre de se rendre auprès du roi Guillaume, alors aux eaux à *Ems*, près de Coblence, et de demander le retrait de la candidature. Le roi soutint que l'affaire ne dépendait pas de lui, mais que, si le prince Léopold renonçait de lui-même à la couronne d'Espagne, il l'approuverait. Sur les instances amicales des grandes Puissances, le prince Antoine fit savoir, le 12 juillet, qu'au nom de son fils il y renonçait. C'était, disait Guizot, «la plus belle victoire diplomatique que j'aie vue de ma vie». D'un coup, Bismarck pensa à donner sa démission.

Gramont et la demande de garanties

Cependant, à Paris, le parti de la guerre ne s'estimait pas satisfait. A l'insu d'É. Ollivier, Gramont obtint de Napoléon qu'un nouveau télégramme fût envoyé à Benedetti : *«Pour que la renonciation produise tout son effet, il paraît nécessaire que le roi de Prusse s'y associe et nous donne l'assurance qu'il n'autoriserait pas de nouveau cette candidature.»*

Le lendemain matin 13 juillet, Benedetti rencontra le roi à la promenade dans le parc d'Ems et lui présenta la demande du gouvernement impérial. Surpris et froissé, Guillaume Ier la repoussa, poliment mais fermement. Puis, comme le lui avait déjà demandé Bismarck, alors à Berlin, il décida de ne plus discuter personnellement de la question avec Benedetti : les négociations continueraient entre diplomates à Berlin. Aussi se déroba-t-il quand, dans l'après-midi, Benedetti lui demanda audience. Mais il tint à lui faire savoir par son aide de camp que, s'il maintenait son refus de s'engager pour l'avenir, il donnait son *«approbation entière et sans réserve au désistement du prince»*.

Bismarck et la dépêche d'Ems

En cette même après-midi du 13 juillet, Guillaume Ier fit envoyer à Bismarck un télégramme — ce qu'on appelle la *dépêche d'Ems* — pour lui faire connaître les incidents de cette journée; en même temps il lui laissait toute liberté de faire connaître à la presse la demande de garanties présentée par la France et le refus qu'il y avait opposé. Bismarck vit immédiatement le parti qu'il pouvait tirer de la dépêche. Il la publia, mais en insistant sur le refus du roi de recevoir Benedetti et en la rédigeant sous une forme telle, qu'elle constituât un *affront à la France.* C'est cette transformation que l'on appelle, d'un mot inexact, la *falsification de la dépêche d'Ems.*

La déclaration de guerre

Bismarck avait vu juste. Son communiqué souleva l'indignation des Allemands, qui virent dans l'insistance de la France le désir de les humilier. Les États de l'Allemagne du Sud, sur la neutralité desquels la France comptait, firent cause commune avec la Prusse : pour eux aussi, la guerre fut une *croisade germanique.* De leur côté, les Français se jugèrent outragés dans la personne de leur ambassadeur : l'opinion publique et le Corps Législatif lui-même, malgré les avertissements de Thiers, perdirent tout sang-froid. Les députés, à l'exception d'une dizaine, votèrent avec enthousiasme les crédits pour la mobilisation et la déclaration de guerre de la France fut notifiée à Berlin le 19 juillet.

Les deux peuples se ruaient l'un contre l'autre, chacun convaincu qu'il était dans son droit. Mais l'un était prêt à la guerre et l'autre ne l'était pas.

II. — La guerre franco-allemande (1870-1871)

Les défaites des armées impériales

Aux 500 000 Allemands, groupés en trois armées sous le commandement effectif de Moltke, Napoléon III ne put opposer que 265 000 hommes, disséminés sur un front de 250 kilomètres, de Thionville à Bâle. Le même jour, le 6 août, l'Alsace fut perdue par la défaite de Mac-Mahon à *Frœschwiller* et la Lorraine fut envahie après une autre défaite à *Forbach*. Le commandement en chef passa alors au maréchal *Bazaine*, officier très brave, mais qui craignait les responsabilités et n'osait pas engager une action décisive. Bazaine décida de se replier sur Verdun. Mais, quand les Allemands lui barrèrent la route à *Rezonville* (16 août) et à *Saint-Privat* (18 août), il se refusa à forcer le barrage et se laissa volontairement *bloquer dans Metz*.

Il restait encore au camp de Châlons 130 000 hommes que Mac-Mahon essayait de réorganiser. Napoléon voulait, avec raison, les ramener sous Paris ; mais, à la demande instante des ministres et surtout de l'Impératrice, il décida de marcher vers Sedan, où Bazaine avait annoncé qu'il comptait se rendre. En fait, Bazaine ne quitta pas le camp retranché de Metz et son inaction voulue permit aux Allemands de venir encercler à Sedan l'armée française. La cavalerie n'ayant pu, malgré des charges épiques, ouvrir un passage, Napoléon capitula pour éviter un massacre. La *reddition de Sedan* livra aux Allemands l'Empereur et 100 000 hommes (2 septembre).

Causes des défaites françaises

Comment expliquer cette succession de revers? De l'avis unanime, les soldats furent magnifiques d'endurance et de bravoure. On invoque l'*infériorité de l'armement*. Les canons français, pièces en bronze se chargeant par la bouche, étaient nettement inférieurs en résistance, portée et précision de réglage aux canons allemands *Krupp*, pièces en acier à chargement par la culasse. En revanche, le fusil français Chassepot était plus précis, de tir plus rapide, de plus longue portée que le fusil allemand. Quand à la *mitrailleuse*, sa portée était trop faible.

En dernière analyse, les défaites françaises eurent pour causes principales la *médiocrité de la préparation* et l'*infériorité du commandement et de l'instruction*. La mobilisation et la concentration des troupes s'étaient faites dans un gâchis qui rappelait celui de 1859. D'autre part beaucoup d'officiers ignoraient presque tout de l'art militaire : les campagnes en

Algérie ne les avaient pas formés à une guerre savante et ils croyaient que le courage suffit. Enfin, l'usage des fusils à tir rapide avait persuadé les généraux que l'offensive serait trop meurtrière : la plupart du temps ils restèrent sur la défensive, retenant même l'élan de leurs troupes.

La révolution du 4 septembre. La République

Le désastre de Sedan entraîna la chute du régime impérial. La foule envahit le Corps Législatif, où Gambetta fit acclamer la *déchéance de Napoléon III.* Puis *la République* fut proclamée à l'Hôtel de Ville (4 septembre 1870). L'impératrice s'enfuit en Angleterre et personne n'essaya de défendre le régime déchu. Les députés élus par Paris en 1869, parmi lesquels *Gambetta, Jules Favre, Jules Ferry, Jules Simon, Crémieux,* formèrent, à l'exclusion de Thiers, un *Gouvernement de la Défense Nationale,* présidé par le gouverneur militaire de Paris, le général *Trochu.*

Jules Favre eut, au château de *Ferrières,* près de Meaux, une entrevue secrète avec Bismarck (15 septembre). Celui-ci mit comme conditions de la paix la cession de l'Alsace et du nord de la Lorraine avec Metz. Le gouvernement, qui venait de proclamer sa volonté de ne céder « ni un pouce de notre territoire ni une pierre de nos forteresses », décida de poursuivre la lutte. Il resta à Paris, mais, en prévision de l'encerclement de la ville par les Allemands (l'investissement fut en effet complet à partir du 19 septembre), il envoya à Tours une *Délégation* de quelques membres, auxquels s'adjoignit bientôt Gambetta.

Animé d'une foi invicible dans l'avenir de la France et d'une indomptable énergie, *Gambetta fut l'âme de la résistance en province :* il leva, équipa, nourrit plus de 600 000 hommes. Faute d'instruction et faute d'officiers pour les encadrer, les « armées de Gambetta » n'étaient pas de qualité telle qu'elles pussent forcer la victoire, mais leurs efforts témoignèrent des ressources et de la vitalité du patriotisme français.

Capitulation de Metz

Ces soldats improvisés, mal équipés, mal encadrés avaient du moins pour eux le nombre, car la plus grande partie des forces allemandes étaient immobilisées devant Metz et devant Paris. La conduite de Bazaine et de ses généraux à Metz leur enleva cette unique chance de succès.

Après le 4 septembre, Bazaine avait refusé de se rallier au Gouvernement de la Défense Nationale : la victoire des républicains lui semblait un danger plus grand pour la France que la victoire des Allemands. Son espoir était d'obtenir de Bismarck le droit de sortir de Metz avec son armée et de se retirer à l'intérieur de la France, d'où il pourrait, la paix revenue, « défendre l'ordre social contre les mauvaises passions » et jouer un rôle politique. Aussi ne fit-il aucun effort pour briser le blocus de Metz, quoiqu'il eût la supériorité du nombre. Bazaine et beaucoup de ses généraux acceptaient une paix fondée sur un démembrement de la France. Finalement les Allemands exigèrent la reddition pure et simple de la ville. La *capitulation de Metz* leur livra 3 maréchaux, 6 000 officiers, 173 000 soldats, 56 drapeaux, 1 665 canons, plus de 3 millions d'obus et près de 23 millions de cartouches[1].

La conséquence immédiate de la capitulation de Metz fut l'échec de la première tentative faite par Gambetta pour débloquer Paris.

Les armées de la Défense Nationale

Gambetta avait en effet combiné pour le début de novembre une marche de l'armée de la Loire vers Paris et une sortie de la garnison de Paris vers le Sud. L'armée de la Loire avait pris l'offensive, remporté la victoire de *Coulmiers* et réoccupé Orléans. Mais, à ce moment précis, elle fut attaquée par les troupes allemandes que la reddition de Metz avait rendues disponibles, et battue à *Loigny*. Dans le même temps, l'armée de Paris échouait dans sa tentative de sortie, à *Champigny* sur la Marne (début décembre).

1. 1. Condamné à mort en 1873 par un Conseil de guerre, Bazaine vit sa peine commuée en celle de détention perpétuelle. Au bout de quelques mois, il s'évada et mourut à Madrid en 1888.

Sans se décourager, Gambetta dressa de nouveaux plans. Il constitua une armée du Nord sous le commandement de *Faidherbe*, et une nouvelle armée de la Loire, sous le commandement de *Chanzy* : toutes deux devaient marcher sur Paris, pendant qu'une armée de l'Est, confiée à *Bourbaki*, débloquerait Belfort et couperait les lignes de ravitaillement des Allemands. Alors, au mois de janvier 1871, par un froid terrible, se livrèrent les derniers combats. Malgré leur valeur, Chanzy et Faidherbe furent vaincus, le premier au *Mans*, le second à *Saint-Quentin* ; l'armée de l'Est, battue à *Héricourt* et refoulée dans le Jura, n'échappa à la capitulation qu'en passant en Suisse. Dans le même temps la garnison de Paris tentait vers l'Ouest une nouvelle sortie : elle fut repoussée devant *Buzenval*.

En une semaine, les suprêmes espoirs de la France s'étaient évanouis.

Reddition de Paris. L'armistice

Assiégé depuis septembre, bombardé depuis le début de janvier, Paris était sous la *double menace de la famine et de la révolution*. Le rationnement des vivres avait été organisé beaucoup trop tard. On manquait de tout : les rats faisaient prime sur le marché et l'on n'avait plus ni bois ni charbon, par l'un des hivers les plus rigoureux du siècle. La population, souvent très exaltée, reprochait à Trochu de ne pas avoir confiance dans ses troupes — il est vrai que, sur les 500 000 hommes dont il disposait, plus de 350 000 n'avaient guère de valeur militaire. La misère, les déceptions, l'échec des tentatives de trouée favorisaient l'*agitation révolutionnaire*. Déjà le 31 octobre, à la nouvelle d'un échec au Bourget et de la capitulation de Metz, certains bataillons de gardes nationaux avaient tenté de renverser le gouvernement. Après Buzenval, une nouvelle tentative d'insurrection eut lieu le 22 janvier.

Le lendemain, Jules Favre alla à Versailles négocier un armistice avec Bismarck. Au prix de la *capitulation de Paris*, de la cession des forts, du désarmement d'une partie des troupes et du paiement d'une somme de 200 millions de francs, les Allemands accordèrent un armistice de trois semaines. Pendant ce temps, les Français devaient élire une Assemblée qui déciderait s'il fallait faire la paix ou continuer la guerre.

III. — Les résultats de la guerre

L'Europe et la guerre. L'Empire allemand

La défaite de la France fut un événement capital dans l'histoire de l'Europe. Sa première conséquence fut *l'entrée des Italiens dans Rome,* l'achèvement de l'unité italienne et la disparition du pouvoir temporel de la Papauté. Un mois plus tard, la Russie dénonça *la clause du traité de Paris* (1856) qui neutralisait la mer Noire : une conférence internationale ratifia la décision russe (mars 1871).

Mais les deux résultats les plus importants de la guerre furent la proclamation de l'Empire allemand et la mutilation du territoire français. Comme Bismarck l'avait escompté, l'union des Allemands sur les champs de bataille de France eut pour conséquence l'*achèvement de l'unité allemande.* Dès le mois de novembre 1870, les princes du Sud avaient accepté, avec plus ou moins de bonne grâce, d'entrer dans la Confédération de l'Allemagne du Nord, qui prit désormais le nom d'*Empire allemand.* Le 18 janvier 1871[1], au château de Versailles, Guillaume Ier fut proclamé *empereur allemand.* Ainsi, en 1871 comme en 1866, l'unité allemande, à la différence de l'unité italienne, se réalisait par l'initiative des princes. De plus, *tandis que l'Italie était devenue un royaume unitaire, l'Allemagne restait une fédération d'États.*

Le sort de la France. Le traité de Francfort

Le sort de la France fut réglé un mois plus tard. L'Assemblée Nationale, élue au début de février, se réunit à Bordeaux. Elle se prononça pour la paix immédiate et chargea Thiers et Jules Favre d'aller à Versailles en discuter les conditions avec Bismarck. Ainsi furent signés, le 26 février 1871, les *préliminaires*

[1]Jour anniversaire du couronnement du premier roi de Prusse à Kœnigsberg en 1701.

de paix : La France perdit le nord de la Lorraine avec Metz et toute l'Alsace, sauf Belfort[1] ; elle dut verser en trois ans une indemnité de 5 milliards de francs et subir l'occupation allemande d'une partie de son territoire jusqu'au complet paiement de cette somme. L'Assemblée de Bordeaux accepta ces conditions par 546 voix contre 107 et 23 abstentions, malgré la protestation des députés d'Alsace-Lorraine (1er mars).

Les préliminaires de paix furent transformés en paix définitive par le *traité de Francfort*, le 10 mai 1871. Le traité aggrava, au point de vue commercial et militaire, les stipulations des préliminaires. Il étendit la zone du territoire de Belfort, moyennant la cession à l'Allemagne de terrains miniers en Lorraine. Il comporta en faveur des Alsaciens-Lorrains une *clause d'option :* jusqu'au 1er octobre 1872, les habitants des territoires annexés eurent le droit d'opter pour la nationalité française, à condition d'émigrer en France. Sacrifiant à la patrie intérêts et affections, environ 60 000 d'entre eux (sur 1 600 000) émigrèrent.

De cette guerre, l'Allemagne sortait unifiée et prépondérante en Europe. La France, mutilée, était irréconciliable. L'antagonisme franco-allemand, fortifié par la création de la *question d'Alsace-Lorraine*, allait empêcher toute paix durable en Europe et contribuer à déclencher en 1914 la première guerre mondiale.

[1] La ville, défendue par le colonel *Denfert-Rochereau*, ne s'était rendue que le 18 février sur l'ordre du gouvernement français. En échange de Belfort laissé à la France, Bismarck imposa l'entrée des troupes allemandes dans Paris jusqu'à ratification des préliminaires de paix par l'Assemblée de Bordeaux.

La Troisième République de 1871 à 1879
La fondation de la République

I. — La commune et le gouvernement de Thiers

La question du régime

Le 4 septembre 1870, les députés républicains de Paris s'étaient emparés du pouvoir. Mais le gouvernement de la Défense nationale qu'ils avaient établi n'était qu'un gouvernement provisoire : la question de savoir quel serait le régime définitif de la France n'avait pas été résolue.

Elle ne devait l'être qu'après cinq années de crise dont les principaux épisodes ont été : l'*insurrection de la Commune* (1871) ; la *tentative de restauration monarchiste* (1873) ; le *vote des lois constitutionnelles* (1875). La République établie, son existence fut d'abord précaire, car les républicains n'étaient pas maîtres de tous les organes de l'État. Ils ne le devinrent vraiment qu'après la *crise du Seize Mai 1877.*

L'Assemblée nationale

La convention d'armistice signée avec Bismarck stipulait qu'une Assemblée nationale serait élue pour décider de la continuation de la guerre ou de la conclusion de la paix. Or Gambetta s'était prononcé pour la « guerre à outrance ». Sauf à Paris et dans l'Est, la majorité des électeurs voulaient la paix : ils votèrent en masse pour les partisans de celle-ci, royalistes et républicains modérés. Les résultats des élections furent les suivants : 400 royalistes, 200 républicains, 30 bonapartistes.

L'Assemblée nationale se réunit le 12 février à Bordeaux. Elle confia la direction du gouvernement à *Thiers*, celui de tous les hommes politiques qui avait le plus de réputation et d'autorité. Il fut proclamé *« chef du pouvoir exécutif de la République française »*, mais *« en attendant qu'il soit statué sur les institutions de la France »*, Ainsi la République n'était encore acceptée qu'à titre provisoire; Thiers et les chefs de la majorité s'accordaient pour réserver l'avenir : ce fut ce qu'on appela le *« pacte de Bordeaux »*.

Les origines de la Commune

Deux tâches s'imposaient au gouvernement et à l'Assemblée : libérer le territoire et réorganiser la France. Mais au moment où elles allaient être entreprises, une terrible guerre civile, la *Commune*, éclata; elle fit passer pendant trois mois (mars-mai 1871) tous les autres problèmes à l'arrière-plan. Cette crise d'une extrême gravité eut une triple origine : *la situation dans laquelle Paris se trouvait; l'existence de groupes révolutionnaires dans la capitale; les maladresses — ou, pour mieux dire, les provocations — de l'Assemblée à l'égard des Parisiens.*

La population de Paris, surtout celle des quartiers ouvriers du centre et de l'est, se trouvait, au sortir du siège, dans un état de profond déséquilibre physique et moral, les nerfs malades, la santé délabrée par le manque de vivres. D'autre part la misère était grande, car le travail n'avait encore repris nulle part; la plupart des ouvriers et des petits commerçants n'avaient pour vivre que leur solde de gardes nationaux, 1,50 F par jour. En outre, le peuple était exaspéré par l'entrée des Prussiens dans Paris, que Thiers avait acceptée pour garder

Belfort ; après avoir si héroïquement résisté, il se trouvait blessé dans sa fierté patriotique.

Depuis les dernières années de l'Empire, il existait dans Paris un certain nombre de groupes révolutionnaires, *jacobins, blanquistes* partisans d'un régime dictatorial de salut public, *socialistes-internationalistes* qui prônaient de vastes transformations sociales. L'influence de ces groupes sur la masse ouvrière s'était renforcée durant le siège ; elle grandit encore après l'armistice. Une « Fédération républicaine de la garde nationale » s'étant formée pour veiller aux intérêts des gardes nationaux, les révolutionnaires eurent la prédominance dans son *« Comité central »*.

Les membres de la majorité royaliste de l'Assemblée — pour la plupart des « notables » de province — détestaient Paris, bastion des idées avancées : ils multiplièrent les brimades à l'égard des Parisiens, ils votèrent d'abord la suppression de la solde de garde national : c'était réduire les trois quarts des ouvriers à la misère. Ils décrétèrent ensuite (10 mars) que le paiement des dettes, loyers ou effets de commerce, suspendu pendant le siège, reprendrait normalement : en quatre jours, plus de 150 000 Parisiens furent exposés à la faillite ou à des poursuites. Le même jour, l'Assemblée décida d'établir son siège à *Versailles :* ce geste sembla aux Parisiens une insulte, quoique Paris restât la capitale de la France et le siège du gouvernement.

La Commune

En vertu de la convention d'armistice, la garde nationale parisienne avait conservé ses armes, près de 500 000 fusils. Elle disposait aussi de 210 canons, enlevés des Champs-Élysées quand on avait appris que les Allemands devaient y cantonner et transportés à Montmartre et à Belleville. Dès son arrivée à Paris, Thiers décida, par mesure de prudence, de reprendre les canons aux gardes nationaux.

Le *18 mars*, de grand matin, un régiment se porta sur Montmartre et saisit les pièces, mais, faute d'attelages suffisants, ne put les enlever rapidement. Une foule de gardes, de femmes et d'enfants entoura les soldats, les invitant à fraterniser avec le peuple. Après quelques instants de flottement, la troupe mit la crosse en l'air. L'insurrection se propagea alors, en quelques heures, dans tout le centre et l'est de Paris. Malgré l'avis de ses ministres, Thiers décida de ne point résister dans la ville même. Il exécuta le plan qu'il avait vainement proposé en 1848 à Louis-Philippe : *laisser le champ libre aux insurgés, pour leur faire une guerre en règle et pour mieux les écraser.*

Le départ pour Versailles du gouvernement laissait le Comité central maître de la ville : il fit procéder à l'election d'un conseil communal qui comprit une majorité de révolutionnaires. Ce conseil prit le nom de *Commune de Paris*, en souvenir de la Commune de 1793. Composée d'éléments très divers, la Commune n'avait pas de doctrine politique précise : les uns, parmi ses membres, pensaient qu'elle devait diriger dictatorialement la France entière; certains, suivant les idées de Proudhon, appelaient les autres communes françaises à s'associer à Paris en une libre Fédération. Elle n'avait pas non plus de programme social cohérent : certains pensaient à des réformes, d'autres à une révolution.

En fait, la Commune n'eut pas le temps de procéder à une transformation du régime politique ou social. Elle se trouva dès les premiers jours engagée dans une lutte sans merci.

L'écrasement de la Commune

Quoiqu'elle comptât officiellement 200 000 hommes, *la garde nationale fédérée* — qui formait l'armée de la Commune — ne comporta guère plus de 30 000 combattants. Le gouvernement, au contraire, disposa rapidement de 100 000 hommes de bonnes troupes, Bismarck ayant, à la demande de Thiers, accéléré le rapatriement des prisonniers.

La guerre civile dura deux mois (avril-mai). Elle consista d'abord en un *second siège de Paris*, sous les yeux des Allemands, cette fois spectateurs; puis après l'entrée des «Versaillais» dans la ville, elle se transforma en une bataille de rues. Pendant toute une semaine (21-28 mai) — *«la semaine sanglante»* —, l'armée refoula peu à peu les forces de la Commune vers l'est. La lutte fut menée de part et d'autre d'une façon atroce : les Fédérés fusillèrent les *otages* saisis par eux; les

Versaillais multiplièrent les *exécutions sommaires*. L'atmosphère était rendue plus sinistre encore par les *incendies* que les Fédérés, en se retirant, allumaient un peu partout.

La répression qui suivi se prolongea jusqu'en 1875. Les conseils de guerre chargés de juger les prisonniers prononcèrent relativement peu de condamnations à mort; ils condamnèrent, en revanche, plus de 10 000 personnes aux travaux forcés ou à la déportation en Nouvelle-Calédonie. *On avait voulu décimer les partis révolutionnaires.* On y parvint : ces partis mirent près de vingt ans à se reconstituer.

Le gouvernement de Thiers

Les Fédérés écrasés, l'Assemblée et Thiers purent entreprendre l'œuvre de relèvement différée par la guerre civile. Cette œuvre comporta deux aspects : *la libération du territoire* par le règlement de l'indemnité de guerre; la réfection des forces de la France par la *réorganisation des finances et de l'armée*.

Le traité de Francfort avait fixé à trois ans le délai de paiement des cinq milliards-or dus aux Allemands, un milliard et demi devant être versé dès 1871. Au lieu d'un milliard et demi, ce fut deux milliards que la France versa cette année-là. Le reste fut payé en 1872 et 1873. Le 16 septembre 1873, plus de six mois avant le délai prévu, le territoire français était libéré.

Le règlement de l'indemnité de guerre avait été assuré au moyen de deux emprunts émis sur le marché intérieur. L'un et l'autre furent couverts bien au-delà de ce qui était nécessaire. Ce succès inouï témoignait de la richesse de la France et du crédit de l'État, mais, par ailleurs, il grevait le budget par son ampleur même; plus de 340 millions de rentes nouvelles devaient être payés chaque année; un accroissement des revenus publics était donc nécessaire. Après de longues discussions à l'Assemblée, Thiers réussit à faire adopter ses vues : les recettes nouvelles furent obtenues principalement par une *majoration des impôts indirects* — ce qui satisfaisait la bourgeoisie.

Le redressement militaire fut réalisé dès juillet 1872 par le vote d'une loi qui devait donner à la France une armée égale en nombre à l'armée allemande. Le principe du service militaire obligatoire était admis, mais il était tempéré par un grand nombre de dispenses. Le service était de cinq ans dans l'active et de quatre ans dans la réserve. *L'inégalité des charges militaires était maintenue* par le tirage au sort — les bons numéros ne faisant que six mois — et par l'institution des «engagés conditionnels» d'un an[1].

Chute de Thiers

Au mois d'août 1871, le vote de la *loi Rivet* avait donné à Thiers le titre de Président de la République française, tout en le maintenant chef responsable du gouvernement. Cette loi cependant n'avait pas eu un caractère constitutionnel. Quand la réorganisation du pays et la libération du territoire parurent assurées, Thiers, prenant ouvertement parti, invita l'Assemblée à rechercher quelle organisation définitive pourrait être donnée à la République (13 novembre 1872).

Les royalistes déclarèrent le pacte de Bordeaux rompu et commencèrent à manœuvrer contre Thiers. Ils limitèrent d'abord son droit d'intervention dans les débats parlementaires (mars 1873), puis, lorsqu'il eut remanié son ministère au profit des républicains, ils décidèrent de le renverser. Après le vote d'un ordre du jour qui l'invitait à «faire prévaloir une politique *résolument conservatrice*», Thiers donna sa démission (24 mai 1873).

II. — La constitution de 1875. La crise du 16 mai

L'essai de restauration

En remplacement de Thiers, la majorité royaliste, conduite par le duc de *Broglie*, élut à la présidence de la République le maréchal de *Mac-Mahon*, vieux soldat destiné à n'être qu'un prête-nom. Broglie, devenu chef du ministère, travailla aussitôt à la restauration de la royauté; le succès en paraissait d'autant

[1] On appelait ainsi les jeunes gens qui, justifiant d'un grade universitaire — le baccalauréat — ou satisfaisant à un examen très simple, devançaient l'appel et versaient à l'État une indemnité de 1 500 francs pour frais d'équipement.

plus certain que le comte de Paris, petit-fils de Louis-Philippe, acceptait de s'incliner devant le comte de Chambord, petit-fils de Charles X. L'essai de restauration échoua cependant, car le comte de Chambord refusa d'accepter le drapeau tricolore — symbole de la souveraineté populaire —, et réclama un retour au drapeau blanc — symbole de la monarchie de droit divin. Cette exigence fut repoussée par les orléanistes (octobre 1873).

Les progrès républicains

Malgré cet échec, les royalistes ne renoncèrent pas à l'espoir d'une restauration. En attendant que la mort du comte de Chambord fît du comte de Paris le roi légitime, ils voulurent se maintenir au pouvoir. Broglie fit voter la loi du *Septennat* qui confiait le pouvoir exécutif à Mac-Mahon pour une durée de sept ans (novembre 1873). Il inaugura en même temps un régime de gouvernement que l'on a appelé «l'*Ordre moral*». Sous prétexte de rétablir «l'ordre moral», le ministère favorisa l'action du clergé et entreprit une vigoureuse campagne antirépublicaine. Il obtint le vote d'une loi donnant au gouvernement la nomination des maires; le mot de République fut comme proscrit des actes officiels; la presse restant soumise dans les grandes villes au régime de l'état de siège, de nombreux journaux républicains furent poursuivis.

Cependant, en dépit de ces efforts gouvernementaux, le *parti républicain* progressa rapidement. Ses progrès étaient dus surtout à *Gambetta* qui multipliant les tournées dans les départements, dénonçait avec ardeur toutes les fautes des adversaires.

A la fin de 1874, les *élections municipales* qui, par la force des circonstances, furent comme un plébiciste pour ou contre la République, attestèrent que la France était devenue en majorité républicaine.

Le vote des lois constitutionnelles

A l'Assemblée même, la majorité monarchiste se disloquait. Les orléanistes du *centre droit* se rapprochaient des républicains conservateurs du *centre gauche*. La gauche républicaine, le parti de Gambetta, se montrait prête pour sa part à des mesures de compromis pourvu que la République fût établie. Ainsi s'explique que l'Assemblée, après avoir failli restaurer la royauté, finit par voter une Constitution républicaine.

A la fin de 1873, une *Commission de trente membres* avait été nommée pour préparer le texte des lois constitutionnelles, mais jusqu'à la fin de 1874 elle avait traîné ses travaux en longueur. Grâce à l'entente des centres, l'examen des lois constitutionnels fut abordé au début de 1875 et, en moins d'un mois, la question du régime fut résolue. *Le fait décisif fut le vote de l'amendement Wallon.* L'Assemblée venait, à la fin de janvier, d'écarter le texte d'un article qui reconnaissait l'institution de la République. Le lendemain, un député du centre droit rallié à la République, Wallon, proposa un amendement ainsi conçu :

«Le Président de la République est élu... par le Sénat et par la Chambre des députés réunis en Assemblée Nationale. Il est nommé pour sept ans; il est rééligible.»

L'amendement fut adopté à une voix de majorité; la République l'emportait. L'Assemblée vota alors coup sur coup deux lois, d'une relative à l'*organisation du Sénat* (24 février), l'autre relative à l'*organisation des pouvoirs publics* (25 février), puis, en juillet, une troisième loi sur *les rapports des pouvoirs publics* (16 juillet). Ces trois lois formèrent ce qu'on a appelé — improprement — la *«Constitution de 1875»*. Ce sont elles qui, un peu modifiées en 1884, ont régi la France jusqu'en 1940.

La Constitution de 1875

Les dispositions essentielles du nouveau régime étaient les suivantes. Le pouvoir législatif était confié à un Parlement composé de deux Chambres : le *Sénat* et la *Chambre des députés.* Les députés étaient élus pour quatre ans au suffrage universel. Le Sénat devait comprendre 75 sénateurs *inamovibles*, élus à vie par l'Assemblée nationale, ultérieurement par le Sénat lui-même, et 225 sénateurs élus pour neuf ans — avec renouvellement par tiers tous les trois ans — par les collèges départementaux comprenant les députés, les conseillers généraux et d'arrondissement, les délégués des communes *à rai-*

son d'un par municipalité. Les lois et le budget devaient être votés par les deux Chambres. Le Sénat recevait en outre des pouvoirs judiciaires : il pouvait être constitué en *Haute Cour* de justice pour juger soit le Président de la République et les ministres — sur mises en accusation de la Chambre —, soit toutes personnes prévenues d'attentats contre la sûreté de l'État. Enfin les deux Chambres, réunies en Assemblée nationale, disposaient du *droit de reviser* la Constitution.

Le pouvoir exécutif était confié au Président de la République élu pour sept ans par les Chambres réunies. Le président disposait de la force armée, nommait à tous les emplois, négociait et ratifiait les traités, partageait avec les membres du Parlement l'initiative des lois, possédait encore le droit de grâce et le droit de dissoudre la Chambre après avis favorable du Sénat. Mais le président était irresponsable sauf le cas de haute trahison, tandis que *les ministres choisis par lui étaient solidairement responsables devant les Chambres :* le *régime parlementaire* se trouvait ainsi nettement établi.

La crise du Seize Mai

L'Assemblée nationale s'étant séparée le 31 décembre 1875, les élections de février-mars 1876 pour la nomination des nouveaux députés furent une éclatante *victoire républicaine :* il y eut 340 républicains élus contre 150 monarchistes. Mac-Mahon parut d'abord s'incliner devant la volonté populaire ; il chargea un républicain modéré, *Jules Simon*, de former le ministère. Mais, poussé par ses conseillers royalistes, il entreprit bientôt de faire prévaloir — avec l'appui de la majorité du Sénat — une politique « conservatrice ». Cette attitude détermina *la crise du Seize Mai* (1877).

Le point de départ en fut une lettre que Mac-Mahon adressa à Jules Simon pour critiquer la position prise par celui-ci dans un récent débat sur la presse. Jules Simon démissionna. Le président le remplaça immédiatement par un ministère *pris hors de la majorité* et à la tête duquel se trouvait Broglie. La Chambre riposta en votant un ordre du jour de méfiance, l'*ordre du jour des 363.*

Le gouvernement obtint alors du Sénat la *dissolution de la*

Chambre et, en vue des élections prochaines, engagea aussitôt la lutte contre les républicains. Mais ceux-ci, menés par Gambetta, répliquèrent vigoureusement et gagnèrent la partie : aux élections d'octobre 1877, ils eurent 327 députés élus contre seulement 208 monarchistes. *Mac-Mahon s'inclina ;* il renvoya Broglie et prit des ministres républicains.

La République aux républicains

La victoire républicaine s'acheva en 1879. Les républicains, grâce aux élections partielles, conquirent la majorité au Sénat. Restait la Présidence : pour ne pas ratifier quelques nominations dans les cadres supérieurs de l'armée, Mac-Mahon démissionna (30 janvier 1879). Le jour même, les Chambres réunies élurent à sa place *Jules Grévy :* ainsi *les républicains se trouvaient maîtres de tous les pouvoirs publics.*

Quelques mesures significatives marquèrent la prise de possession de la République par les républicains. En vertu de la loi constitutionnelle, les Chambres siégeaient encore à Versailles : la Constitution fut revisée et le *retour des Chambres à Paris* décidé (1879). Le *14 juillet* devint la fête nationale de la République et fut célébré pour la première fois en 1880. Une *amnistie* fut accordée aux condamnés de la commune (1880).

La vie économique de 1871 à 1879

La longue bataille que les républicains ont livrée, entre 1871 et 1879, pour établir la République et prendre en main le gouvernement a constitué l'aspect essentiel de la vie française au cours de cette période. Un autre fait important s'est cependant produit alors : le *rapide relèvement économique* du pays, après la défaite et la guerre civile.

Au début de l'année 1871, la France vaincue avait connu une terrible crise : des milliers d'ouvriers étaient réduits au chômage ; les banques ayant fermé leurs caisses, le commerce et l'industrie étaient paralysés par le manque de crédit ; dans les campagnes, la main-d'œuvre faisait défaut. En quelques années de travail, tout le mal fut réparé : l'agriculture bénéficia de deux récoltes superbes en 1872 et 1874; dans la plupart des industries, dans le mouvement des ports et des échanges, les chiffres atteints dès 1873 dépassèrent les chiffres enregistrés à la fin de l'Empire; le crédit de l'État, qui n'avait d'ailleurs jamais été sérieusement ébranlé, se renforça d'année en année. En 1878, le grand succès de l'*Exposition universelle* attesta que la crise due à la guerre était totalement surmontée.

En cette même année cependant, des symptômes inquiétants laissaient prévoir l'approche d'une autre crise. La grande dépression, jusque-là peu sensible en France, commençait à se manifester par le ralentissement des affaires. L'agriculture, déjà touchée par la chute des prix du blé, l'était aussi par une crise du vignoble; la maladie du *phylloxera* se répandait dangeureusement; la production de vin diminuait fortement.

La Troisième République de 1879 à 1898

I. — La République « Opportuniste » — Le boulangisme

Divisions de la période

Après la démission de Mac-Mahon les monarchistes étaient politiquement hors de combat, mais ils conservaient toujours une grande influence dans l'administration et la société. Aussi les républicains au pouvoir eurent-ils pour principal souci, entre 1879 et 1885, de *consolider la République.*

Mais, en 1884, une *rupture se produisit entre les républicains.* A la faveur de leur désunion, un assaut fut lancé contre le régime par tous ses adversaires, groupés autour d'un général ambitieux, Boulanger. Cette crise du régime, à laquelle on a donné le nom de *boulangisme*, se termina par la victoire de la République (1887-1889).

De 1889 à 1898, la vie politique reprit un cours plus paisible. Les faits essentiels furent alors la *disparition du royalisme* en tant que force politique ; l'essor du *syndicalisme ;* la renaissance du *mouvement socialiste* ; le *glissement vers la droite* des partis de la majorité.

Les groupes républicains en 1879

En 1879, au lendemain de leur victoire, les républicains se divisaient en plusieurs tendances. Les deux principales étaient la tendance *opportuniste* et la tendance *radicale*. Les opportunistes étaient ceux qui pensaient, avec Gambetta et Grévy, qu'il fallait «sérier les questions» et, pour résoudre chacune d'elles, attendre le moment «*opportun*» ; de l'ancien programme républicain, ils ne conservaient d'ailleurs qu'une partie, celle qui leur paraissait pratiquement réalisable. Les radicaux au contraire, avec Clemenceau, retenaient tout le «*programme de Belleville*» ; bien loin d'en retrancher, ils y ajoutaient.

Les opportunistes eux-mêmes étaient plus ou moins divisés. Le *Centre gauche* groupait les plus modérés. La *Gauche républicaine* — dont faisait partie Grévy — adoptait une attitude conciliatrice. L'*Union républicaine*, que dirigeait Gambetta, montrait une plus grande combativité.

Malgré leurs divergences, tous les républicains s'entendirent d'abord pour consolider le régime. Cette entente qui persista pendant cinq ans, de 1879 à 1884, leur permit de réaliser une œuvre considérable.

Gambetta et Ferry

Tout, en 1879, paraissait désigner Gambetta pour exercer le pouvoir. Mais sa popularité même et son ascendant écartaient de lui de nombreux républicains, dont Grévy. Aussi ne devint-il président du Conseil qu'à la fin de 1881 ; son cabinet ne dura même pas trois mois (novembre 1881-février 1882).

Grévy choisit de préférence ses ministres dans son propre groupe, la Gauche républicaine ; le plus important d'entre eux fut *Jules Ferry*. Ferry devint ministre de l'Instruction publique dès 1879, puis président du Conseil jusqu'en novembre 1881 ; il reprit une seconde fois la présidence de février 1883 à mars 1885. Ferry avait des qualités d'homme d'État, une grande puissance de travail, des idées nettes, du courage ; il fut l'inspirateur de la plupart des grandes mesures votées par les républicains au cours de ces cinq années.

La politique anticléricale

Le clergé avait pris une part active à la lutte contre la République. Les républicains au pouvoir pratiquèrent donc l'*anticléricalisme*. Ils prétendirent toutefois se placer non sur le terrain religieux mais sur le terrain politique traditionnel.

Le débat porta surtout sur la question de l'enseignement. L'Assemblée nationale avait voté en 1875 une loi qui instituait, pour la collation de grades universitaires, des jurys mixtes, formés de professeurs de l'État et de professeurs libres. Jules Ferry présenta un projet de loi qui rendait à l'État le droit exclusif de conférer les grades universitaires. Un article du projet, l'*article 7*, visait certaines congrégations enseignantes, principalement les jésuites.

« Art. 7. — Nul n'est admis à diriger un établissement d'enseignement public ou privé, de quelque ordre qu'il soit, ni à y donner l'enseignement, s'il appartient à une congrégation non autorisée. »

L'article 7 donna lieu à des débats passionnés. Voté à la Chambre, il fut rejeté au Sénat. Le gouvernement décida alors d'appliquer les lois existantes ; il prit *deux décrets* (mars 1880), l'un ordonnant la *dissolution de la Compagnie de Jésus*, l'autre prescrivant aux *congrégations non autorisées* de demander l'autorisation dans un délai de trois mois.

Les lois scolaires

La question de l'enseignement était pour les républicains la question d'intérêt vital dont dépendait l'avenir de la République. Jules Ferry, ministre de l'Instruction publique, entreprit d'achever l'œuvre commencée sous la monarchie de Juillet par Guizot, continuée sous l'Empire par Victor Duruy.

L'essentiel était d'établir, conformément au programme républicain, l'*enseignement primaire gratuit, obligatoire et laïque*. Jules Ferry obtint d'abord la *gratuité* : une loi de 1881 décida qu'il ne serait plus perçu de rétribution scolaire dans les écoles primaires publiques. Il fit voter ensuite, plus difficilement, que l'enseignement primaire serait *obligatoire* pour tous les enfants de 6 à 13 ans et strictement *neutre* — au point de vue religieux — à l'école publique ; la loi ne passa qu'en 1882, non

GRATUITÉ - OBLIGATION - LAÏCITÉ

sans une vive résistance de la droite.

Les lois scolaires votées, il fallut en assurer l'application. On construisit des milliers d'écoles ; le recrutement des maîtres fut assuré par la création d'*écoles normales primaires.* Le budget de l'enseignement primaire, qui était de 12 millions-or à la fin du Second Empire, monta dès 1888 à près de 100 millions.

Lois libérales et revision partielle

Avec l'instruction du peuple, les libertés politiques comptaient au nombre des revendications communes à tous les républicains : deux lois votées en 1881 établirent dans leur plénitude la *liberté de réunion* et la *liberté de la presse.* Le problème de la liberté d'association fut ajourné parce qu'il touchait aux droits des congrégations, mais Waldeck-Rousseau, ministre de l'Intérieur dans le second cabinet Ferry, fit voter une loi autorisant la formation de *syndicats professionnels* (1884) c'est-à-dire d'associations ouvrières à condition qu'ils fussent officiellement déclarés ; l'essor d'un syndicalisme français devint possible. Les républicains étendirent aussi les *libertés communales :* ils rendirent aux Conseils municipaux le droit d'élire les maires (1882).

Les radicaux réclamaient une refonte totale de la Constitution de 1875. Ferry et les républicains modérés n'acceptèrent qu'une *revision partielle* qui eut lieu en 1884. La loi de revision enleva le caractère constitutionnel aux articles concernant l'organisation du Sénat. De la sorte, il suffit d'une simple loi pour modifier cette organisation : la catégorie des sénateurs inamovibles fut supprimée, le nombre des délégués des communes dans les collèges sénatoriaux mis en rapport avec le nombre des conseillers municipaux de la commune, de façon à donner aux villes une représentation équitable.

Le programme Freycinet

En même temps qu'ils réalisaient ces réformes libérales et démocratiques, les républicains au pouvoir établirent et commencèrent à exécuter un grand programme de travaux publics. Ce programme eut pour but principal d'intensifier la vie économique et d'arrêter la dépression qui s'aggravait d'année en année. Il eut aussi un but politique : l'expansion de l'économie et l'extension des transports devaient faire pénétrer l'esprit républicain dans des régions restées jusque-là à l'écart de la vie nationale et soumises aux influences conservatrices.

Le promoteur du programme de travaux publics ne fut pas Ferry mais un autre membre de la gauche républicaine, Charles de Freycinet. *Freycinet* énonça son programme dès 1879, puis, à peu près constamment ministre dans les années qui suivirent, il dirigea lui-même les débuts de sa réalisation. Les travaux essentiels portèrent sur la construction de nouveaux canaux, surtout dans le Nord et l'Est ; l'aménagement des ports ; le *développement du réseau ferré*. La longueur de celui-ci passa de 25 000 kilomètres environ en 1879 à près de 35 000 en 1890.

La crise parlementaire

Malgré la mise en train du programme Freycinet, la situation économique s'aggrava à partir de 1881 ; les ravages du phylloxera s'étendaient et les prix du blé ne cessaient de baisser ; l'industrie subissait une crise de mévente ; la balance commerciale devenait déficitaire. Aux difficultés économiques s'ajoutaient les difficultés budgétaires : les impôts rentraient mal ; les dépenses augmentaient, en partie du fait des grands travaux ; le déficit du budget croissait régulièrement. Une telle situation créait dans le pays un vif mécontentement ; elle était un facteur d'*instabilité politique*.

Cependant le fait politique essentiel qui se produisit en 1884 — *la rupture entre les opportunistes et les radicaux* — n'eut pas pour cause déterminante les difficultés économiques ; il résulta de la politique d'expansion coloniale que pratiquait Ferry. Tandis que la majorité opportuniste soutenait cette politique, les radicaux, Clemenceau en tête, l'attaquèrent avec violence, en déclarant qu'elle faisait le jeu de l'Allemagne. La *crise parlementaire* commença en mars 1885, lorsque, à la suite de l'échec de Lang-Son, au Tonkin, Ferry fut contraint de démissionner. Elle s'aggrava après les élections générales (octobre 1885). En effet ces élections — qui se firent au scrutin de liste — envoyèrent au Parlement trois groupes à peu près équivalents de députés : une forte minorité de conservateurs, un groupe radical important, un groupe opportuniste à peine plus nombreux. Gouverner dans de telles conditions devint à peu près impossible.

Le boulangisme

Cette impuissance des républicains à gouverner mit en péril la République : *la crise parlementaire se transforma en crise du régime.* Tous les mécontents et tous les opposants se groupèrent en effet contre lui autour d'un général ambitieux, Boulanger. De là, le nom de *boulangisme* qui fut donné à la crise.

Beau parleur et politicien intrigant, *Boulanger* devint ministre de la Guerre en janvier 1886, grâce à la faveur de Clemenceau. Quelques déclarations habiles, quelques mesures en vue d'améliorer le bien-être du soldat, des refrains de café-concert célébrant le «brav'général» lui valurent en quelques mois une popularité inouïe. Cette popularité grandit encore quand il adopta une attitude intransigeante au moment d'un incident de frontière entre la France et l'Allemagne (avril 1887) ; il devint, aux yeux de l'opinion, le champion de la «Revanche». Inquiets de cette activité, les républicains modérés profitèrent, en mai 1887, d'un remaniement ministériel pour l'écarter du pouvoir, puis ils l'envoyèrent commander un corps d'armée à Clermont-Ferrand. Mais cela même ne mit pas fin à ses intrigues et, peu après, un scandale vint à point pour le servir : on découvrit, en décembre 1887, que le gendre du président Grévy, Wilson, faisait un véritable *trafic de décorations.* Grévy fut contraint de donner sa démission et remplacé par *Sadi Carnot,* nom illustre, honnête homme, sans grande personnalité.

Au début de 1888, une vaste coalition se forma contre le régime. Boulanger devint le chef d'un parti hétéroclite où entraient des radicaux dissidents, d'anciens révolutionnaires, des patriotes exaltés, des bonapartistes : ce fut le parti *revisionniste* dont le programme se résuma en trois mots : «Dissolution, Revision, Constituante».

La France se divisa alors en deux camps, boulangistes et antiboulangistes. Boulanger eut pour lui la majeure partie des royalistes, résolus à faire brèche dans la République par n'importe quel moyen ; il eut contre lui presque tous les républicains unis pour défendre la République.

La faillite du boulangisme

Mis à la retraite en mars 1888, Boulanger devenait éligible. Ses partisans organisèrent une sorte de plébiscite sur son nom en posant sa candidature partout où il y avait un député à élire. En cinq mois il fut élu six fois député. Une septième élection, à Paris (27 janvier 1889), fut triomphale et, le soir, on put craindre que Boulanger ne marchât sur l'Élysée, le palais de la Présidence. Ses amis l'y poussaient. Il n'osa pas.

Les républicains, ayant mesuré la faiblesse de l'adversaire, réagirent avec vigueur. Pour enrayer la campagne boulangiste, ils votèrent l'interdiction des candidatures multiples ; Boulanger fut menacé d'être traduit devant la Haute Cour sous l'inculpation de complot contre la sûreté de l'État ; la police, pour le discréditer, favorisa sa fuite à Bruxelles (1er avril 1889). *Dès lors, la popularité du général déclina rapidement.* Aux élections législatives de septembre, ses partisans n'enlevèrent que 45 sièges, les monarchistes, 165; les républicains en conquéraient 360.

II. — La vie politique de 1889 à 1898

Le ralliement

Après l'effondrement du boulangisme, de 1889 à 1898, le cours de la vie politique redevint plus calme ; il n'y eut ni crises graves ni grandes réformes. Cependant quelques faits importants se produisirent au cours de ces années : le royalisme disparut en tant que force politique ; le mouvement syndical prit son essor ; le socialisme fit son apparition sur le plan de la vie parlementaire.

Le fait que la République avait résisté aux assauts de la coalition dirigée contre elle prouvait que le régime était solidement enraciné. De là, la politique dite du *ralliement*. Le rôle décisif dans son élaboration fut tenu par le pape *Léon XIII.* Esprit conciliant, celui-ci s'efforçait en effet d'atténuer partout l'antagonisme entre l'Église et l'État ; ses préférences allaient à des partis catholiques, distincts des partis politiques et mettant au premier plan la défense des intérêts de l'Église. L'intervention du pape eut pour résultat la division des forces conservatrices. Une partie des catholiques français se «*rallia*» à la République ; elle eut ses représentants au Parlement, la «*droite constitutionnelle*». Les catholiques restés fidèles à leurs convictions royalistes ne furent plus dès lors qu'une petite minorité ; le nombre des députés «conservateurs» diminua à chaque élection.

L'essor du syndicalisme

Au lendemain du vote de la loi de 1884, le syndicalisme avait d'abord tardé à se développer, les patrons refusant d'embaucher les ouvriers syndiqués, les ouvriers se méfiant de ce qu'ils appelaient les «dispositions policières» de la loi. Cependant peu à peu *le syndicalisme se développa :* il y avait, en 1890, près de 300 syndicats régulièrement inscrits. Les années qui suivirent furent marquées par une *agitation sociale* confuse et même par des incidents sanglants — on touchait en effet alors au fond de la dépression économique. Mais, en même temps, le mouvement syndical parvenait à s'organiser solidement ; des *fédérations nationales* — unissant dans tout le pays les syndicats d'une même localité — se formaient ; la fondation, en 1895, d'une *Confédération Générale du Travail* couronnait l'édifice. Plus fort parce que plus cohérent, le syndicalisme obtenait, dès 1898, une première victoire : le vote d'une loi reconnaissant la responsabilité des patrons, en cas d'accident du travail.

La renaissance du socialisme

La renaissance du socialisme, qu'on avait pu croire écrasé après la défaite de la Commune, avait d'abord été laborieuse et lente. Divers groupements socialistes étaient sans doute apparus peu après 1880, mais ils avaient compté dans l'ensemble assez peu de membres et ils s'étaient surtout occupés à se combattre. Cependant, dès ce moment, un travail plus fécond avait également commencé à s'ébaucher grâce au zèle d'apôtre manifesté par *Jules Guesde* ; les idées socialistes — et plus précisément les idées marxistes — s'étaient peu à peu répandues, grâce à celui-ci, dans les milieux populaires et ouvriers.

La diffusion du socialisme fut favorisée après 1890 par les progrès rapides du mouvement syndical et par la recrudescence de l'agitation sociale due au malaise économique. Le socialisme gagna aussi, durant ces années, plusieurs hommes politiques républicains, parmi lesquels deux députés déjà connus, *Jaurès et Millerand*. Son succès se révéla dès lors important : aux élections législatives de 1893, il y eut près de 50 députés socialistes élus ; le socialisme devenait pour la première fois en France une *force parlementaire*. Trois ans plus tard (1896), Millerand énonçait, dans un discours qu'il prononçait à *Saint-Mandé*, les articles essentiels d'un programme socialiste français.

L'évolution des partis républicains

Sans adhérer eux-mêmes au socialisme, certains radicaux, qu'on appela bientôt *radicaux socialistes*, furent amenés, en partie sous l'effet de soucis électoraux, à renforcer, dans un sens « avancé », l'ancien programme radical. Inversement, la majeure partie des républicains tendit, par réaction contre le syndicalisme et le socialisme, à « modérer » ses idées et ses méthodes. Le *scandale du Panama* et les *attentats anarchistes* contribuèrent à accentuer cette « modération ».

La Compagnie de Panama, que Ferdinand de Lesseps avait fondée en 1881 pour entreprendre le percement de l'isthme, s'était trouvée, quelques années plus tard, dans une situation financière difficile. Le Parlement l'avait alors autorisée par une loi à émettre des obligations à lots ; elle avait, malgré cela, fait faillite peu après (1888). L'opposition de droite exploita, en 1891, l'affaire contre le régime : elle accusa des journalistes et des parlementaires de la majorité d'avoir été payés pour faire passer la loi. Il y eut une enquête, des poursuites judiciaires, un procès, quelques condamnations (1892-1893). Le scandale en fin de compte n'atteignit pas le régime, mais écarta du Parlement des personnages importants et permit à des hommes nouveaux d'approcher du pouvoir. Or la plupart de ceux-ci ne partageaient point les ressentiments de leurs aînés, notamment en ce qui concernait les rapports de l'État et du clergé.

Les attentats anarchistes, qui furent nombreux entre 1892 et 1894, produisirent dans la bourgeoisie un effet de terreur. Ils poussèrent la majorité des républicains à mettre au premier plan de leurs préoccupations le maintien de l'*ordre social*, la lutte contre toux ceux — syndicalistes, socialistes ou anarchistes — qui prétendaient le bouleverser.

La politique d'apaisement

A l'exception d'un certain nombre de radicaux, tous les républicains s'entendirent, à partir de 1894, pour pratiquer une politique de *conservation sociale* et d'*apaisement religieux ;* ils y ajoutèrent une *politique d'affaires.*

La volonté de conservation sociale apparut principalement à propos de la répression des attentats. Le Parlement vota en 1894 une série de lois sur la liberté individuelle et les délits de presse que la minorité radicale et socialiste qualifia aussitôt de «*lois scélérates*». La politique d'apaisement alla de pair avec celle de conservation : ce fut, sinon l'abandon des lois de laïcité, du moins leur application atténuée ; la politique anticléricale fut remplacée par une *attitude conciliante envers le clergé.* Quant à la politique d'affaires, elle tendit à une stricte application du *protectionnisme*, renforcé dès 1892 par une loi de caractère rigoureux ; au rejet de tout projet de réforme fiscale démocratique ; à une propagande officielle en faveur des emprunts que le gouvernement de la Russie, récente alliée de la France (1893), s'efforçait de placer sur le marché français.

La Troisième République de 1898 à 1914

I. — L'affaire Dreyfus — L'évolution vers la gauche

Caractères généraux

Après avoir été «combattante», de 1879 à 1889, la République était devenue peu à peu conservatrice. En 1898, une nouvelle crise, l'affaire Dreyfus, réveilla l'opinion ; une nouvelle «*évolution vers la gauche*» se produisit. De 1898 à 1905, sous les ministères de Waldeck-Rousseau et de Combes, la principale question fut celle des *rapports de l'Église et de l'État*. Puis, sous le ministère Clemenceau (1906-1909), les *questions sociales* passèrent au premier plan. Enfin, à partir de 1911, l'aggravation de la situation extérieure donna une grande importance aux *questions militaires* ; en même temps un sérieux *problème financier* se posa.

L'affaire Dreyfus

L'apaisement de la vie politique entre 1894 et 1898 n'était qu'apparent. Les passions religieuses et politiques étaient seulement assoupies : l'*affaire Dreyfus* les réveilla et modifia, par contrecoup, l'équilibre des partis.

L'affaire Dreyfus fut la suite naturelle d'une violente *campagne antisémite* menée depuis quelques années par un journaliste, Drumont. En 1894, un officier israélite appartenant à l'État-Major de l'armée, le capitaine Dreyfus, avait été condamné pour trahison à la déportation à vie. Par la suite, le colonel Picquart, chef du bureau des renseignements au ministère de la Guerre, avait acquis la conviction que le vrai coupable était un autre officier, Esterhazy, mais toutes les tentatives faites en vue d'obtenir la revision du procès Dreyfus avaient échoué.

L'affaire prit un tour nouveau en janvier 1898, lorsque le romancier *Zola* publia une lettre ouverte au président de la République sous un titre sensationnel : *«J'accuse»*. Zola y dénonçait la partialité des juges militaires, l'erreur judiciaire, les intrigues ourdies contre la revision. Cette lettre déchaîna les passions. «L'Affaire» mit la division dans les groupes politiques, les relations sociales et même les familles. On vit se ranger d'un côté la plupart des intellectuels, soutenus par les révolutionnaires antimilitaristes, de l'autre, la majeure partie des officiers et du clergé, soutenus par les royalistes et les *nationalistes* — les anciens boulangistes. L'affaire Dreyfus se transforma ainsi en une crise politique, bien plus en une *crise de la conscience nationale* : les uns combattaient pour «la Justice et la Vérité», les autres, pour «la Patrie et l'Honneur de l'Armée» ; les «*dreyfusards*» se groupèrent dans la «Ligue des Droits de l'Homme», les «*antidreyfusards*» dans la «Ligue de la Patrie française» ; les incidents de toutes sortes se multiplièrent : polémiques de presse, duels, débats au Parlement, manifestations et batailles dans la rue.

L'agitation se prolongeait sans aboutir quand, à l'été de 1898, surgit un incident révélateur : un des officiers qui avaient joué, en 1894, le principal rôle dans l'instruction de l'affaire, le colonel Henry, avoua avoir commis un faux pour démontrer la culpabilité de Dreyfus. Même alors les passions ne désarmèrent pas et, comme on s'acheminait à la revision du procès, les antidreyfusards redoublèrent d'efforts pour l'empêcher. La mort soudaine du président Félix Faure (février 1899) leur fournit une occasion d'agir : le jour des funérailles, Déroulède essaya d'entraîner un général à marcher sur l'Élysée à la tête de ses troupes. Bien que cette tentative eût échoué, il apparut que le régime lui-même était désormais menacé.

La majorité républicaine, restée jusque-là divisée et passive, se regroupa alors. Un ministère de «*défense républicaine*» fut formé sous la présidence d'un ancien collaborateur de Ferry, *Waldeck-Rousseau* (juin 1899). Ce ministère parvint à établir l'ordre par des mesures énergiques : les chefs nationalistes furent arrêtés et traduits devant la Haute Cour, les manifestations dans l'armée sévèrement réprimées.

Quant à Dreyfus, il fut rappelé du bagne, traduit devant un nouveau Conseil de guerre à Rennes, déclaré coupable avec «circonstances atténuantes» et gracié. Son innocence ne fut proclamée qu'en 1906 : après deux ans d'enquête, la Cour de Cassation rendit un arrêt de réhabilitation. «Attendu, en dernière analyse, que, de l'accusation portée contre Dreyfus, rien ne reste debout, et que l'annulation du jugement du Conseil de guerre ne laisse rien subsister qui puisse à sa charge être qualifié crime ou délit...» A la suite de cet arrêt, le Parlement vota une loi réintégrant dans l'armée le capitaine Dreyfus.

La politique d'«action républicaine»

La «défense républicaine» assurée, Waldeck-Rousseau passa à une politique d'«*action républicaine*» ; il y eut une reprise de l'anticléricalisme, en même temps qu'une large politique sociale était mise en train. Certaines congrégations avaient joué un rôle actif dans la campagne nationaliste. Leur activité, leurs richesses croissantes, l'extension de leur enseignement inquiétaient par ailleurs les républicains. Waldeck-Rousseau résolut de donner aux Congrégations un statut légal, tel qu'il permît d'atteindre ceux que le ministre appelait «les moines ligueurs et les moines d'affaires». Ce fut l'objet de la *loi sur les Associations* (1901). Cette loi complétait l'ensemble des libertés républicaines, en donnant aux associations privées le statut libéral qu'elles n'avaient jamais eu jusque-là, mais elle introduisait une *dérogation* en ce qui concernait les congrégations religieuses : celles-ci ne pouvaient se former sans une autorisation *donnée par une loi* ; nul ne pouvait enseigner s'il était membre d'une congrégation non autorisée.

Le développement de la politique sociale fut l'œuvre de *Millerand*, député socialiste entré dans le cabinet Waldeck-Rousseau. La législation sociale française était encore très en retard sur de nombreuses législations étrangères, malgré le vote en 1898 d'une loi sur les accidents du travail. La *loi Millerand* de 1900 voulut être une loi de réglementation générale. Elle créa une *Direction du Travail*, rattachée au ministère du Commerce ; acheva d'organiser un *Conseil supérieur du Travail*, assemblée consultative où les délégués des syndicats prenaient place à côté des délégués patronaux ; institua un corps nouveau de fonctionnaires, les *inspecteurs du travail*, pour contrôler l'application des lois sociales ; facilita la formation des syndicats et des Bourses du Travail. D'autre part, elle réduisit dans certains cas à *dix heures* la durée de la journée de travail qui était normalement de douze heures.

Le ministère Combes

Quoiqu'il se fût appuyé sur une coalition, le « *Bloc républicain* », qui comprenait avec des modérés dissidents, les radicaux, les radicaux-socialistes et la plupart des socialistes, Waldeck-Rousseau était lui-même un modéré. Après les élections de 1902 qui envoyèrent à la Chambre près de 220 radicaux ou radicaux-socialistes et une soixantaine de socialistes, le pouvoir passa aux radicaux. Un des leurs, *Combes*, devint président du Conseil (1902-1905).

L'arrivée de Combes aux affaires marqua l'apogée de l'anticléricalisme. Non seulement la loi de 1901 fut appliquée avec rigueur — rejet de la plupart des demandes d'autorisation, fermeture de beaucoup d'écoles — mais *une loi de 1904 interdit tout enseignement aux membres des congrégations même autorisées*. En même temps, Combes entra en conflit avec la papauté à propos de la nomination des évêques. Ce conflit devint très grave lorsque à Léon XIII, toujours conciliant, succéda un pape plus intransigeant, Pie X (1903). Il y eut finalement *rupture des relations diplomatiques* (1904).

Séparation des Églises et de l'État

En fait, le Concordat avait cessé de fonctionner. Il cessa d'exister en droit quand, une année plus tard, le Parlement vota la *loi de séparation des Églises et de l'État* dont le rapporteur à la Chambre fut un socialiste, *Aristide Briand* (décembre 1905).

On a pu dire que la loi de séparation marquait «une révolution dans le régime ecclésiastique de la France». En effet elle mettait fin non seulement au régime concordataire qui avait réglé pendant un siècle (1802-1905) les rapports de l'Église et de l'État français, mais encore à une tradition séculaire qui assurait au catholicisme une situation privilégiée en France. En même temps que l'Église catholique, les Églises protestantes et israélites perdaient leur caractère d'institution officielle.

II. — Les grands problèmes français de 1905 à 1914

La vie politique de 1905 à 1914

Au moment où la loi de séparation fut votée, Combes, depuis quelques mois déjà, n'était plus au pouvoir. Deux événements importants avaient provoqué la chute de son cabinet : le retrait des socialistes du bloc républicain et la formation d'un parti socialiste français unifié, la *S.F.I.O.*[1]

Sans devenir un parti d'opposition systématique, les socialistes de la S.F.I.O. ne soutinrent plus après 1906 le gouvernement que par intermittence. il y eut dès lors un retour à la politique de *concentration républicaine* qui avait été pratiquée à plusieurs reprises depuis 1887, les radicaux assumant en général la charge du pouvoir avec la collaboration des modérés. De 1906 à 1909 il y eut encore un long ministère, le ministère radical que présida *Clemenceau*, mais, après lui, l'instabilité ministérielle devint grande : dix ministères se succédèrent en cinq ans (1909-1914). Les principaux dirigeants furent alors un socialiste indépendant, *Briand*, un radical, *Caillaux*, un modéré, *Poincaré*.

[1] Section Française de l'Internationale Ouvrière

1909-1914 : 10 gvts !
Briand, Caillaux, Poincaré

Les problèmes sociaux

La vie politique fut dominée entre 1906 et 1911 par les problèmes sociaux : *question agraire, question ouvrière, question des fonctionnaires*. Ils suscitèrent d'âpres débats au Parlement. Ils provoquèrent aussi à plusieurs reprises une violente agitation dans le pays.

L'*agitation agraire* la plus grave se produisit en 1907 dans les départements viticoles du Midi languedocien. Elle eut pour origine une chute brutale du prix du vin, due elle-même à la surproduction. Les incidents durèrent plusieurs mois, tournant parfois à l'émeute et même à la sédition militaire. Clemenceau n'en vint péniblement à bout qu'en usant à la fois de rigueur et de compromis.

L'*agitation ouvrière* résulta moins d'une aggravation des conditions de vie que de la campagne déclenchée par les dirigeants syndicalistes. En 1906 s'était tenu à *Amiens* un congrès syndical important ; il avait affirmé «l'entière liberté pour le syndiqué» de faire partie de n'importe quelle organisation politique, mais il avait en même temps appelé les travailleurs à intensifier la lutte «*pour la disparition du salariat et du patronat*» ; sous l'influence des syndicalistes révolutionnaires, il avait aussi préconisé comme moyen d'action la généralisation des grèves. A la suite de ce congrès plusieurs grèves retentissantes se produisirent. Les principales furent : la grève des inscrits maritimes dans les ports (1907), celle des ouvriers du bâtiment à Paris (1908), et surtout, en 1911, une *grève générale des cheminots*. Clemenceau, de 1906 à 1908, Briand, en 1911, agirent contre les grévistes avec une énergie brutale qui leur valut de cinglantes attaques des socialistes. Le gouvernement s'efforça du moins de compléter la législation sociale. Un *ministère du Travail* fut créé en 1906 ; une loi assura aux salariés le *repos hebdomadaire* (1906) ; une autre loi, votée en 1910, institua des *retraites ouvrières*, alimentées par une retenue sur le salaire des ouvriers, une contribution des patrons, une allocation de l'État.

Les mouvements revendicatifs qui se produisirent à partir de 1907 dans certains corps de *fonctionnaires* eurent pour but de faire reconnaître aux salariés de l'État le *droit de constituer des*

Fermeté des gvts + nvelles lois
(Clemenceau, Briand)

syndicats. Mais le gouvernement se montra irréductible sur cette question. Pas de syndicats de fonctionnaires !

Les problèmes militaires et financiers

L'aggravation de la tension internationale mit à l'ordre du jour, à partir de 1911, les questions militaires. Une loi, votée en 1889, avait établi le service actif de trois ans et supprimé les privilèges accordés en 1872, tout en maintenant certaines dispenses partielles. Une autre loi, en 1905, avait ramené la durée du service à deux ans et achevé d'instituer définitivement l'égalité des charges militaires. Il se trouva en 1913 une majorité de modérés et de radicaux pour voter une troisième loi qui relevait à trois ans pour tous la durée du service actif.

Comme dans plusieurs autres pays, la question financière était étroitement liée aux questions militaires. Tous les partis reconnaissaient la nécessité d'accroître les ressources pour remédier au déficit croissant des budgets, mais ils n'étaient pas d'accord sur les moyens d'y parvenir. En dépit du soutien qui leur fut accordé par les socialistes, ni Clemenceau en 1907, ni Caillaux en 1911, ne réussirent à faire adopter l'*impôt sur le revenu ;* ils durent se borner à augmenter le taux des impôts existants.

Les élections de 1914

Les difficultés matérielles de la vie, le vote de la loi de trois ans, l'augmentation des impôts mécontentaient une grande partie de l'opinion. Ce mécontentement se traduisit aux élections de 1914 par l'envoi à la Chambre d'une majorité de gauche massive : plus de 230 radicaux ou radicaux-socialistes, 104 S.F.I.O., contre moins de 200 modérés. Les radicaux et les socialistes, qui s'étaient unis pour le second tour des élections, décidèrent de rester unis au Parlement, les S.F.I.O. accordant leur soutien au gouvernement. Un ministère à prédominance radicale fut formé sous la présidence d'un socialiste indépendant, Viviani (juin). L'*impôt général sur le revenu fut voté* ; un projet de loi *ramenant la durée du service à deux ans* allait être déposé à la Chambre des députés lorsque éclata la guerre.

1914 : Large majorité radicale-socialiste
→ Gvt VIVIANI : → vote de l'impôt sur le revenu

La France en 1914. Force et faiblesse

Au moment où la crise internationale s'ouvrit, la *vie politique* restait donc encore très animée en France. Par ailleurs cependant, et contrairement à ce qui se passait dans la plupart des autres pays européens, *aucun problème grave ne menaçait à ce moment la stabilité du pays.* Dans l'*ordre politique*, le régime républicain se trouvait désormais solidement enraciné et, grâce aux efforts persévérants des partis de gauche, la France était devenue véritablement un pays de démocratie. Dans l'*ordre économique*, la situation était redevenue prospère ; un nouvel esprit d'entreprise se manifestait chez les hommes d'affaires ; l'industrie sidérurgique, notamment, s'équipait de façon moderne et la production française d'acier s'accroissait relativement plus vite que la production anglaise ou allemande. Dans l'*ordre social*, l'agitation, qui s'était manifestée au cours des années précédentes, tendait nettement à se calmer et la classe ouvrière qui avait obtenu des augmentations de salaires paraissait moins docile à la propagande des syndicalistes avancés.

Dans ce pays qui, somme toute, était au point de vue politique uni, au point de vue social paisible, au point de vue économique en essor, *un grave problème pourtant se posait : le problème démographique.* La population française, on l'a vu, avait, depuis le début du siècle, à peu près cessé d'augmenter. La France, avec 39 millions d'habitants, ne venait plus qu'au cinquième rang en Europe, après la Russie, forte de plus de 120 millions d'habitants, l'Allemagne, l'Autriche-Hongrie et l'Angleterre qui en avaient respectivement 67, 53 et 46 millions. Fait plus grave encore : la dénatalité s'accroissait ; de 26 p. 1 000 au début du siècle, le taux de la natalité était tombé à moins de 20 p. 1 000. Le jour paraissait proche où la France commencerait effectivement à se dépeupler.

Le Royaume-Uni de Grande-Bretagne et d'Irlande

I. — L'Angleterre de 1846 à 1868

L'âge de Palmerston

La chute de Peel (1846) inaugura une période de vingt années, marquée par une sorte de *stagnation politique.* A la Chambre des Communes, vers 1860, l'opposition entre les deux partis traditionnels semblait avoir disparu. Les conservateurs s'étaient ralliés à la doctrine du libre-échange que leur chef, Disraeli, avait si violemment combattue en 1846 ; de leur côté les leaders libéraux, *Lord Russell* et surtout *Palmerston,* ne demandaient aucune réforme nouvelle.

Député depuis 1807, ministre des Affaires étrangères dans tous les cabinets libéraux entre 1830 et 1851, enfin Premier Ministre de 1855 à 1858 et de 1859 à sa mort en 1865, *Palmerston* ne s'intéressait guère qu'à la politique extérieure. Il s'y montra presque toujours nationaliste agressif, engagea l'Angleterre dans la guerre de Crimée et l'expédition de Chine, s'opposa souvent à Napoléon III dans les affaires d'Italie en 1858-1860 et dans celles de Pologne et de Danemark en 1863-1864. A l'intérieur, Palmerston se refusait à tout changement : c'est seulement après sa mort qu'une réforme électorale put aboutir en 1867.

Cependant ces vingt années ne furent pas vides dans le domaine de la politique intérieure. Elles furent marquées par une importante *évolution religieuse*, une grande *prospérité économique*, la création de puissants *syndicats ouvriers*, une seconde *réforme électorale*, enfin la *réapparition de la question d'Irlande*.

L'évolution religieuse

On sait comment, depuis 1830, quelques anglicans de l'Université d'Oxford, groupés autour de l'un d'eux, *Newman*, avaient tenté d'introduire dans l'anglicanisme certaines conceptions catholiques. En 1845 Newman passa au catholicisme et sa conversion en entraîna beaucoup d'autres. Le pape Pie IX en prit occasion pour *rétablir en Angleterre la hiérarchie épiscopale* (1850), qui y avait été abolie à la fin du XVIe siècle.

Une minorité de pasteurs anglicans, s'inspirant des idées du mouvement d'Oxford mais sans vouloir passer à l'Église romaine, introduisirent dans le service religieux certains rites empruntés au catholicisme. Leurs adversaires les appelèrent *ritualistes* et demandèrent qu'ils fussent destitués : de là des procès, qui émurent l'opinion. D'ailleurs, dans le même temps, d'autres ecclésiastiques abandonnaient quelques-uns des dogmes fondamentaux du christianisme traditionnel et n'en continuaient pas moins à prêcher ou à enseigner la théologie. Ainsi, en face de la *Haute Église*, sorte d'aile droite de l'anglicanisme favorable même à certaines conceptions catholiques, se dressait l'*Église large*, que ses adversaires tenaient pour incroyante.

Beaucoup d'âmes étaient profondément choquées par ces conflits à l'intérieur de l'Église. D'autres l'étaient aussi en voyant l'État trancher en dernier ressort des questions spirituelles : la suprême autorité en matière de foi était en effet le Conseil Privé et le Parlement, dont l'immense majorité était formée de laïcs qui pouvaient même être des catholiques, des israélites[1] ou des incroyants. Un pasteur, *Manning*, en fut si indigné qu'en 1851 il passa au catholicisme et sa décision fut le

[1] Les israélites furent admis au Parlement à partir de 1858.

point de départ d'une nouvelle série de conversions à l'Église de Rome.

La prospérité économique

Vers 1850, au lendemain de l'établissement du libre-échange, l'Angleterre entra dans une ère de prospérité économique qui dura environ vingt-cinq ans. Dans cette période, la population de la Grande-Bretagne passa de 27 à 31 millions d'habitants.

L'Angleterre était encore un grand *pays agricole*. Ses progrès techniques faisaient l'admiration des agronomes français. L'emploi des machines se généralisait et l'on commençait à utiliser les engrais chimiques. Moutons et bovins, sélectionnés par des méthodes scientifiques, parqués dans des étables saines et propres, faisaient prime sur les marchés étrangers et l'on calculait que les profits d'une ferme d'élevage étaient six fois plus élevés en Grande-Bretagne qu'en France. La grande propriété continuait à s'étendre : on estimait en 1870 que le quart de l'Angleterre appartenait à 1 200 personnes. En revanche, les paysans menaient une vie misérable : logés dans des huttes sordides, trop peu payés pour manger à leur faim, souvent réduits au chômage par l'emploi des machines, ils durent, par centaines de milliers, émigrer ou devenir mineurs.

Dans le *domaine industriel et commercial*, l'Angleterre affirmait nettement sa prééminence ; déjà la première Exposition universelle, tenue à Londres en 1851, en avait témoigné. La Grande-Bretagne extrayait de son sol, en 1860, les deux tiers du charbon et la moitié du fer que l'on utilisait alors dans le monde. L'emploi croissant des machines dans toute l'Europe, le développement des voies ferrées, la construction des navires en fer, la supériorité reconnue des Anglais dans la fabrication des outils de précision, donnaient une impulsion accrue à l'industrie métallurgique. Dans le même temps, les marchés du Levant, de l'Inde, de la Chine, s'ouvraient aux cotonnades de Manchester. La conclusion de traités de commerce avec de nombreux États accrut le volume des échanges. La flotte anglaise, qui comptait à elle seule la moitié des bateaux de l'Europe, apportait partout les produits de l'industrie nationale et ramenait en Angleterre ceux du reste du monde. L'or des mines, récemment découvertes, de Californie et d'Australie faisait monter les prix et accroissait les revenus. Londres était, avec Paris, la plus grande place financière du monde.

L'organisation des Trade Unions

Le développement économique entraîna le développement de la classe ouvrière. De grandes *Trade Unions* — on appelle de ce nom les syndicats anglais — groupèrent les unions locales d'un même métier : ainsi se créèrent l'Union des mécaniciens en 1851, celle des charpentiers en 1860. Ces Unions ne comprenaient que des *ouvriers qualifiés*, assez aisés pour payer une forte cotisation. A leur tête se trouvait un secrétaire, spécialement chargé de la comptabilité et de l'administration. La réunion de ces secrétaires forma à partir de 1860 une sorte de bureau exécutif des syndicats, la *Junte*, qui prit la direction du mouvement ouvrier. La Junte ne faisait pas de politique ; elle ne demandait même pas à l'État d'intervenir en faveur des ouvriers ; elle ne se proposait pas non plus d'appliquer un programme «socialiste». Elle voulait seulement obtenir des avantages corporatifs : augmentation des salaires, amélioration des conditions de travail ; elle condamnait toute violence et même le recours à la grève.

Le sort des ouvriers n'en restait pas moins précaire. Tolérés depuis 1825, *les syndicats n'avaient pas d'existence légale* ; certains patrons refusaient d'embaucher les ouvriers syndiqués ; d'après la loi «Maître et serviteur», le patron qui renvoyait un ouvrier lui devait une indemnité, mais l'ouvrier qui quittait son patron était emprisonné ; la législation ouvrière ne protégeait que les femmes et les enfants ; encore était-elle très mal appliquée. Par ailleurs, les conditions de logement restaient lamentables, les journées de travail épuisantes ; l'augmentation des salaires demeurait très inférieure à celle du prix de la vie et, malgré le développement des sociétés de secours mutuels et des coopératives de consommation, la plupart des ouvriers vivaient dans la misère.

Les travailleurs comprirent que, pour améliorer leur condition matérielle et légale, *il leur fallait, au préalable, obtenir le droit de vote.*

La réforme électorale de 1867

En 1866 le ministre libéral *Gladstone* proposa de remanier, dans un sens plus démocratique, la loi électorale de 1832. Son projet fut repoussé et un cabinet conservateur, avec *Disraeli*, prit le pouvoir. Les Trade Unions organisèrent alors en faveur de la réforme une agitation qui, à Londres, tourna à l'émeute. Disraeli avait toujours été partisan de donner les droits politiques au peuple. Il ne se laissa pas arrêter par les craintes de ses collègues qui redoutaient ce «saut dans le noir», et finalement il fit voter un projet plus libéral que celui de Gladstone.

La *loi électorale de 1867* consista d'une part en une répartition nouvelle des sièges en faveur des régions industrielles et d'autre part en un abaissement du cens électoral, surtout dans les villes. Le chiffre des électeurs doubla. *Les ouvriers aisés étaient les vrais bénéficiaires de la loi :* exclus de la vie politique en 1832, ils y entraient en 1867.

Le réveil de la question d'Irlande

Après la famine de 1846 et l'émigration qui, en dix ans, avait conduit aux États-Unis un million et demi de ses habitants, l'Irlande s'était comme endormie dans la torpeur. Elle se réveilla aux appels révolutionnaires d'un certain nombre d'Irlandais revenus d'Amérique après la fin de la guerre de Sécession. Sous le nom de *Fenians* — emprunté à l'histoire légendaire de l'île — ils fondèrent des sociétés secrètes et, pour attirer l'attention sur les malheurs de l'Irlande, ils usèrent de méthodes terroristes : ils tuèrent des policiers à Manchester, tentèrent de faire sauter une prison à Londres (1867).

La question d'Irlande, ainsi rouverte, allait, jusqu'en 1914, tenir un rôle de premier plan dans les préoccupations du gouvernement anglais.

II. — L'Angleterre de 1868 à 1906

Les souverains

Au moment de la réforme de 1867, il y avait déjà trente ans que la reine *Victoria* était sur le trône. Elle n'était pas un esprit supérieur, ni très fin ni très cultivé, mais elle avait un robuste bon sens, beaucoup d'énergie et se faisait une idée très élevée de ses devoirs de reine. Sans jamais oublier qu'elle était un souverain constitutionnel, elle exerça toujours son droit de contrôle monarchique. La reine Victoria régna jusqu'en 1901. Les jubilés de 1887 et 1897, qui fêtèrent ses cinquante, puis ses soixante années de règne, furent pour elle des apothéoses. Aujourd'hui encore *l'ère victorienne* évoque la grandeur de l'Angleterre et de son Empire, la renommée des écrivains et penseurs qui illustrèrent la seconde moitié du XIXe siècle anglais : les philosophes *Stuart Mill* et *Spencer*, les romanciers *Dickens, Thackeray, George Eliot, Meredith*, les poètes *Tennyson, Elisabeth* et *Robert Browning, Swinburne*.

A la mort de la reine Victoria, son fils *Édouard VII* lui succéda. Sa mère l'avait tenu à l'écart des affaires et ne lui avait guère laissé que le rôle de figurant royal dans les cérémonies. Édouard VII avait l'esprit ouvert, un grand bon sens, beaucoup de tact, mais il ne s'intéressait guère aux affaires : aussi suivit-il toujours scrupuleusement l'avis de ses ministres. Causeur brillant, aimant à plaire, il était de tempérament conciliant et son influence personnelle, lors de ses voyages en France (1903) et en Russie (1908), facilita la conclusion de l'Entente cordiale et l'amélioration des rapports anglo-russes. En revanche, il témoigna toujours de la plus grande méfiance à l'égard de son neveu, le Kaiser Guillaume II, qu'il jugeait brouillon, turbulent et dangereux.

Édouard VII mourut en 1910. Son fils cadet (l'aîné était mort) lui succéda sous le nom de *George V* (1910-1936). Destiné à être un marin, il connaissait, pour les avoir parcourues, les mers et les terres de l'Empire britannique.

Les grands ministres. Gladstone

Les trois ministres qui, de 1868 à 1906, eurent le plus d'in-

fluence sur les affaires publiques furent *Gladstone* et *Disraeli* qui furent Premiers ministres, puis *Chamberlain.*
Ancien tory, rallié derrière Peel au libre-échange en 1846, Gladstone se convertit au libéralisme. Plusieurs fois Chancelier de l'Échiquier (c'est-à-dire ministre des Finances), il devint leader du parti libéral après la mort de Palmerston et Premier ministre en 1868. Anglican rigide, il obéit toujours à ce qu'il croyait être son devoir. Sa foi profonde, son besoin de justice lui firent accentuer, à mesure qu'il vieillissait, ses idées libérales et démocratiques. Il fut le *champion des grandes causes humanitaires :* suppression de l'esclavage, élargissement du droit de vote, protection des nations opprimées, maintien de la paix : les questions de prestige national le laissaient aussi froid qu'elles passionnaient Disraeli.

Disraeli

Disraeli était et resta conservateur, très respectueux de la tradition mais, en même temps, ouvert à tous les progrès. Il voulait rehausser le prestige de la monarchie en l'appuyant non seulement sur l'aristocratie et l'Église anglicane, mais aussi sur le peuple et sur l'orgueil national. Il se montra toujours très soucieux d'exalter *la personne du souverain,* d'améliorer la situation des *classes laborieuses,* d'exercer en Europe une *politique de prestige,* enfin d'agrandir l'*Empire britannique* et d'en fortifier la cohésion.

Chamberlain

Chamberlain était un libéral avancé — on disait : un *radical* — quand il devint ministre dans le cabinet Gladstone en 1880. Il n'avait pas, alors, assez de mépris pour les conservateurs, «le vieux stupide parti», ni d'indignation pour l'impérialisme «qui exporte la colonisation dans nos caisses d'opium[1] et l'importe à la pointe des baïonnettes». Mais, quand Gladstone voulut accorder l'autonomie à l'Irlande, Chamberlain rompit avec lui et, décidé à maintenir coûte que coûte l'*union de l'Irlande avec l'Angleterre,* il se rapprocha des conservateurs : avec eux, et

Allusion à la guerre de l'Opium (1840-1842) faite par l'Angleterre à la Chine.

avec les libéraux dissidents qui l'avaient suivi, il fonda la *coalition unioniste*. Désormais ce fut lui, bien plus que les chefs du parti conservateur, *Salisbury* et *Balfour*, qui reprit le programme de Disraeli. Ministre des Colonies de 1895 à 1903, il s'affirma le « missionnaire de l'Empire ». C'est alors aussi qu'il proposa de *renoncer au libre échange*.

L'alternance des partis

De 1868 à 1886 libéraux et conservateurs alternèrent régulièrement. Gladstone fut Premier ministre de 1868 à 1874 ; Disraeli de 1874 à 1880 ; de nouveau Gladstone de 1880 à 1886 (avec quelques mois d'interruption en 1885).

En 1886 le parti libéral s'effondra, par suite du schisme causé par Chamberlain et ses amis. La *coalition unioniste* arriva au pouvoir et, sauf une courte interruption de 1892 à 1895, y resta pendant près de vingt ans (1886-1906) sous la direction de *Lord Salisbury* puis de *Balfour*. Aux élections de 1906, les libéraux l'emportèrent et leur politique, hardiment radicale, inaugura une période nouvelle dans l'histoire de l'Angleterre.

Les principaux faits qui marquèrent, de 1868 à 1906, la politique intérieure de l'Angleterre furent : *l'évolution vers la démocratie*, les difficultés de la *question d'Irlande* ; la *dépression économique*, qui mit en cause le libre-échange ; enfin la formation d'un nouveau parti politique, le *parti travailliste*.

A. — L'évolution démocratique

La troisième réforme électorale

Après 1867, la question électorale n'était pas encore résolue. Pour mettre fin aux fraudes et à la pression électorales, Gladstone fit adopter le système australien du *scrutin secret* (1872). Puis il fit voter une *troisième réforme électorale* (1884-1885).

La loi de 1884 étendit aux comtés les conditions électorales fixées en 1867 pour les bourgs. Le nombre des électeurs passa de trois à cinq millions. Puis, à l'exception d'un petit nombre de grandes villes qui conservèrent le privilège d'élire plusieurs députés, tout le pays fut subdivisé en circonscriptions qui nommaient chacune un député.

Désormais *l'Angleterre avait un régime démocratique, mais non sans anomalies surprenantes :* on ne pouvait être électeur si l'on n'était pas propriétaire ou locataire à son nom ; donc les fils de famille vivant avec leurs parents, les domestiques, les ouvriers logés chez leurs patrons (près de 2 millions d'adultes en 1885) n'avaient pas le droit de vote. En revanche, celui qui possédait des immeubles dans plusieurs circonscriptions électorales différentes pouvait voter plusieurs fois ; aussi les élections duraient-elles plusieurs jours.

Le gouvernement local

D'autres lois *confièrent l'administration locale à des conseils élus.* Depuis 1835 les villes possédaient des conseils municipaux élus de façon démocratique ; mais, dans les campagnes, l'administration restait encore aux mains de l'aristocratie foncière, représentée en particulier par le *juge de paix.* La loi de 1888 ne laissa au juge de paix que ses pouvoirs judiciaires ; ses pouvoirs administratifs furent confiés à un *conseil de comté*, élu par tous les contribuables. La loi de 1894 étendit cette organisation aux subdivisions des comtés en créant des *conseils de districts* et des *conseils de paroisses* également élus. Comme il n'y a rien, dans l'administration anglaise, qui corresponde à nos préfets et à nos sous-préfets, ces conseils avaient des pouvoirs très étendus. De toute façon, *l'aristocratie était dépossédée de ses pouvoirs administratifs au profit du peuple.*

Dans le domaine social, le progrès des idées démocratiques se marqua, principalement après 1890, par *le développement du socialisme municipal.* On appelle ainsi le contrôle exercé par la municipalité sur tous les services publics. Par l'intermédiaire de leurs élus à l'hôtel de ville, les citoyens purent, dans de très nombreuses villes d'Angleterre, organiser la lutte contre les taudis, améliorer la distribution de l'eau, du gaz, de l'électricité, abaisser le tarif des transports en commun, faire créer des parcs et des terrains de jeu, des crèches, des cantines scolaires, obtenir la gratuité des musées le dimanche.

Instruction publique et Presse

La classe ouvrière à qui l'on accordait le droit de vote, il fallait l'éduquer. Jusqu'en 1870, il n'y eut pas en Angleterre d'enseignement primaire public : il y avait seulement des écoles privées (anglicanes, dissidentes ou catholiques), auxquelles l'État pouvait, dans certaines conditions, accorder des subventions. Au lendemain de la réforme de 1867, Gladstone fit voter la *loi de 1870 sur l'enseignement primaire :* les autorités locales auraient désormais le droit d'ouvrir des *écoles primaires publiques*, si elles jugeaient que les écoles privées étaient en nombre insuffisant. Les écoles publiques seraient surveillées par une commission scolaire élue et elles seraient entretenues à la fois par les subventions de l'État, par les frais d'écolage payés par les parents et par une *taxe scolaire* levée sur tous les contribuables[1]. L'enseignement primaire public devint, peu après, obligatoire puis gratuit.

L'enseignement secondaire et même l'enseignement supérieur s'ouvrirent également aux enfants des classes modestes. Les conseils de comtés créèrent, selon les besoins locaux, des *écoles secondaires publiques*[2]. En même temps une douzaine d'*Universités* se constituèrent, à côté des deux antiques Universités d'Oxford et de Cambridge.

Le développement de *la presse à bon marché* contribua aussi à l'éducation du peuple. Jusque vers 1860, les journaux anglais coûtaient encore un prix élevé, mais, à cette date, Gladstone supprima le droit sur le papier et l'impôt du timbre. Le prix des journaux fut ramené à deux sous, puis même à un sou. A partir de 1890 apparurent, à l'exemple de ceux des États-Unis, des journaux où l'on ne trouvait guère que des nouvelles du jour, présentées de façon plus ou moins sensationnelle et bientôt accompagnées de nombreuses images — au lieu des articles sérieux sur des questions politiques, économiques ou religieuses.

[1] En 1902 une loi permit de faire servir la taxe locale à l'entretien non seulement des écoles primaires publiques mais aussi des écoles privées, à condition que celles-ci acceptent de placer dans leur conseil d'administration un membre de la commission scolaire.

[2] Jusque-là l'enseignement secondaire était donné dans des « écoles de grammaire », ou dans des institutions privées, anciennes et très coûteuses, comme *Eton, Harrow, Rugby*.

Le gouvernement de parti

Cette autorité que le peuple exerçait dans l'administration locale, il commençait à l'exercer aussi dans la vie politique. C'est vers 1885 que le gouvernement de parti prit en Angleterre la forme qu'il a conservée depuis lors.

Chaque parti est représenté dans tout le pays par des *comités locaux*, chargés de faire de la propagande et d'organiser les élections. Les militants se contentaient jadis de recevoir docilement les mots d'ordre de l'état-major du parti ; depuis 1880 environ, ils manifestèrent beaucoup plus d'initiative et imposèrent souvent leurs vues.

A la Chambre des Communes le parti est dirigé par son chef ou *leader* et contrôlé par ses *whips*. On appelle ainsi des hommes politiques qui ont pour rôle de rassembler les députés du parti le jour où il y a une séance importante et, en même temps, de surveiller leur vote. Car, en fait sinon en droit, un député n'est pas libre de son vote. Ses électeurs lui ont ordonné, en le nommant, de voter pour ou contre tel parti. Il doit obéir ; il ne lui est pas permis, entre deux élections générales, de changer de conviction politique ; sinon il lui faut démissionner. Le ministère est, par là même, presque toujours assuré — sauf dans des conditions exceptionnelles — d'avoir la majorité, pourvu que les députés de son parti aient obéi à l'appel du whip. La Chambre ne joue donc pas le même rôle qu'en France : au lieu de surveiller et de diriger le cabinet, elle se borne le plus souvent à enregistrer les mesures proposées par lui. Voilà pourquoi les crises ministérielles sont rares en Angleterre. D'ailleurs, quand elles ont lieu, elles se résolvent avec une extrême facilité : le souverain convoque le leader de l'opposition et lui demande de former le nouveau gouvernement.

Ce que les Communes perdent en importance, le leader de la majorité le gagne. Il est vraiment entre deux élections générales, pendant plusieurs années, le maître de l'État. Mais, s'il ne dépend guère de la Chambre, il dépend de la nation. En dehors du Parlement, les questions à l'ordre du jour sont ardemment discutées dans la presse et dans les réunions publiques. Le Premier ministre doit être très attentif aux réactions de l'opinion. Il est rare qu'il ne demande pas au souverain de dissoudre le Parlement avant le terme légal — sept ans jusqu'en 1911, cinq ans depuis lors. C'est le moyen pour lui de s'assurer qu'il a encore la confiance du pays, et, s'il l'a, d'accroître sa majorité. Le régime politique anglais est ainsi caractérisé par *la grande puissance du Premier ministre, tempérée par un referendum intermittent.*

B. — La question d'Irlande

Le problème religieux

Des trois problèmes qui constituaient en 1815 la «Question d'Irlande» — *problème religieux, problème agraire, problème politique* — le premier avait été en partie réglé par la loi de 1829 sur l'émancipation des catholiques. Les Irlandais étaient depuis lors éligibles aux charges locales et au Parlement de Westminster. Cependant ils étaient encore, quoique catholiques, tenus de payer la dîme à l'Église anglicane qui, en Irlande comme en Angleterre, était Église d'État.

Dès 1869, et malgré une violente opposition, Gladstone fit passer une loi qui enleva à l'Église anglicane en Irlande son caractère d'Église d'État. Elle perdit ses pouvoirs de juridiction et son droit de lever la dîme et ne fut plus désormais qu'une association de caractère privé.

Le problème religieux réglé, Gladstone essaya d'apporter une solution au problème agraire.

Le problème agraire

Les paysans irlandais étaient affreusement pauvres et, quand ils ne pouvaient payer leurs fermages, ils étaient *évincés*, c'est-à-dire chassés de leur maison et de leur champ. Or, le propriétaire gardait le droit d'élever à son gré le prix des fermages. A la suite d'une série de mauvaises récoltes, on compta 6 000 évictions en 1879 et plus de 10 000 en 1880. Une *Ligue agraire irlandaise* se fonda pour obtenir l'abaissement des fermages et l'interdiction des évictions : ses membres boycottaient[1] ceux qui prenaient la place des paysans évincés, souvent même ils

[1] Ce nom vient de ce que la mise en quarantaine fut appliquée pour la première fois à un certain *Boycott*.

brûlaient les granges du propriétaire et mutilaient son bétail.

En 1881, Gladstone fit passer une mesure d'un caractère révolutionnaire : désormais les fermages pourraient être fixés non plus par le propriétaire, selon son bon plaisir, mais par une commission nommée par l'État. La commission diminua le montant des baux, mais le paysan était si misérable que, bien souvent, il ne pouvait le payer. Dès lors, les évictions continuaient et les «crimes agraires» recommençaient.

D'ailleurs la réforme de 1881, pour favorable qu'elle fût aux Irlandais, ne leur suffisait pas : ils voulaient être *propriétaires.* Des lois votées en 1885 et 1903 par le parti conservateur le leur permirent. Si un propriétaire anglais consentait à vendre sa terre (et le gouvernement faisait tout pour l'y inciter), le paysan recevait de l'État le montant du prix d'achat et il le remboursait ensuite en versant une somme assez faible pendant un certain nombre d'années. Les résultats furent remarquables. Les Irlandais, qui ne possédaient encore que 3 p. 100 du sol en 1872, en possédaient les deux tiers en 1914. En même temps, sous l'impulsion du gouvernement, la technique agricole fit de grands progrès. Mais, dans bien des districts, le sol est si infertile et la population si dense que la misère restait affreuse.

Le problème du Home Rule

Au point de vue politique, les Irlandais demandaient l'abolition de l'Acte d'Union, qui leur avait été imposé en 1800 : ils voulaient, sinon l'indépendance, du moins le *Home Rule* c'est-à-dire l'autonomie (les mots «Home Rule» signifient : être maître chez soi).

Dans un manifeste de 1873, ils demandaient «le droit et le privilège pour notre pays de régir ses propres affaires par l'institution d'un Parlement siégeant en Irlande et composé de S.M. le Souverain, des Lords et des Communes d'Irlande». Le Parlement irlandais aurait le droit «de faire ses lois et de statuer par lui-même sur toutes les affaires intérieures de l'Irlande, de contrôler les finances et les impôts irlandais, sous l'obligation de contribuer dans une juste proportion aux dépenses de l'Empire. Seraient réservées au Parlement impérial [celui de Londres] les questions touchant à la Couronne et au gouvernement, aux Colonies et aux autres Dépendances de la Couronne, aux relations de l'Empire avec les Etats étrangers et à la défense et sécurité de l'Empire. Les rapports des deux pays seront réglés de manière qu'il ne soit pas porté atteinte aux prérogatives de la Couronne et aux principes de la Constitution.»

Deux ans plus tard, en 1875, entrait au Parlement celui qui, jusqu'en 1890, allait grouper toutes les forces irlandaises pour la lutte contre le gouvernement anglais, *Parnell.* Mais personne en Angleterre n'était décidé à accorder le Home Rule — d'autant que les députés irlandais pratiquaient à la Chambre une *politique d'obstruction* pour empêcher la discussion des affaires courantes, et que, dans le pays, un petit groupe d'Irlandais terroristes, multipliaient les *attentats.*

Cependant, par souci de justice, *Gladstone se convertit au Home Rule* et, dans son troisième ministère (1886), il proposa d'accorder l'autonomie à l'Irlande. C'est alors qu'une partie des libéraux, groupés autour de Chamberlain, fit sécession et forma avec les conservateurs la *coalition unioniste.* Le projet de loi fut repoussé. Quand Gladstone revint pour la quatrième fois au pouvoir (1892-1894), il proposa de nouveau un texte de Home Rule, mais la Chambre des Lords le repoussa. L'Acte d'Union de 1800 fut donc maintenu.

Tout au plus, conservateurs et unionistes enlevèrent-ils *l'administration locale* de l'Irlande aux grands propriétaires, c'est-à-dire aux Anglais, pour la remettre à des conseils élus, c'est-à-dire aux Irlandais. Par cette mesure, comme par leur excellente politique agraire, ils espéraient faire oublier à l'Irlande ses revendications politiques et «tuer le Home Rule par les bons procédés».

En fait, le Home Rule restait à l'ordre du jour. En Irlande même, deux mouvements, l'un littéraire, l'autre politique, attisaient la haine contre l'Angleterre : d'une part le *mouvement gaélique* demandait qu'on abandonnât l'usage de l'anglais et remettait en honneur l'étude de la vieille langue irlandaise, d'autre part le *mouvement sinn fein* (deux mots qui signifient «nous-mêmes») exigeait non plus seulement le Home Rule mais la pleine indépendance de l'Irlande.

C. — Les problèmes économiques et sociaux

La dépression économique

On a vu qu'à partir de 1875 environ l'Europe commença à souffrir d'une grave crise économique. L'Angleterre fut particulièrement touchée.

Les paysans furent frappés les premiers. Ils ne purent soutenir la *concurrence des États-Unis, puis de l'Argentine* qui exportaient en Europe à bon marché d'énormes quantités de blé et de viande. Les prix s'effondrèrent en Angleterre : le *quarter* de blé — trois hectolitres — qui se vendait 56 shillings en 1877 tomba à 46 shillings en 1878, à 23 en 1895. Les États de l'Europe continentale se défendirent en élevant leurs droits de douane, mais le gouvernement anglais se refusa à abandonner le libre-échange et *les paysans furent ruinés*, d'autant plus que de 1877 à 1883 les récoltes furent très mauvaises et que des épizooties décimèrent le bétail. Plus de 50 000 ouvriers agricoles et petits cultivateurs allèrent dans les villes grossir le prolétariat ouvrier, et, dans la seule décennie 1880-1890, plus d'un million émigrèrent aux États-Unis et aux colonies. Aussi l'Angleterre dut-elle importer deux fois plus de céréales en 1900 qu'en 1872. L'aristocratie foncière vit ses revenus s'effondrer et sa décadence économique prépara la chute de sa suprématie politique.

La concurrence étrangère ne fut pas moins funeste aux industriels. La production de leurs usines augmenta *beaucoup moins vite que celle des États-Unis et de l'Allemagne*. La métallurgie anglaise fut dépassée par celle des États-Unis en 1889, par celle de l'Allemagne en 1895 — et l'acier de Pittsburgh ou d'Essen était supérieur en qualité à celui de Birmingham. L'Angleterre dut importer non seulement des denrées alimentaires et des matières brutes mais encore des produits ouvrés. En même temps *les exportations diminuaient dangereusement :* les cotonnades de Manchester, l'article d'exportation le plus important de la Grande-Bretagne, voyaient se fermer les marchés de l'Europe et ne se vendaient plus guère que dans le Levant, l'Inde et la Chine — encore ces pays commençaient-ils à développer leur industrie et à travailler eux-mêmes le coton.

La balance défavorable était compensée, il est vrai, par les

« revenus invisibles », c'est-à-dire d'une part les intérêts des capitaux anglais placés à l'étranger et d'autre part les bénéfices de la location de la flotte britannique pour le transport des marchandises étrangères. Mais depuis l'ouverture du canal de Suez, Londres et Liverpool se heurtaient à la concurrence de Marseille et de Gênes, quand il s'agissait d'exporter vers l'Europe continentale les produits d'Asie. Bien plus, certaines des exportations qui faisaient sa richesse n'étaient pas sans danger pour l'Angleterre. Elle vendait une grande quantité de machines — et préparait de la sorte l'équipement industriel des nations qui deviendraient ses rivales ; elle vendait des navires — et des pays qui les lui achetaient n'auraient plus désormais recours à sa flotte ; elle vendait du charbon — et épuisait ainsi ses ressources minières.

Enfin les enquêtes révélaient d'autres causes, plus graves, du recul économique de l'Angleterre. *Les hommes d'affaires, confiants dans la prospérité des années précédentes, s'étaient endormis dans la routine* ; les industriels n'étaient plus à l'affût des derniers progrès techniques ; les commerçants, dédaigneux des désirs de la clientèle, ne se donnaient même plus la peine de conserver leurs anciens marchés et, en Angleterre même, ne pouvaient soutenir la concurrence du *dumping* allemand. Quant aux ouvriers, il leur arrivait de diminuer volontairement leur rendement dans les mines et les usines par esprit de camaraderie, pour permettre à un plus grand nombre de chômeurs de trouver du travail.

La question du protectionnisme

Devant un pareil danger, il sembla à certains industriels, surtout aux métallurgistes, qu'il fallait renoncer au libre-échange et adopter, à l'instar de tous les autres grands États, une politique protectionniste. Chamberlain se fit le champion de cette thèse. Il aurait voulu créer entre l'Angleterre et ses colonies une vaste *union douanière :* les produits de l'Union auraient circulé en franchise, tandis que les produits étrangers auraient été arrêtés par des tarifs élevés : l'empire colonial britannique était, disait Chamberlain, assez varié pour fournir à l'industrie anglaise les matières premières dont elle avait besoin, et il serait un excellent débouché pour les produits qu'elle aurait fabriqués.

Mais Chamberlain ne put convaincre ni les hommes politiques, ni les économistes, ni les ouvriers qui voyaient dans le protectionnisme une «politique du pain cher». Quant aux grandes colonies anglaises, surtout le Canada et l'Australie, elles voulaient développer leur propre industrie ; elles avaient d'ailleurs souvent intérêt à acheter non à l'Angleterre mais aux États-Unis ou au Japon les produits dont elles avaient besoin. *C'est pourquoi l'Angleterre resta fidèle au libre-échange* (d'autant plus qu'à partir de 1900 l'industrie anglaise marqua une reprise très nette) et la campagne en faveur du protectionnisme fut en partie la cause de la défaite du parti unioniste aux élections de 1906.

Évolution du mouvement ouvrier

Au moment où la dépression économique commença à se faire sentir, *les ouvriers venaient de recevoir du ministère Disraeli (1874-1880) des avantages considérables.* Le gouvernement avait supprimé toute entrave au droit de grève, et déclaré que patron et ouvrier étaient désormais égaux aux yeux de la loi ; le Parlement avait fixé, pour les travailleurs adultes, le maximum d'heures de travail dans certains métiers et la responsabilité du patron en cas d'accidents. Mais la crise économique, qui jeta les ouvriers dans la misère par dizaines de milliers, modifia leur mentalité : elle les poussa à se grouper, à accepter certaines idées socialistes, enfin à se jeter dans la politique.

La crise entraîna la baisse des salaires et souvent l'arrêt complet du travail. La situation était particulièrement tragique pour les ouvriers non spécialisés qui, jusque-là, avaient été exclus des syndicats[1]. En 1888 et 1889 ils organisèrent des grèves monstres, par exemple celle des 10 000 dockers du port de Londres. Ils se groupèrent en *nouvelles Trade Unions*, d'esprit combatif, favorables à l'intervention de l'État dans les problèmes du travail et même aux doctrines socialistes.

[1] Dans un ouvrage célèbre, *Charles Booth*, le fondateur de l'*Armée du Salut*, venait de montrer qu'en 1888 le tiers de la population de Londres vivait «dans la misère». Une enquête officielle sur le travail à domicile, surtout dans la confection, révéla des conditions de vie affreuses.

Non pas d'ailleurs aux doctrines marxistes. Celles-ci ne comptèrent jamais que quelques milliers d'adhérents en Angleterre : on les jugeait trop violentes et surtout opposées à l'esprit national. Spécifiquement anglais au contraire était le socialisme que prêcha, à partir de 1884, la *Société fabienne*. Recrutés dans la bourgeoisie parmi les intellectuels (les écrivains Bernard Shaw et Wells en firent partie) et les membres des Conseils qui administraient les villes, les paroisses, les comtés, les Fabiens rejetaient l'idée de lutte de classes et s'efforçaient de façonner l'esprit public en l'imprégnant d'idées socialistes modérées. Leur nombre fut toujours très restreint, moins de 3 000 membres, mais leur influence fut considérable : ils contribuèrent à développer dans les villes le socialisme municipal et à faire voter au Parlement une abondante législation ouvrière[1].

C'était un socialisme semblable qu'avait en vue l'ouvrier mineur *Keir Hardie*, lorsqu'il fonda, en 1893, le *parti indépendant du Travail.*

Formation du parti travailliste

Keir Hardie était persuadé que les intérêts des travailleurs doivent être défendus par eux-mêmes. Aussi voulait-il fonder *un parti politique ouvrier*, qui enverrait des députés ouvriers à la Chambre des Communes. Il y en avait déjà depuis 1874, mais ils votaient systématiquement avec les libéraux. Keir Hardie voulait qu'ils fussent indépendants des libéraux autant que des conservateurs : voilà pourquoi il choisit pour son parti le nom de : parti *indépendant* du Travail.

Keir Hardie avait trouvé immédiatement l'appui des Fabiens. Les syndicats, au contraire, restaient méfiants à l'égard de toute action politique. Mais lorsqu'ils virent les patrons tenter, vers 1900, avec la complicité des tribunaux, de revenir sur les avantages accordés par la loi aux syndicats, ils se rallièrent au parti du Travail. Ainsi se constitua en 1903 la nouvelle organisation politique, qui, en 1906, prit le nom de *Labour Party*, c'est-à-dire *Parti travailliste.*

Aux élections de janvier 1906, le parti travailliste fit entrer à

[1] Opportunistes et temporisateurs, les Fabiens avaient choisi pour patron de leur Société le consul romain *Fabius* qui sut, en prenant son temps, harasser l'armée d'Hannibal.

la Chambre des Communes 29 députés. C'était *la fin du système des deux partis*, sur lequel était fondée, depuis plus de deux siècles, la vie parlementaire anglaise. C'était aussi *le début de la participation de la classe ouvrière, en tant que telle, à la direction de l'État* : une ère nouvelle s'ouvrait pour l'Angleterre.

III. — L'Angleterre de 1906 à 1914

Les radicaux au pouvoir

A la fin de 1905, le parti conservateur, qui gouvernait depuis vingt ans, avait perdu beaucoup de sa popularité. Le ministère Balfour démissionna et les élections de janvier 1906 donnèrent une écrasante victoire aux libéraux avancés ou *radicaux*. Les personnalités les plus marquantes du nouveau cabinet furent *Sir Edward Grey*, ministre des Affaires étrangères, *Asquith*, Premier ministre à partir de 1908, *Winston Churchill* qui fut successivement ministre du Commerce, puis de l'Intérieur, enfin de la Marine, l'ancien ouvrier mineur *John Burns* et surtout *Lloyd George*, chancelier de l'Échiquier depuis 1908. Pour la première fois en Angleterre, à côté de l'aristocratie, *la moyenne bourgeoisie, le peuple même entraient au ministère*.

La démocratisation des institutions, l'amélioration du sort des travailleurs, la solution de la question d'Irlande, vont maintenant se précipiter et aboutir à une *transformation profonde de la société et du gouvernement*. L'œuvre intérieure du cabinet radical de 1906 à 1914 tient essentiellement en quatre points : une *législation sociale* très complète, un *budget* de tendance socialiste, l'abaissement de la *Chambre des Lords*, enfin l'octroi du *Home Rule* à l'Irlande.

La législation sociale

Le gouvernement essaya *d'améliorer le sort des ouvriers* : il assura aux Trade Unions les droits les plus étendus, accorda la journée de huit heures aux mineurs et la demi-journée de congé hebdomadaire aux employés de magasin, étendit à tous les travailleurs le bénéfice des lois sur les accidents, forma des commissions mixtes pour fixer les salaires minima dans les industries où le travail était le plus pénible, créa des cantines scolaires, permit aux autorités locales d'acquérir, même par expropriation, les terrains nécessaires à la construction de logements ouvriers ; enfin établit l'assurance contre la vieillesse, la maladie et même le chômage.

Le gouvernement essaya aussi, mais sans beaucoup de succès, une *politique de retour à la terre.* Les autorités locales reçurent le droit d'acheter ou de louer des terrains pour y installer des cultivateurs.

L'application de cette législation entraîna un *développement énorme de la bureaucratie* et l'extension silencieuse du socialisme fabien.

Budget de Lloyd George

En 1909, Lloyd George présenta un budget qui dégrevait 700 000 petits contribuables, mais élevait les droits sur les grosses successions et les gros revenus, taxait les terres inexploitées ou non cultivées, ainsi que la plus-value que les propriétés foncières acquéraient, particulièrement dans les villes. En opposition à toutes les traditions de la fiscalité anglaise, ce budget frappait essentiellement une classe sociale, les grands propriétaires fonciers ; il était un *budget de classe* et, comme disait son auteur, « le budget du peuple ».

Les Communes votèrent le projet. Les Lords le repoussèrent « jusqu'à ce qu'il ait été soumis au jugement du pays ».

Le conflit avec la Chambre des Lords

La Chambre des Lords affirmait n'être pas sortie de la légalité en refusant le budget. Mais c'était la troisième fois en vingt-cinq ans qu'elle s'opposait aux Communes. *De la question du budget allait naître un conflit constitutionnel.*

Les Lords avaient déclaré qu'ils ne voteraient le budget que si le peuple l'acceptait. Le gouvernement en appela donc à la nation (janvier 1910) : elle se prononça pour lui. Asquith fit alors voter, par la nouvelle Chambre, le *Parliament Act* (1911) : les Lords ne pourraient à l'avenir ni rejeter ni amender une loi de finance ; à l'égard des autres bills votés par les Communes, ils n'auraient qu'un *veto suspensif* pendant deux ans ; passé ce terme, les bills auraient force de loi. En revanche, la durée du Parlement serait ramenée de sept à cinq ans. Enfin les députés recevraient une indemnité parlementaire.

Les Lords durent céder et voter le Parliament Act. *Désormais tout le pouvoir législatif à Westminster était concentré dans la Chambre des Communes, émanation du peuple.*

Le Home Rule irlandais

Restait à régler le problème irlandais. Le ministère avait besoin de l'appui des députés irlandais et ceux-ci exigeaient en contrepartie l'octroi du Home Rule.

Le Home Rule fut voté au printemps de 1914 : *l'Irlande recevait la plus large autonomie, tout en restant liée à l'Angleterre.* Un Parlement irlandais, composé de deux Chambres, réglerait toutes les questions irlandaises. Mais le gouvernement anglais se réservait ce qui concernait l'armée et la marine, la monnaie, la diplomatie ; aussi une députation irlandaise continuerait-elle à siéger à Westminster.

Or les Anglo-Saxons qui habitaient le comté d'Ulster firent serment de s'opposer, fût-ce par la force, à l'application du Home Rule.

Soutenus par les conservateurs anglais et assurés que les officiers anglais ne marcheraient jamais contre eux, les Ulstériens organisèrent la résistance armée. Les nationalistes irlandais répondirent en levant à leur tour des volontaires. C'est dans cette *atmosphère de guerre civile* qu'éclata en août 1914 la première Guerre mondiale. Le gouvernement remit à la fin des hostilités l'application du Home Rule.

Les difficultés de l'Angleterre en 1914

Le problème irlandais n'était pas le seul à inquiéter le gouvernement radical en 1914. *Le mécontentement des ouvriers* devenait chaque jour plus grave. Leurs salaires n'avaient guère augmenté depuis 1900, tandis que la vie était devenue beaucoup plus chère ; la reprise économique, amorcée vers 1900, n'avait pas duré et l'on pouvait craindre une nouvelle crise. De 1910 à 1914 dockers, cheminots et mineurs organisèrent une série de *grèves monstres*, qui troublèrent profondément la vie économique et sociale du pays.

En face de ce danger, l'agitation pour le suffrage des femmes était peu grave, encore que les *suffragettes* en fussent venues à l'action directe. Elles crevaient les toiles des tableaux dans les musées, brisaient les devantures des magasins, incendiaient même des maisons ; arrêtées, elles faisaient la grève de la faim. Leur campagne ne fut d'ailleurs pas inutile : la loi électorale de 1918 donnera aux femmes le droit de vote.

La rivalité avec l'Allemagne était une autre cause de préoccupation. La concurrence chaque jour plus redoutable de l'industrie allemande et surtout les progrès de la flotte de guerre du Reich inquiétaient la nation. La crainte d'une invasion de l'Angleterre hantait les esprits. Une nouvelle base maritime avait été créée en 1905 sur les côtes de la mer du Nord, les premiers cuirassés du type *Dreadnought*[1] furent lancés en 1906 et certains généraux demandaient qu'on instituât le service militaire obligatoire.

Enfin, *l'avenir des colonies anglaises* paraissait incertain. Les unes semblaient sur le point de se soulever ; les autres voulaient vivre d'une vie indépendante : l'Empire britannique allait-il se disloquer ?

[1] Ainsi appelé parce que le premier navire de ce type s'appelait *Dreadnought* (sans peur).

L'Empire allemand de 1871 à 1914

I. — Les caractères de la vie politique

Les institutions de l'Empire allemand

L'Empire allemand ne fut que la Confédération de l'Allemagne du Nord augmentée d'une part des États situés au sud du Main, d'autre part de l'Alsace-Lorraine. L'Allemagne resta donc une *monarchie fédérale*. Chacun des vingt-cinq États dont elle se composait garda sa constitution particulière et ses lois propres. Seules, les affaires d'intérêt commun : diplomatie, armée et marine, justice, voies de communication, postes et télégraphes, commerce et douanes, étaient confiées à un *Gouvernement d'Empire*.

Ce gouvernement fut, au titre près, le même que celui qui avait été constitué en 1867. A sa tête, l'*empereur*, ou Kaiser, avait le pouvoir exécutif. Un *chancelier*, nommé par lui et responsable devant lui seul, dirigeait la politique générale de l'Allemagne avec l'aide de quelques ministres. — Le pouvoir législatif appartenait au Bundesrat et au Reichstag. Le *Bundesrat* représentait les États allemands : il était composé de plénipotentiaires, nommés par les chefs de ces États. Le *Reichstag* représentait la nation : il était élu au suffrage universel. En fait, l'État intervenait au moment des élections : la candidature officielle était aussi active qu'en France sous Napoléon III ; d'autre part, les circonscriptions électorales étaient taillées de façon à favoriser la campagne et les partis conservateurs, au détriment des villes et des partis avancés.

Le Reichstag avait d'ailleurs des pouvoirs limités. Il votait les lois, mais celles-ci devaient être acceptées par le Bundesrat ; il votait le budget, mais les impôts antérieurement établis étaient perçus d'office ; il avait le droit d'interpellation, mais il ne pouvait renverser ni le chancelier ni même les ministres. Jamais l'empereur ne choisit ses ministres et à plus forte raison ses chanceliers parmi les membres du Reichstag. *L'Empire allemand était une monarchie constitutionnelle, mais non parlementaire.*

Lorsque le chancelier voulait faire voter une loi, il se tournait vers celui des partis qui lui semblait prêt à la soutenir et il concluait avec lui une alliance provisoire, où chacun des deux contractants essayait d'obtenir de l'autre le plus d'avantages. Dans une circonstance différente, il s'appuyait sur un autre parti. La politique allemande était donc fondée sur les *compromis momentanés* et les *majorités de rechange*.

Rôle de la Prusse dans l'Empire

La Prusse jouait dans l'Empire un rôle prépondérant. Elle comptait au Reichstag 236 députés sur 397 ; elle pouvait, avec ses seules voix au Bundesrat, empêcher toute modification à la Constitution ; l'Empereur était le roi de Prusse, les secrétaires d'État, les chanceliers furent toujours des Prussiens. *Or la Prusse restait un État antidémocratique* et il était fatal qu'elle dirigeât l'Empire dans un sens réactionnaire.

Les partis

En 1870, il y avait dans la Confédération de l'Allemagne du Nord deux partis sur lesquels pouvait s'appuyer Bismarck : les conservateurs et les nationaux libéraux.

Le parti conservateur comprenait essentiellement les *grands propriétaires nobles des régions de l'Est*, très attachés à la prérogative royale, à l'armée, à l'Église luthérienne et au protectionnisme ; reconnaissants à Bismarck d'avoir fondé l'hégémonie de la Prusse en Allemagne, ils lui reprochaient d'avoir établi le suffrage universel dans l'Empire.

Depuis 1866, le *parti national libéral* soutenait l'impérialisme de Bismarck ; mais il demandait la responsabilité des ministres devant le Reichstag, l'indemnité parlementaire, la suppression du régime des classes en Prusse. Composé surtout de *bourgeois* recrutés à l'ouest de l'Elbe, industriels, commerçants, professeurs, il était partisan du libre-échange et opposé à l'influence de l'Église dans l'État.

Ces deux partis se retrouvèrent au premier Reichstag d'Empire réuni au mois de mars 1871. Mais en même temps apparaissait un parti nouveau, *le Centre*, une soixantaine de députés tout à la fois *catholiques* et désireux de ne pas abandonner à la Prusse la direction de l'Allemagne.

A côté de ces trois partis, il y avait des partis d'opposition systématique. C'étaient d'abord les représentants des régions annexées malgré elles par la Prusse *Hanovriens, Danois, Polonais,* auxquels vinrent se joindre, à partir de 1874, les députés d'*Alsace-Lorraine.* C'étaient d'autre part les *socialistes,* divisés en deux fractions : l'*Association Générale des ouvriers allemands,* fondée par *Lassalle* en 1863 et le *Parti ouvrier social-démocrate,* fondé par les marxistes *Liebknecht* et *Bebel* en 1869. Affaiblis par leurs divisions et déconsidérés dans le pays parce qu'ils blâmaient l'annexion de l'Alsace-Lorraine, les socialistes n'eurent que deux représentants au Reichstag de 1871.

Organisation de l'Alsace-Lorraine

De l'Alsace-Lorraine conquise par l'effort commun de tous les États allemands, Bismarck avait formé non un 26e État mais une propriété indivise de l'Empire, sous le nom de *Pays d'Empire (Reichsland).* En 1874, il lui permit d'être représentée au Reichstag par quinze députés élus, et il créa à Strasbourg une Assemblée consultative, la *Délégation.* Puis, en 1879, il accorda au Pays d'Empire une véritable constitution : le pouvoir exécutif fut remis aux mains d'un représentant de l'Empereur, le *Statthalter*, assisté de quelques ministres, et la Délégation vit ses pouvoirs augmentés. Cependant les lois qu'elle votait devaient être acceptées par le Bundesrat, *où l'Alsace-Lorraine n'était pas représentée*. Cette constitution fut maintenue jusqu'en 1911.

II. — Le gouvernement de Bismarck (1871-1890)

Bismarck et les nationaux-libéraux

En 1871, Bismarck avait cinquante-six ans. Le travail énorme qu'il s'imposait dans le désir de tout faire ou de tout revoir par lui-même, joint à une santé qui n'avait jamais été bonne, le rendait *nerveux et irritable*. Il était brutal, méfiant tout ensemble et méprisant ; il ne pouvait supporter ni ses ministres qu'il qualifiait d'« ânes », ni les députés du Reichstag qu'il traitait avec arrogance, ni ses plus fidèles amis comme Roon, ni même son vieux roi, Guillaume Ier.

Les nationaux-libéraux conservèrent jusqu'en 1878 la majorité au Reichstag. Ils ne purent obtenir de Bismarck qu'il accordât la responsabilité ministérielle, ils durent même accepter le *septennat*, c'est-à-dire que les effectifs militaires fussent fixés par le Parlement non pas chaque année, mais pour une durée de sept ans. En revanche, ils fortifièrent *l'unité de l'Empire*, en créant une organisation judicaire et monétaire commune à tous les États ; ils établirent un régime économique très proche du *libre-échange ;* enfin ils donnèrent à Bismarck leur appui dans la lutte qu'il engagea contre l'Église catholique.

Bismarck et l'Église catholique

Dans tout le cours de sa carrière politique Bismarck s'était heurté au catholicisme. Partisans de la « Grande Allemagne » en 1849, les catholiques avaient soutenu l'Autriche en 1866. Puis, de 1866 à 1870, c'était dans la catholique Bavière que le particularisme s'était affirmé le plus hostile ; enfin les plus ardents protestataires en Pologne et en Alsace-Lorraine étaient des évêques et des prêtres. «Catholicisme et ennemi de la Prusse, disait Bismarck, sont deux termes synonymes.» Bismarck était d'autant plus méfiant qu'en Prusse, d'après la constitution de 1850, l'Église jouissait d'une très large autonomie : dans les communes catholiques elle tenait les registres de l'état civil et surveillait l'enseignement primaire. Bismarck avait l'impression que l'Église catholique voulait être absolument indépendante de l'État et il n'était pas homme à le tolérer.

L'occasion du conflit fut la protection accordée par Bismarck, malgré les protestations des évêques, à ceux des catholiques allemands qui avaient repoussé le dogme de l'infaillibilité pontificale proclamé en 1870 par le Concile du Vatican. Un partisan du chancelier déclara que la lutte contre l'Église catholique était un combat «contre l'obscurantisme» et «pour la civilisation» : *Kulturkampf.* Ce nom est resté dans l'histoire pour désigner le conflit de Bismarck et de l'Église ; mais, dans le *Kulturkampf,* le chancelier ne voyait que la lutte de deux pouvoirs politiques.

Le Kulturkampf

De 1871 à 1875, Bismarck obtint, soit du Landtag de Prusse, soit du Reichstag, une série de mesures dirigées contre l'Église. L'Église perdit en Prusse le droit d'inspecter les écoles et même d'administrer librement son patrimoine. Presque tous les couvents d'hommes furent supprimés et aucun congréganiste ne put enseigner dans une école publique. La nomination des ecclésiastiques et les conditions dans lesquelles s'exerçait le pouvoir disciplinaire des évêques sur les curés furent soumises au contrôle de l'État et les candidats à la prêtrise furent tenus d'avoir suivi pendant trois ans les cours d'une Université d'État. D'autres mesures, votées par le Reichstag, s'étendirent à tout l'Empire, particulièrement la *dissolution de la Compagnie de Jésus* et la nécessité du *mariage civil* avant le mariage religieux. L'ensemble de ces mesures, dont les plus importantes furent discutées ou votées en mai 1873, mai 1874 et mai 1875, est connu sous le nom de *Lois de mai.*

C'est en Prusse que la lutte fut la plus violente, dans les

régions catholiques de la Rhénanie et de la Prusse polonaise : beaucoup d'ecclésiastiques furent emprisonnés pour avoir refusé d'obéir aux lois de mai ; huit évêchés sur douze et près du quart des paroisses finirent par être sans titulaires. Bismarck était d'ailleurs dans une situation difficile : Guillaume Ier et le parti conservateur reprochaient à sa politique de frapper également les Églises protestantes ; quant au Centre, il menait la lutte sans répit, sous la direction du député hanovrien *Windthorst.*

Rupture avec les nationaux-libéraux

A la longue, Bismarck se fatigua de cette lutte sans issue ; toujours réaliste, il songea, dès 1876, à faire la paix avec les catholiques. Justement, il *allait être amené à rompre avec les nationaux-libéraux.*

A leur demande, il avait jusque-là appliqué la doctrine du libre-échange. Cependant il s'inquiétait de voir le marché allemand envahi par les produits métallurgiques anglais, par les céréales, la viande, les bois de Russie. Il lui sembla que des *droits de douane élevés* pouvaient seuls protéger l'industrie et l'agriculture allemandes. En même temps, ces droits donneraient à l'Empire les revenus nécessaires pour solder les dépenses fédérales, chaque année plus lourdes[1]. Et si ces ressources ne suffisaient pas, on recourrait à de nouveaux impôts indirects et au monopole du tabac. Or la plupart des nationaux-libéraux ne voulaient accepter ni tarif protecteur, ni impôts de consommation.

A ce conflit économique allait s'ajouter un conflit politique. Bismarck s'effrayait des *progrès des socialistes,* conséquence directe des progrès de la grande industrie. Les deux fractions socialistes avaient fusionné en 1875 et comptaient 12 députés au Reichstag. Bismarck tenta d'enrayer leurs progrès d'abord par une loi sur la presse, puis par des mesures d'exception. Or, à chaque fois, il se heurta à l'opposition des nationaux-libéraux. Alors, il fit dissoudre le Reichstag (1878).

[1] Les sommes nécessaires aux dépenses fédérales étaient fournies par les revenus des douanes, des impôts indirects et des chemins de fer fédéraux. S'ils étaient insuffisants, le Gouvernement fédéral faisait appel aux États qui versaient alors une *contribution matriculaire,* proportionnelle au chiffre de leur population.

Alliance avec les conservateurs et le Centre

Les élections furent un échec pour les nationaux-libéraux et un gros succès pour les conservateurs.Le nouveau Reichstag prit immédiatement des *mesures très dures contre les socialistes :* leurs associations furent dissoutes, leurs journaux interdits et la police reçut le droit d'expulser de certaines villes les socialistes. Votées d'abord pour trois ans, ces lois furent renouvelées jusqu'à la chute de Bismarck (1890). Cependant les groupements socialistes se reformèrent secrètement, brochures et tracts s'imprimèrent en Suisse et entrèrent clandestinement en Allemagne. Bien loin d'être anéanti, le socialisme recommença ses progrès : 12 députés en 1881 ; 24 en 1884 ; 35 en 1890.

Puis le Reichstag vota un tarif douanier légèrement protectionniste et quelques impôts indirects. La première des grandes Puissances, l'Allemagne abandonnait le libre-échange.

Enfin, Bismarck se résigna à «aller à Canossa». La mort de Pie IX et l'avènement d'un nouveau pape, Léon XIII (1878), facilitèrent la réconciliation. Pour sauver les apparences, Bismarck n'abrogea pas immédiatement les mesures qu'il avait prises contre l'Église : il se fit accorder seulement le droit de ne pas les appliquer. Progressivement, de 1880 à 1887, elles tombèrent pour la plupart en désuétude. Finalement, des lois de mai ne subsistèrent que celles sur le mariage civil et la dissolution de la Compagnie de Jésus en Allemagne. C'était une *défaite pour Bismarck,* qui n'avait pu ni détacher du Saint-Siège les catholiques allemands, ni briser le parti du Centre.

Le socialisme d'État

Au moment où Bismarck faisait la paix avec le Centre, il préparait des mesures très hardies pour *améliorer le sort des classes laborieuses.* Depuis quelques années, l'idée prussienne d'après laquelle le prince doit veiller, en bon père de famille, au bien-être matériel de ses sujets et surtout des faibles, avait été reprise par les professeurs de droit que l'on appelait les *socialistes de la chaire.* Cette conception plaisait à Guillaume Ier et aux conservateurs : le Centre, qui comptait parmi ses membres beaucoup d'ouvriers, ne pouvait qu'y applaudir. Pour Bismarck, il s'agissait surtout de détourner les ouvriers d'adhérer au parti socialiste en leur montrant que le gouvernement prenait soin d'eux : *le problème social n'intéressait Bismarck que par ses incidences politiques.*

De 1883 à 1889 des *lois d'assistance ouvrière* organisèrent des caisses d'assurance contre la maladie et les accidents, et des caisses de retraite pour les vieillards et les infirmes. Dans aucun pays d'Europe il n'existait, à cette date, une législation sociale aussi favorable aux classes laborieuses. Mais elle ne détourna pas les ouvriers de donner leurs voix au parti socialiste. Là aussi, Bismarck aboutissait à un échec.

Bismarck et l'Alsace-Lorraine

Il ne réussit guère mieux en Alsace-Lorraine. Pour *germaniser le pays*, il favorisa une large immigration d'Allemands — soldats, fonctionnaires, industriels et commerçants —, il interdit l'usage du français, multiplia les écoles, fonda à Strasbourg une Université magnifiquement installée qui devait contribuer à propager l'esprit allemand, enfin il introduisit le service militaire obligatoire et l'armée devint une école de germanisation. Il essaya aussi de gagner les habitants par des avantages matériels : il augmenta le traitement des instituteurs et des ministres des cultes, il créa des chemins de fer, agrandit le port de Strasbourg, favorisa le développement économique.

Toutes ces mesures, même les plus utiles, ne purent rallier l'opinion. Les quinze députés que l'Alsace-Lorraine envoya au Reichstag en 1874 répétèrent la *protestation* que quelques-uns d'entre eux avaient déjà formulée devant l'Assemblée Nationale à Bordeaux et la plupart refusèrent de siéger. Quand, en 1881, le Gouvernement demanda aux habitants de « reconnaître légalement et ouvertement l'union de l'Alsace-Lorraine avec l'Allemagne », ils répondirent en élisant 14 protestataires sur 15 députés. Enfin, en 1887, à un moment où la guerre semblait devoir éclater entre la France et l'Allemagne, les 15 députés furent protestataires.

Chute de Bismarck

En mars 1888 Guillaume Ier s'éteignit, âgé de 91 ans. Son fils

Frédéric III lui succéda ; mais, déjà très malade, celui-ci mourut trois mois après et fut remplacé par son fils, *Guillaume II* (juin 1888).

Le jeune empereur entra bientôt en conflit avec le chancelier. Bismarck était devenu avec l'âge de plus en plus autoritaire. Il restait de longs mois absent de Berlin, abandonnant la direction des affaires à son fils en qui il voyait son successeur. Ses adversaires parlaient d'une *dynastie des Bismarck*.

Or, Guillaume II entendait *gouverner par lui-même* et, sur toutes les questions d'importance (renouvellement de la loi contre les socialistes, avances au parti du Centre, mesures à l'égard des ouvriers, rapports avec la Russie) il était en désaccord avec Bismarck. Bientôt il publia des rescrits sans lui demander de les signer ; il prit des décisions avec les ministres prussiens sans en avertir Bismarck qui était leur Président du Conseil ; enfin il voulut lui interdire de rechercher l'appui du Centre. Quand Bismarck se plaignit de ces manières de faire illégales, Guillaume II le somma ou de les accepter ou de donner sa démission. *Bismarck démissionna* (mars 1890).

Bismarck vécut encore huit ans dans la solitude. Plein de mépris pour les chanceliers qui lui succédèrent et pour Guillaume II, il attaqua âprement toutes leurs mesures. Il mourut le 30 juillet 1898, à l'âge de quatre-vingt-trois ans.

III. — L'expansion économique de l'Allemagne

L'expansion allemande

Depuis la chute de Bismarck jusqu'à la guerre de 1914, les deux faits les plus saillants de l'histoire de l'Allemagne furent *l'accroissement de sa population* et *son développement économique*. En vingt-cinq ans la population passa de 48 millions d'habitants à 68 et le commerce extérieur tripla. Venue trop tard au partage du monde, l'Allemagne n'avait acquis que de médiocres colonies, mais l'habileté de ses commerçants et l'appui que leur prêtait le gouvernement lui ouvraient partout des marchés.

La population allemande

La population augmenta rapidement grâce à l'excédent annuel

des naissances sur les décès. Cet excédent était en moyenne de 800 000 individus par an, chiffre énorme que n'atteignait aucun État en Europe, la Russie exceptée. Au cours du XIXe siècle, une forte émigration avait fondé au-delà des mers de *véritables colonies d'Allemands*, surtout aux *États-Unis* (où, de 1820 à 1890, cinq millions d'entre eux s'étaient établis) et au *Brésil :* dans un État du Brésil méridional, le quart de la population, en 1914, était allemand. Mais, à partir de 1890 et par suite du prodigieux développement de l'industrie, *le mouvement d'émigration vers l'étranger fut remplacé par l'exode des populations rurales vers les villes.*

Progrès et difficultés de l'agriculture

En 1871, l'Allemagne était encore un pays essentiellement agricole. Depuis lors, les progrès de l'industrie diminuèrent la part de l'agriculture dans la vie économique de la nation, sans pourtant amener, comme en Angleterre, son complet déclin.

De grands efforts furent accomplis pour *augmenter la productivité du sol*, généralement pauvre : on améliora les méthodes d'assolement ; on employa les engrais chimiques. Alors que la surface cultivée n'avait guère augmenté, la production du blé doubla de 1880 à 1913. L'usage accru des machines compensa en partie la pénurie de main-d'œuvre causée par l'exode des paysans vers les villes. Des caisses de *crédit agricole* prêtaient à des taux très bas ; des *coopératives* stockaient la récolte de leurs adhérents et la vendaient directement, sans passer par de coûteux intermédiaires, au moment le plus propice et aux prix les plus favorables. En 1913, l'Allemagne venait au quatrième rang dans le monde pour la production du blé, au second rang pour l'avoine, au premier pour le seigle, la betterave et la pomme de terre. L'élevage des bœufs, des chevaux, des porcs était florissant.

Malgré ces grands progrès, l'agriculture allemande connut souvent des moments difficiles. La cause en était tout ensemble *le renchérissement des frais de production* et *la concurrence des céréales américaines et russes.* L'achat des machines et surtout des engrais contraignait les propriétaires à emprunter ; en 1914 ils étaient presque tous, surtout ceux de l'Est, très *dangereuse-*

ment endettés. Ils n'auraient pu surmonter la crise qu'en élevant le prix de vente de leurs produits ; mais la concurrence américaine et russe les contraignait au contraire à l'abaisser. Groupés depuis 1893 en une puissante *Ligue des Agriculteurs*, ils obtinrent, à plusieurs reprises, un relèvement des droits de douane, malgré l'opposition des commerçants et de certains industriels. Ils furent même assez puissants pour empêcher la construction d'un canal entre le Rhin et l'Elbe, qui aurait facilité l'arrivée dans l'Allemagne centrale et orientale des blés américains venus par Rotterdam.

L'essor industriel

L'Allemagne était devenue, en 1914, *le plus actif et le plus prospère des États industriels, à côté de la Grande-Bretagne et des États-Unis.* Elle arrivait au troisième rang dans le monde pour la production de la houille, au second pour la production du fer, de la fonte, de l'acier, du zinc ; au premier de beaucoup pour les industries électriques, les sucreries, la fabrication des produits chimiques et des matières colorantes.

Cette transformation et cet extraordinaire essor économique étaient dus à des causes multiples : d'abord la *richesse minière* du sous-sol, si activement exploitée que l'extraction de la houille et du lignite fit plus que tripler de 1887 à 1913 ; puis l'abondance et le bon marché de la main-d'œuvre par suite de la décadence partielle de l'agriculture ; plus encore, l'*union intime de la science et de l'industrie*, la place donnée aux savants dans les laboratoires des usines et des universités pour la recherche des applications techniques ; enfin l'appui très large accordé par les banques aux grandes firmes industrielles. La nécessité d'arriver à une production intensive et par là à une vente à bon marché, poussa aussi les industriels à recourir à toutes les formes de *concentration industrielle.*

Le commerce allemand

Dans des conditions semblables, une grande usine ne peut prospérer que si elle fabrique énormément et si elle n'est pas obligée, par crainte de surproduction, de se limiter. *Il fallait donc des débouchés de plus en plus nombreux pour une production de plus en plus intense.*

Il y avait d'abord le marché intérieur. Pour empêcher la concurrence entre producteurs allemands et l'avilissement des prix, les grandes firmes qui fabriquaient le même article s'unissaient pour former un *cartel.* Le cartel établissait les prix et conditions de vente, il limitait la production de chaque firme à une fraction déterminée de la production totale, enfin il fixait la région d'Allemagne où elle aurait le droit exclusif de vendre ses produits. Les cartels furent surtout importants dans les charbonnages, la métallurgie et l'industrie chimique.

Mais il fallait aussi conquérir des marchés étrangers et, comme la place était en général prise par le commerçant anglais ou français, il s'agissait de la leur enlever. Dans cette bataille commerciale, le *commis voyageur allemand* triompha le plus souvent.

Les Allemands réussirent ainsi à chasser des marchés du Levant, de l'Asie orientale et de l'Amérique du Sud une partie des produits anglais et français. Bien plus, ils vinrent faire concurrence à ces produits à Londres même ou à Paris, et cela en recourant à la pratique du *dumping.* Par ce procédé, les cartels vendaient au-dehors l'excédent de leur production à un prix inférieur à celui qu'ils avaient fixé pour le marché allemand ; et, pour attirer la clientèle, ils lui faisaient des conditions si avantageuses, qu'elle avait intérêt à acheter des produits allemands plutôt que ceux de ses compatriotes.

En même temps, la *flotte marchande* prenait un essor prodigieux ; son tonnage, en 1914, était six fois supérieur à ce qu'il était en 1888. Le gouvernement dépensait des milliards pour aménager les grandes voies navigables — Rhin, Ems, Weser, Elbe —, pour les relier par des canaux et construire des ports dotés de tous les perfectionnements modernes. *Hambourg,* avec ses 64 kilomètres de quais, ses 71 lignes de navigation, était en 1914 le premier port de l'Europe continentale. La *Hambourg-Amerika* et, à Brême, le *Nord-Deutscher Lloyd* venaient au premier rang des grandes compagnies maritimes.

Cet extraordinaire essor économique avait été favorisé par la politique personnelle du nouvel empereur Guillaume II.

IV. — Le gouvernement de Guillaume II

Guillaume II et ses chanceliers

Guillaume II gouverna l'Allemagne pendant trente ans, jusqu'à son abdication, le 9 novembre 1918. Dès son avènement, les nombreux discours qu'il prononça montrèrent en lui un Hohenzollern profondément religieux, imbu de son droit divin, avant tout chef de l'armée. Cependant, à la différence de son grand-père Guillaume Ier et de Bismarck, il était ouvert aux problèmes économiques et aux questions de politique mondiale. Mais il avait de graves défauts de caractère : convaincu de sa supériorité, il se prononçait sur tout, souvent à la légère ; impulsif, maladivement nerveux, enthousiaste jusqu'à la naïveté ou brusquement désespéré, il s'abandonnait au premier mouvement, sans calculer les conséquences de ses paroles ou de ses actes[1]. Autoritaire d'apparence, par infatuation et aussi parce qu'il était pénétré du sentiment de sa mission et de ses responsabilités, il était en réalité un faible. Si l'on excepte le renvoi de Bismarck au début de son règne, il céda presque toujours quand il trouva devant lui une forte personnalité. Mais, des chanceliers qu'il choisit — *Caprivi* (1890-1894), *Hohenlohe* (1894-1900), *Bulow* (1900-1909), *Bethmann-Hollweg (1909-1917)* — Bulow fut le seul qui osa parfois faire prévaloir sa politique personnelle.

Le gouvernement et les partis

Le gouvernement de Guillaume II s'appuya presque constamment sur la coalition des Conservateurs et du Centre. Ce n'est pourtant pas qu'il fût toujours sûr de leur docilité.

En face des nationaux-libéraux, représentants de la grande bourgeoisie industrielle et commerciale, les Conservateurs

[1] En 1908 Guillaume II se laissa aller à confier à un journaliste anglais des détails sur l'attitude du gouvernement allemand à l'égard de l'Angleterre pendant la guerre du Transvaal. Ces révélations causèrent une émotion énorme et l'empereur dut promettre de se montrer à l'avenir plus réservé.

étaient devenus un parti de classe, le *parti agrarien*, porte-parole exigeant et parfois brutal de la puissante «Ligue des agriculteurs». Le *Centre*, lui aussi, tenait parfois tête au chancelier : en 1906 il dénonça les abus de l'administration coloniale et réduisit les crédits militaires demandés par Bulow.

Du moins conservateurs et catholiques étaient-ils unis pour lutter contre les socialistes. Mais le développement croissant des masses ouvrières rendait inévitables les progrès du parti socialiste ou, comme on disait, de la *Sozialdemokratie.* Il obtint, en 1893, 1 800 000 voix et 44 députés ; en 1903, 3 millions de voix et 81 députés ; en 1912, 4 259 000 voix et 110 députés. *Le parti socialiste devenait ainsi, sous la direction de Bebel , le plus nombreux du Reichstag.* Il ne comptait pourtant qu'un million d'adhérents, mais beaucoup d'électeurs votaient pour ses candidats parce qu'ils étaient mécontents du régime. Aussi, pour ne pas s'aliéner cette clientèle électorale, *les socialistes allemands atténuaient-ils leur attitude intransigeante et leur programme révolutionnaire :* parfois même ils semblaient prêts à se rallier à la forme monarchique de l'Empire.

Malgré ces progrès de l'opposition, le régime ne se modifia guère de 1890 à 1914. Les députés obtinrent, à partir de 1906, une indemnité parlementaire, mais le gouvernement refusa toujours d'accorder la responsabilité du chancelier devant le Reichstag.

Les principaux problèmes qui se posèrent de 1890 à 1914 furent surtout : la *question d'Alsace-Lorraine, la question polonaise*, la *recherche des débouchés économiques*, les *progrès de l'armée*, la création d'une puissante *marine de guerre*, enfin le développement de la doctrine du *pangermanisme.*

La question d'Alsace-Lorraine

On a vu comment, au moment de la chute de Bismarck, le mouvement protestataire en Alsace-Lorraine semblait aussi fort qu'en 1871. Cependant certains Alsaciens-Lorrains jugeaient que cette attitude intransigeante était vaine, parce qu'elle ne menait à rien. Sans se prononcer sur la validité morale du rattachement à l'Allemagne, ne fallait-il pas essayer d'obtenir du gouvernement allemand qu'il élevât l'Alsace-Lorraine au rang d'État confédéré et lui accordât la même autonomie qu'à la Hesse ou à la Saxe ? Obtenir cette autonomie n'était-ce pas le seul moyen de conserver à l'Alsace-Lorraine ses traditions et son génie propre ? Ainsi se développa le *mouvement autonomiste*[1]. En 1898, douze élus sur quinze proclamèrent leur loyalisme à l'égard de l'Empire. La prospérité économique dont jouissait le Reichsland et l'aversion des catholiques alsaciens-lorrains à l'égard de la politique anticléricale du gouvernement français de l'époque expliquent aussi les progrès du mouvement.

Pour se rallier les autonomistes, Guillaume II fit voter la *constitution de 1911*, plus libérale que celle de 1879. L'Alsace-Lorraine était désormais représentée au Bundesrat, comme si elle formait un 26e État. La Délégation consultative fut remplacée à Strasbourg par un Parlement de deux chambres, qualifié pour voter les «lois locales» — c'est-à-dire celles que la constitution de l'Empire abandonnait à la souveraineté des États. Malgré ces concessions, l'Alsace-Lorraine n'obtenait tout de même pas le statut de la Hesse ou de la Saxe. Celles-ci pouvaient modifier leur constitution à leur gré, tandis que l'Alsace-Lorraine tenait la sienne du Reichstag ; surtout le personnel dirigeant en Alsace-Lorraine restait «allemand», alors que les habitants le voulaient «alsacien-lorrain».

Aussi l'opinion se montra-t-elle déçue. De son côté, le gouvernement taxa les Alsaciens-Lorrains d'ingratitude. Les procès de presse, les suppressions de sociétés alsaciennes, les incidents de toute sorte se multiplièrent. *En 1914, comme en 1871, l'Alsace-Lorraine et l'Allemagne se dressaient l'une en face de l'autre comme deux ennemies.*

La question polonaise

La question polonaise n'était pas, comme celle d'Alsace-Lorraine, un problème allemand : elle était un *problème prussien.* Pour germaniser la Prusse polonaise, les autorités prussiennes n'y tolérèrent que la langue allemande : une grève de 100 000 écoliers éclata en 1906 quand il fut interdit d'enseigner le catéchisme en polonais. Mais ce qui donne à la lutte du germanisme

[1] Déjà aux élections de 1877 cinq autonomistes avaient été élus, en face de dix protestataires.

son caractère particulier, ce fut la tentative d'*enlever aux Polonais leurs terres*, pour les distribuer à des colons allemands.

Le Gouvernement essaya d'abord d'*acheter* à l'amiable (et le plus souvent à des prix très élevés) des terres aux Polonais : on put ainsi établir en Posnanie plus de 20 000 familles allemandes. Les résultats matériels furent remarquables ; l'agriculture et l'élevage progressèrent ; les villes, surtout Posen, se développèrent. Mais les Polonais organisèrent autour de leurs terres une défense si habile, qu'il fallut trouver un autre moyen. Bulow se résolut à *exproprier* les Polonais — en leur accordant d'ailleurs une indemnité.

La loi d'expropriation ne fut pas appliquée. Le polonisme, loin de reculer, envahit même la Haute-Silésie, séparée pourtant de la Pologne depuis cinq siècles.

La politique mondiale

Très préoccupé du développement économique, Guillaume II ne pouvait se désintéresser de la question vitale pour l'Allemagne : *trouver des matières premières et des débouchés commerciaux*. Or, à la différence de la France et de l'Angleterre, l'Allemagne ne possédait pas un riche Empire colonial. Bismarck ne s'intéressait qu'à l'Europe et c'est malgré lui qu'il avait, entre 1884 et 1889, converti en colonies les établissements que l'initiative privée de quelques explorateurs avait créés en Afrique (Togo, Cameroun, Afrique occidentale et Afrique orientale allemandes) et en Nouvelle-Guinée. A ces possessions, Guillaume II ajouta quelques archipels dans le Pacifique et une petite partie du Congo français.

Mais la valeur économique de l'empire colonial allemand était médiocre, les populations indigènes étant souvent hostiles et aucun de ces territoires ne pouvant devenir une colonie de peuplement. Aussi l'opinion exigeait-elle du Gouvernement qu'il obtînt, par des alliances et au besoin par la force, des territoires plus riches.

Les convoitises allemandes se portaient surtout sur le *Maroc*, l'*Afrique équatoriale*, la *Turquie d'Asie* et la *Chine*. Elles furent déçues, on le verra, au Maroc, et l'espérance d'un partage éventuel avec l'Angleterre des colonies portugaises d'Afrique ne se réalisa pas. En revanche l'Allemagne réussit en 1903 à se faire accorder par le sultan le droit de construire le *chemin de fer de Bagdad*, pour joindre Constantinople au golfe Persique par l'Asie Mineure et la Mésopotamie : en 1914 l'Asie turque était en partie un protectorat économique allemand. Enfin en Chine l'Allemagne se fit céder à bail la riche région minière de *Kiao Tchéou.*

L'armée et la marine

Pour protéger des intérêts aussi importants et répandus dans le monde entier, il fallait à l'Allemagne une armée et une flotte sans cesse accrues.

La nécessité d'être prêt à la fois sur le front russe et sur le front français poussait l'État-Major allemand à augmenter sans cesse les effectifs. En même temps des sommes très considérables étaient consacrées à l'accroissement du matériel de guerre, surtout à la construction de cette formidable artillerie lourde, qui donna à l'Allemagne ses succès foudroyants au début de la première Guerre mondiale.

Augmenter la puissance de l'armée, c'était suivre l'exemple donné par tous les Hohenzollern ; *la création d'une grande flotte de guerre fut l'œuvre personnelle de Guillaume II.*

En 1897, Guillaume II appela au Secrétariat d'État de la Marine le plus convaincu de ses collaborateurs, l'amiral *Tirpitz*, qui y resta dix-neuf ans (1897 à 1916). Tirpitz dressa les programmes, les imposa — non sans peine — au Reichstag, conquit l'opinion publique par une propagande aussi habile que tapageuse. A la veille de la Grande Guerre, *la flotte de guerre allemande était la deuxième du monde, après celle de l'Angleterre :* ses navires étaient moins nombreux que ceux de l'Angleterre, mais ils étaient remarquablement armés et commandés.

La réalisation de ces armements exigeait des sommes considérables : pour appliquer la loi militaire de 1913, il fallut lever une contribution extraordinaire, augmenter les impôts indirects, créer une taxe sur l'accroissement de la fortune.

La puissance allemande en 1914

La puissance de l'Allemagne était donc formidable à la veille de la Grande Guerre. Certes, bien des questions n'étaient pas sans inquiéter les hommes d'État : la difficulté de trouver des ressources financières suffisantes pour les dépenses militaires et navales sans cesse plus élevées ; les progrès du mécontentement dans l'opinion publique, marqués par les succès socialistes aux élections ; l'échec du germanisme en Alsace-Lorraine et en Pologne ; enfin et surtout l'affaiblissement de l'hégémonie allemande en Europe. Mais, par ailleurs, la grandeur de l'Allemagne s'affirmait éclatante : une population de près de 68 millions d'habitants, le deuxième rang dans le monde au point de vue économique, une armée qui paraissait être assurée de la victoire dans l'éventualité d'une guerre, il y avait là de quoi donner aux Allemands un sentiment d'orgueil d'autant plus vif qu'un demi-siècle avait suffi (1864-1914) pour obtenir ces résultats.

Et il ne s'agissait pas seulement de grandeur matérielle ; dans le domaine de la science, de l'art, de la littérature, l'Allemagne impériale ne restait pas en arrière. Sans même citer les noms de savants qui ont donné à l'Allemagne une si grande part dans les progrès de la science pure, de la science appliquée, de la philologie et de l'histoire, il suffit de rappeler les poètes *Liliencron, Dehmel, Stefan George ;* les romanciers *Heyse, Frenssen* et *Th. Mann ;* les dramaturges *Wildenbruch, Sudermann, Hauptmann ;* les philosophes *Nietzsche* et *Wundt ; les musiciens Richard Wagner* et *Brahms.*

Du sentiment de la grandeur intellectuelle de l'Allemagne joint à l'âpre convoitise d'hégémonie militaire et éconmique sortit le mouvement pangermaniste.

Le pangermanisme

Le mouvement pangermaniste visait à étendre l'hégémonie de l'Allemagne bien au-delà des limites de l'Empire allemand. Il fondait se revendications non seulement sur la nécessité pour l'Allemagne de trouver des débouchés, mais encore sur la *théorie de la supériorité du peuple allemand*[1].

Naturellement une pareille transformation du monde ne se ferait pas sans de terribles guerres. Mais certains pangermanistes, sûrs de la victoire d'après leur théorie des «races supérieures», loin de craindre la guerre, l'appelaient plutôt de leurs vœux. La guerre à leurs yeux réalisait la justice, parce qu'elle donnait la victoire au plus digne et au plus civilisé.

Ces idées n'étaient pas l'apanage d'un petit nombre. Encore que le gouvernement ne les eût jamais officiellement patronnées, des associations nombreuses et actives (la plus importante était la *Ligue pangermaniste*, fondée en 1893) les propageaient par des brochures, des tracts, des conférences dans toutes les classes de la nation.

Après le Français *Gobineau* l'Anglais *Houston Chamberlain* développa cette théorie dans un livre écrit en allemand : «Les Bases du dix-neuvième siècle».

L'Autriche et la Hongrie de 1850 à 1914

I. — L'empire d'Autriche de 1850 à 1867

Les problèmes dans l'empire en 1850

Au lendemain des révolutions de 1848, l'ordre se trouvait partout rétabli dans l'empire d'Autriche, mais les problèmes qui avaient provoqué ces révolutions n'avaient pas été résolus. Les deux principaux étaient celui des *nationalités* et celui du *régime politique.*

Les diverses nationalités que comprenait l'empire — Magyars, Tchèques, Polonais, Ruthènes, Slovaques, Slovènes, Croates, Roumains — se trouvaient replacées sous la lourde autorité des Allemands d'Autriche ; la centralisation, en Hongrie surtout, s'était même, on le sait, aggravée. Une résignation apparente, sous le coup de la défaite et de la répression, masquait mal la persistance des désirs d'autonomie.

L'empire était devenu plus absolutiste encore que du temps de Metternich. Sous le gouvernement de Schwarzenberg, la bureaucratie et la police augmentaient constamment leurs attributions et leur pouvoir. La Constitution que l'empereur avait octroyée à ses peuples en 1849 n'était pas appliquée ; elle fut expressément abolie en 1851. Même dans la bourgeoisie allemande d'Autriche, ce régime réactionnaire suscitait des mécontentements.

L'empereur François-Joseph

L'Empire autrichien, fait de pièces et de morceaux, était très difficile à gouverner. Il fallait, pour y réussir, un chef énergique et habile. L'empereur *François-Joseph*, qui n'avait encore, en 1850, que vingt ans, ne manquait pas de qualités : il avait le sens de sa dignité, de l'honneur, la courtoisie d'un gentilhomme ; c'était un travailleur appliqué. Cependant François-Joseph n'avait ni volonté ni personnalité forte ; il se rallia tour à tour aux systèmes les plus opposés. Par là s'expliquent les multiples oscillations que l'histoire politique de l'Autriche a présentées durant la seconde moitié du XIXe siècle.

Le système Bach

Après la mort de Schwarzenberg, en 1852, le principal conseiller de l'empereur fut le ministre Bach. On a donné son nom au régime qui sévit de 1852 à 1860. Le *système Bach* ne fut qu'un perfectionnement de l'ancien système de compression pratiqué par Metternich. Les fonctionnaires allemands, sous la direction des bureaux de Vienne, travaillèrent avec méthode à *germaniser* tous les peuples de la monarchie ; ils imposèrent l'usage de la langue allemande dans les écoles et l'administration. Un ministère spécial fut établi pour la police, la presse fut bâillonnée plus encore.

Bach ne pouvait compter, pour soutenir cette politique, sur l'appui de l'aristocratie furieuse de n'avoir pas obtenu le rétablissement des droits féodaux ; il rechercha le concours du clergé et celui de la bourgeoisie autrichienne. Pour se concilier le clergé, le gouvernement conclut avec le pape un *concordat* qui accroissait les libertés et les privilèges de l'Église autrichienne (1855).

Les réformes économiques qui furent réalisées et les travaux publics que l'on engagea visèrent, en donnant une ampleur nouvelle à l'industrie et au commerce, à satisfaire la bourgeoisie industrielle et négociante de Vienne. Des accords commerciaux conformes au nouvel esprit libre-échangiste furent signés avec plusieurs États ; la navigation fluviale sur le Danube fut favorisée ; on construisit — à grands frais — une voie ferrée allant de Vienne à Trieste, par le col du Semmering (1854) : ce fut la première des grandes percées alpines.

Les premières réformes

Le régime réactionnaire ne parvint pas à régler les problèmes autrichiens ; une sourde agitation persista, en Hongrie surtout. Il ne réussit pas davantage à mettre de l'ordre dans les finances ; les déficits s'accrurent d'année en année. — *Les défaites d'Italie, en 1859, entraînèrent la fin du système Bach et de l'absolutisme.* L'armée était vaincue, le loyalisme des Magyars et des Slaves incertain. Sous l'influence de la noblesse, François-Joseph décida de réorganiser la monarchie.

Le régime nouveau qui fut institué par le *Diplôme* du 20 octobre 1860 fut libéral et décentralisateur. Le Diplôme attribua en effet l'essentiel du pouvoir législatif aux *Diètes* élues des différents pays ; ces Diètes elles-mêmes élisaient des délégués au *Conseil d'Empire* qui, siégeant à Vienne, votait les impôts et discutait les affaires d'intérêt commun. La réforme fut accueillie avec enthousiasme par les peuples des diverses nationalités, particulièrement les Hongrois ; elle eut aussi pour elle la plupart des nobles. En revanche, elle déplaisait beaucoup à la bourgeoisie autrichienne, plus centraliste encore que libérale ; elle eut également contre elle la bureaucratie. L'empereur céda à ces autres influences : quatre mois seulement après la promulgation du Diplôme, il promulgua une *Patente* qui, sous couleur de préciser le régime précédemment établi, lui substitua en fait un régime essentiellement centraliste (26 février 1861) ; les attributions des Diètes provinciales étaient réduites ; le Conseil d'Empire devenait un véritable Parlement composé d'une Chambre de députés élus par les Diètes et d'une Chambre des seigneurs.

L'opposition hongroise

La déception causée par la Patente fut partout grande — sauf en Autriche ; elle ne fut nulle part plus grande qu'en Hongrie. Dès 1861, la Diète hongroise proclama son opposition à la Patente et réclama le retour au régime constitutionnel de 1848. Un petit gentilhomme terrien, *Deak*, fut le champion de cette résistance ; Deak ne voulait point de l'indépendance totale, car il savait que la Hongrie, pays d'agriculteurs, avait intérêt à rester unie à l'Autriche, importatrice de céréales ; il demandait une libre association des deux pays sur un pied d'égalité.

Le gouvernement impérial tenta d'abord de briser la résistance hongroise, mais, comme la menace d'un conflit avec la Prusse grandissait, il se résigna à céder. Dès avant la fin de 1865, des pourparlers commencèrent entre le gouvernement de Vienne et la Diète hongroise qui, dissoute en 1861, venait d'être rappelée.

Le compromis austro-hongrois

La défaite de Sadowa hâta le cours des négociations. Le désastre modifiait en effet l'équilibre intérieur de la monarchie au profit des Hongrois. Il eut pour conséquence directe la conclusion du *compromis de 1867*. Ce compromis régla la situation de la manière suivante :

François-Joseph renouvelait tous les engagements pris par ses prédécesseurs en ce qui concernait les libertés hongroises ; il acceptait de se faire couronner roi de Hongrie à Budapest. Le souverain du nouveau royaume devait exercer le pouvoir exécutif, assisté d'un ministère hongrois responsable devant la Diète. Cependant le compromis reconnaissait que la Hongrie avait des intérêts communs avec les «autres pays de Sa Majesté» ; par suite, il établissait un ministère commun ou *Ministère d'Empire*, composé de trois ministres, des Affaires étrangères, de la Guerre, des Finances, celles-ci réduites aux dépenses nécessitées par la défense commune. Il n'y aurait pas de Parlement commun, mais deux *Délégations*, l'une de la Diète hongroise, l'autre du Parlement des «autres pays», se réuniraient deux fois par an, alternativement à Vienne et à Budapest ; elles siégeraient d'ailleurs séparément. Elles contrôleraient les actes des ministères d'Empire et voteraient les budgets de ceux-ci.

Le régime dualiste

Le régime établi en 1867 — on l'a appelé le *régime dualiste* — devait durer jusqu'à 1918. Il substituait à l'empire d'Autriche une double monarchie, l'*Autriche-Hongrie*. Le dualisme était, en ce qui concernait les rapports austro-hongrois, une solution acceptable. Les deux États étaient égaux ; leur entente s'appuyait sur des intérêts complémentaires, l'un — la Hongrie — étant un grand pays agricole, l'autre — l'Autriche — devenant de plus en plus industriel. Pourtant, le dualisme ne rétablit pas en Autriche-Hongrie la paix intérieure, bien au contraire. Il consacrait en effet les *prétentions des Allemands et des Magyars à l'hégémonie sur les autres nationalités.* Celles-ci ne tardèrent pas à entamer la lutte pour recouvrer, comme les Magyars, l'exercice de leurs «droits historiques».

II. — L'évolution de l'Autriche-Hongrie de 1867 à 1914

Caractères généraux

Après la signature du Compromis austro-hongrois, l'Autriche et la Hongrie sont devenues des États distincts. Elles ont en conséquence suivi des évolutions particulières. Mais les deux États sont restés associés et des discussions ont surgi sur la nature de leur association. D'autre part des problèmes analogues se sont posés dans l'un et dans l'autre : le plus important a été le *problème des nationalités.*

La vie politique en Autriche

En même temps que le Compromis, François-Joseph avait promulgué en 1867 une nouvelle *Constitution* pour l'Autriche. Elle garantissait aux citoyens les libertés fondamentales et déclarait le ministère responsable devant les Chambres. Mais elle contenait certaines dispositions qui laissaient à la Couronne un assez grand pouvoir ; d'autre part le système électoral était *peu démocratique* ; il assurait en fait la prédominance des grands propriétaires fonciers et des Allemands. Le régime établi par cette constitution fonctionna à peu près régulièrement jusqu'en 1893, puis, de 1893 à 1914, les antagonismes des partis rendirent la vie parlementaire tumultueuse et réduisirent plus ou moins les Chambres à l'impuissance. L'empereur gouverna dès lors le plus souvent en se servant des pouvoirs particuliers que la Constitution prévoyait ; la bureaucratie redevint, comme elle l'avait presque toujours été au XIXe siècle, le principal fondement de l'empire.

Les faits principaux qui ont marqué, durant toute cette période, la vie politique en Autriche ont été les suivants. *Il y eut une évolution dans le sens démocratique :* deux réformes, en 1873 et en 1896, élargirent le corps électoral, puis, en 1907, le suffrage universel fut institué. Les *rapports entre l'Eglise et l'Etat* se tendirent d'abord jusque vers 1880, comme cela se produisait aussi, au même moment, en Allemagne ; puis, avec l'arrivée au Reichsrath d'une majorité de conservateurs catholiques, des relations plus cordiales entre le clergé et le gouvernement se rétablirent. Enfin il se posa en Autriche, comme dans les autres pays européens, après 1875, *un grave problème économique et social ;* il y fut en partie résolu, comme ailleurs, par un retour au protectionnisme (1880).

Le problème des nationalités en Autriche

Les nationalités — autres que les Allemands — qui existaient dans l'empire étaient : les *Polonais*, en Galicie ; les *Tchèques*, en Bohême et Moravie ; les *Italiens*, dans le Trentin et en Istrie ; les *Slaves du Sud*, en Slovénie et Dalmatie. Toutes aspiraient à l'autonomie, mais, seule, l'opposition tchèque compta en fait.

L'histoire des *rapports entre le gouvernement autrichien et les Tchèques* a beaucoup varié de 1867 à 1914, tant à cause des oscillations opportunistes de l'empereur François-Joseph que par suite des changements d'attitude des Tchèques eux-mêmes. De 1867 à 1878, l'opposition tchèque au régime dualiste se montra intransigeante, tandis que l'empereur, sur les conseils des dirigeants hongrois, se refusait à toute concession. Puis, après 1878, une *nouvelle orientation* se dessina. Un nouveau ministre autrichien, *Taaffe*, accorda au peuple tchèque divers avantages : l'égalité des langues tchèque et allemande dans l'administration et la justice (1880-1886) ; la création d'une Université tchèque, à Prague, à côté de l'Université allemande (1882) ; par suite, l'agitation s'apaisa quelque peu. Mais, à partir de 1887, les rapports se tendirent de nouveau, car de nouveaux partis nationaux, les *«Jeunes Tchèques» et les radicaux*, reprirent les anciennes revendications dans toute leur rigueur. La vie politique devint dès lors extrêmement troublée tant à la diète de Prague qu'au Reichsrath à Vienne.

La vie politique en Hongrie

François-Joseph s'était contenté en 1867 de rétablir en Hongrie la Constitution en vigueur avant 1848. Cette Constitution était libérale et parlementaire ; elle n'était pas démocratique, le droit de vote n'appartenant qu'aux propriétaires fonciers et aux fonctionnaires, presque exclusivement magyars. A l'inverse de ce qui se produisit en Autriche, il n'y eut pas en Hongrie d'évolution démocratique : le régime électoral y demeura censitaire jusqu'en 1914

La vie parlementaire hongroise fut d'abord paisible. Les membres de la Diète — le Parlement hongrois — étaient à peu près tous des Magyars ; la grande majorité d'entre eux étaient de grands propriétaires habitués à commander ; le roi, François-Joseph, était loin. Le ministère du *comte Tisza* dura quinze ans (1875-1890), sans se heurter jamais à une opposition véritable. Toutefois ce calme disparut après 1890 et la situation politique devint aussi confuse en Hongrie qu'en Autriche, par suite des revendications des nationalistes et de la question du dualisme.

Le problème des nationalités en Hongrie

La question du dualisme mise à part — on en parlera un peu

plus loin —, il ne se posa guère en Hongrie qu'un seul problème important : celui des *nationalités.* Il n'eut d'ailleurs pas tout à fait les mêmes aspects qu'en Autriche. François-Joseph en effet n'y prit qu'une faible part et les conflits opposèrent la classe dirigeante magyare aux diverses oppositions nationales. D'autre part la politique suivie par les Magyars fut particulièrement agressive ; de ce fait les haines nationales furent plus violentes encore en Hongrie que dans l'État voisin. Comme les Tchèques en Autriche, les Slaves du Sud, *Croates* et *Serbes*, furent, en Hongrie, les protagonistes de la lutte nationale.

De 1868 jusque vers 1872, l'attitude des dirigeants magyars à l'égard des nationalités resta, sous l'influence modératrice de Deak, relativement conciliante ; la *«loi des nationalités»* (1868) toléra l'emploi des langues nationales dans les écoles et les diètes locales ; les Magyars consentirent d'autre part à accorder aux Croates un *compromis* qui reconnaissait l'existence d'un «royaume de Croatie» et lui laissait une demi-autonomie, sous le contrôle d'un gouverneur, le *ban*, nommé par le ministère hongrois (1868). Une politique de magyarisation plus résolue ne tarda cependant pas à s'ébaucher et prit forme après 1878 : l'usage du magyar fut imposé, dès 1879, dans les écoles ; les noms des lieux furent partout magyarisés ; les attributions des assemblées locales diminuées. Ce nationalisme agressif intensifia, au lieu de les abattre, toutes les oppositions nationales. La plus cohérente fut celle des Croates et des Serbes. Elle devint surtout véhémente à partir du moment où les chefs des deux groupes eurent conclu — malgré les divergences religieuses qui opposaient les Croates catholiques et les Serbes orthodoxes — une alliance contre les Magyars et qu'ils mirent au premier rang de leurs revendications la formation d'un royaume autonome des Slaves du Sud, d'une *Yougoslavie.*

La crise du dualisme

Le régime dualiste, tel que l'avait établi le Compromis, fonctionna d'abord à la satisfaction des Hongrois auxquels il donnait une grande influence dans les affaires des deux États ; l'un des leurs, *Andrassy*, dirigea même jusqu'en 1879 la politique extérieure de l'Autriche-Hongrie. Puis, de 1880 jusque vers

1895, quelques divergences commencèrent à apparaître ; elles restèrent cependant alors sans gravité.

La *crise du dualisme* ne s'ouvrit vraiment que dans les dernières années du XIXe siècle, lorsqu'un des partis hongrois, le *parti de l'indépendance*, fit de la revision du Compromis le point essentiel de son programme. Ce parti, que dirigeait *François Kossuth*, le fils du dictateur républicain de 1848, revendiqua l'indépendance économique, c'est-à-dire le droit pour la Hongrie de conclure directement des traités de commerce avec l'étranger. Il réclama aussi l'autonomie complète de l'armée hongroise, l'abolition du privilège de l'allemand resté langue unique du commandement. L'intransigeance de l'empereur, qui se montra irréductible sur la question de l'armée, poussa Kossuth à recourir à la violence et il y eut à la Diète de Hongrie des scènes scandaleuses ; les meubles y furent un jour mis en pièces par les députés (1904). L'agitation ne se calma que lorsque François-Joseph eut menacé d'établir en Hongrie le suffrage universel — ce qui eût ruiné la prédominance magyare.

L'Autriche-Hongrie en 1914

Bien que l'opposition au dualisme se fût calmée, la question restait posée en 1914. Si l'on ajoute qu'à cette date les mouvements d'opposition nationale se montraient de plus en plus violents en Autriche comme en Hongrie, on mesurera sans peine la gravité des problèmes qui menaçaient l'avenir de la Double Monarchie. Les milieux dirigeants, en Autriche surtout, reconnaissaient l'ampleur de ces problèmes. Ils s'en préoccupaient d'autant plus qu'en fin de compte le facteur le plus puissant d'unité résidait dans la personne du souverain et que François-Joseph, alors âgé de quatre-vingt-quatre ans, pouvait disparaître d'un moment à l'autre.

D'accord sur l'urgence d'une solution, les dirigeants austro-hongrois ne l'étaient cependant plus dès qu'il s'agissait de définir la politique à suivre. Aux partisans d'un *fédéralisme* qui eût donné aux diverses nationalités une plus ou moins grande autonomie, s'opposaient les partisans du *trialisme*, parmi lesquels se rangeait l'archiduc héritier François-Ferdinand : ils acceptaient la création d'un troisième État associé, d'un royaume de Yougoslavie. D'autres hommes d'État ainsi que les milieux militaires répudiaient à la fois le fédéralisme et le trialisme. Ils ne voyaient une issue que dans le *renforcement du régime centralisateur et autoritaire.* Il fallait briser la résistance des Tchèques ainsi que celle des Croates et des Serbes. Il fallait aussi briser tous les appuis que ces oppositions trouvaient à l'étranger et tout d'abord ceux qui venaient du petit royaume de Serbie. Cette dernière solution était la plus dangereuse dans la mesure où elle menait à la guerre : ce fut pourtant celle que l'Autriche-Hongrie choisit en 1914 ; elle devait entraîner, quatre ans plus tard, la dislocation de la Double Monarchie.

L'Empire russe de 1850 à 1914

I. — La Russie de 1850 à 1865. Les réformes d'Alexandre II

La Russie au milieu du XIXe siècle

L'Empire russe était, avec l'Angleterre, la seule des grandes monarchies d'Europe qui n'eût pas été touchée par la révolution de 1848. Jusqu'à sa mort, en 1855, le tsar Nicolas Ier incarna l'absolutisme. Cependant, sous une apparence de stabilité, se posaient alors en Russie, comme en Autriche, de graves problèmes. Les principaux étaient le problème des nationalités, le problème social et économique, le problème administratif et politique.

Le problème des nationalités

La masse du peuple était russe et de religion orthodoxe, mais l'empire comprenait aussi plusieurs peuples *allogènes*, c'est-à-dire différents des Russes par la race, la religion, les traditions. Du côté de l'Asie, c'étaient principalement des Tatars musulmans. Dans les provinces baltiques, les nobles et les bourgeois étaient Allemands, les paysans Finnois ou Slaves ; presque tous étaient de religion luthérienne. Les Finlandais — mélange de Finnois et de Suédois — étaient également luthériens. Tous ces peuples avaient gardé leurs coutumes et leurs institutions locales ; la Finlande, demeurée un grand-duché depuis son annexion à la Russie (1809), jouissait même d'une complète autonomie, avec un gouvernement distinct ; de ces côtés, il n'y avait donc pas de problème bien grave. Au contraire, la Pologne — de religion catholique — avait perdu toutes ses libertés depuis l'insurrection de 1830 et le peuple polonais, fidèle à ses traditions nationales, ne se résignait pas à la domination russe.

Le problème social et économique

Le peuple russe était divisé officiellement en quatre classes : noblesse, clergé, bourgeoisie, paysans. Le clergé orthodoxe, généralement ignorant et grossier, les bourgeois des villes, marchands pour la plupart n'avaient qu'une importance secondaire. Seuls comptaient les nobles — 100 000 familles environ — qui possédaient la plus grande partie du sol —, et les paysans qui formaient les cinq sixièmes de la population — 50 millions sur 61 millions en 1857.

La grande majorité des paysans russes, les *moujiks*, était constituée de *serfs* appartenant soit au tsar, soit aux nobles. Ils étaient attachés au sol dont ils assuraient la culture. Ils devaient au seigneur la corvée pour cultiver gratuitement les champs dont il avait gardé l'exploitation directe ; ils devaient aussi lui verser des redevances pour le reste du domaine qu'ils exploitaient à leur compte. Chaque village formait, selon un usage ancestral, une communauté, le *mir* ; les terres étaient réparties entre les familles par l'assemblée du village ; elles étaient redistribuées périodiquement.

L'institution du servage posait un *problème social* grave : les paysans, soumis à l'arbitraire de leurs maîtres qui pouvaient faire d'eux tout ce qu'ils voulaient, étaient en effet ordinairement malheureux. Elle posait aussi un *problème économique :* les paysans, pauvres et illettrés, n'avaient ni l'idée ni les moyens d'améliorer les procédés très routiniers de culture ; l'existence du mir contribuait à empêcher les améliorations.

Les nobles ne tiraient par suite qu'un maigre profit de leurs domaines ; leur insouciance aidant, ils étaient presque tous endettés.

Le problème administratif et politique

Sous la façade européenne que les tsars, depuis Pierre le Grand, s'étaient efforcés de lui donner, le régime politique russe restait encore, au milieu du XIXe siècle, un despotisme de type oriental. Le tsar autocrate était un maître absolu ; il gouvernait par décrets — les *oukases* — ; l'armée, la police, la bureaucratie étaient les trois piliers de cet absolutisme. Le *problème administratif* était posé par l'inefficacité de la lourde machine bureaucratique, les fonctionnaires étant trop souvent nonchalants ou corrompus. Le *problème politique* provenait à la fois de la nature du gouvernement, le seul de son espèce qui subsistât en Europe, et de la diffusion en Russie des idées libérales venues d'Occident.

Malgré la police et la compression administrative, il existait en effet en Russie une opposition au régime : elle était vive dans les milieux intellectuels de Moscou et de Saint-Pétersbourg, dans ce qu'on nommait l'*intelligentsia*. Parmi ces intellectuels, les uns désiraient que l'empire devînt une monarchie constitutionnelle, à la façon anglaise : on les appelait les *Occidentaux*. D'autres, qui répugnaient à une imitation des institutions occidentales, apercevaient une solution dans le retour aux traditions qu'ils imaginaient avoir été celles de la Russie médiévale, un régime patriarcal où le pouvoir du souverain serait tempéré par les attributions du clergé orthodoxe et de l'ancienne noblesse : on appelait ces réformateurs les *Slavophiles*.

Le tsar Alexandre II

Aussi longtemps qu'il vécut, Nicolas Ier maintint l'autocratie dans toute sa rigueur. Il s'efforça d'isoler la Russie, interdit l'entrée des étrangers et la sortie des Russes. Il limita le nombre des étudiants dans les Universités. Il fit traquer par la police tous ceux qui parlaient de réformes.

La transformation de la Russie fut rendue nécessaire par un événement militaire : les *défaites en Crimée.* Elle fut, au même moment, rendue possible par la mort de Nicolas et l'avènement de son fils, *Alexandre II* (mars 1855). Les défaites rendirent en effet manifestes tous les vices du régime administratif et politique. Quant au nouveau tsar, il était plus humain, d'esprit plus ouvert, plus influençable surtout que Nicolas. Dès les premiers temps de son règne, Alexandre II laissa le régime de rigueur se relâcher. L'intelliguentsia put discuter plus librement. La presse clandestine, introduite en fraude de l'étranger, circula moins difficilement ; le tsar lui-même, disait-on, la lisait.

L'abolition du servage

De l'avis général, la première réforme à faire était l'*abolition du servage.* Alexandre II affranchit, dès 1858, les serfs qui lui appartenaient, puis il proclama, en 1861, l'abolition totale du servage.

L'abolition du servage fut accompagnée d'une *réforme agraire ;* il fallait en effet, par un partage de terres, donner aux paysans des moyens de vivre, en même temps que la liberté. Cette réforme fut effectuée de la façon suivante. Les seigneurs conservaient une partie de leurs domaines, en général le tiers ; le reste était donné en toute propriété aux communautés paysannes, les mirs ; les seigneurs recevraient une indemnité de l'État pour la terre qu'on leur ôtait ; les mirs rembourseraient l'État par annuités s'échelonnant sur 49 ans. Par ailleurs le régime communautaire d'exploitation, auquel les Slavophiles tenaient beaucoup, subsisterait partout où il existait déjà ainsi que la redistribution périodique des parcelles.

Si audacieuses qu'elles fussent, ces réformes cependant ne suscitèrent *aucun enthousiasme.* Les nobles se plaignirent de ce que les indemnités eussent été fixées à un taux trop bas et que leur règlement fût trop souvent différé. Les paysans acceptèrent mal d'avoir à payer une terre qu'ils avaient toujours estimé leur appartenir, puisqu'ils la cultivaient ; ils furent aussi mécontents parce qu'on leur laissa en général moins de terre qu'ils n'en disposaient naguère, quand ils étaient seulement tenanciers.

Les réformes administratives

L'abolition du servage et la réforme agraire furent suivies de deux autres réformes importantes, celle de l'administration locale et celle de la justice (1862-1864).

La *réforme administrative* institua dans les différents districts, gouvernements et circonscriptions, des conseils élus par les diverses catégories d'habitants, les *zemstvos ;* ils purent délibérer sur les questions économiques, établir des taxes pour la construction ou l'entretien de routes, d'écoles, d'hôpitaux, etc.

La *justice* fut transformée de façon à donner aux justiciables les garanties usitées en Europe occidentale contre l'arbitraire. Les juges devenaient inamovibles. Les affaires criminelles étaient déférées au *jury*, les affaires civiles à une hiérarchie de tribunaux imitée de la hiérarchie française.

La seconde insurrection polonaise

Tandis que le régime russe se transformait ainsi en un sens libéral, de graves événements, d'une tout autre sorte, se déroulaient en *Pologne*. Le tsar se refusant à faire aux patriotes polonais des concessions importantes, il y eut, en fin de compte, une nouvelle insurrection dans ce pays.

L'agitation en Pologne commença dès 1860, les Polonais réclamant le rétablissement de leur ancienne autonomie. L'insurrection proprement dite éclata, en janvier 1863, quand — pour arrêter les troubles — le gouverneur russe essaya de faire enlever de nuit, pour les incorporer de force dans l'armée, plusieurs milliers d'étudiants. Contrairement à ce qui s'était produit en 1830, cette insurrection ne fut qu'une *chouannerie,* menée par de petites bandes ; aucune opération de caractère vraiment militaire n'eut à être combattue.

La révolte fut d'autant plus facilement écrasée que les appuis extérieurs, sur lesquels les insurgés avaient fondé de grands espoirs, ne purent guère se manifester : Napoléon III dut se borner, par suite des réticences anglaises, à de vaines interventions diplomatiques. La répression qui suivit la fin de l'insurrection fut terrible : on pendit, fusilla ou déporta des milliers de Polonais, les nobles polonais furent dépossédés sans indemnité d'une grande partie de leurs biens ; les domaines du clergé furent sécularisés. Puis le gouvernement russe entreprit, par une lutte méthodique contre la langue polonaise et la religion catholique, de *russifier* peu à peu le pays.

Le retour à la réaction

L'accueil imprévu fait à la réforme agraire avait mécontenté le tsar ; la révolte polonaise l'irrita ; l'attitude de l'intelligentsia — qui, dès 1865 commença à réclamer la *suppression de l'autocratie* — acheva de le ramener au régime réactionnaire. Au zemstvo de Moscou, qui avait demandé la convocation d'une Assemblée Nationale, une *Douma*, Alexandre II répondit durement : «Personne n'a qualité pour me présenter des requêtes sur les intérêts de l'État» (1865).

Le retour à la *réaction policière et bureaucratique* provoqua dans l'intelligentsia une intense déception qui se traduisit par la diffusion de cet état d'esprit qu'on a appelé le *nihilisme* — sorte de romantisme désespéré, de tendance à ne rien accepter de tout ce qui existait, traditions, institutions, préjugés. Le nihilisme, en lui-même, ne semblait guère dangereux, mais, assez tôt, une agitation de nature *terroriste* en sortit : dès 1866, un exalté, Karakasov, osa tirer sur le tsar.

II. — La Russie de 1865 à 1914 — réaction et révolution

La fin du règne d'Alexandre II

Bien qu'elle n'ait pas été continue, la réaction, telle qu'elle se poursuivit après 1865, fut dans l'ensemble rigoureuse. Le ministre *D. Tolstoï* intensifia la surveillance dans les Universités ; le régime de la presse se fit de plus en plus restrictif.

Le fait essentiel de la dernière partie du règne d'Alexandre II fut l'*importance croissante que prit l'opposition.* Tandis que les libéraux des zemstvos s'acharnaient à réclamer des libertés constitutionnelles, une opposition révolutionnaire cohérente s'organisa peu à peu. Renonçant au nihilisme négateur, la jeunesse universitaire, qui formait l'élément actif de l'intelligentsia, décida, vers 1873, d'«aller au peuple», de se mêler à lui pour l'instruire et le préparer à la future révolution ; ce fut ce qu'on nomma le *populisme.* Mais ce mouvement se solda par un échec. Les populistes furent très vite repérés par la police ; ils furent traqués, jetés en prison, brutalisés et déportés en Sibérie.

L'organisation systématique du *terrorisme,* qui se fit dès 1878, eut pour origine la violence même avec laquelle le mouvement populiste fut réprimé. La plupart des révolutionnaires renoncèrent en effet à la propagande pour se livrer à l'*action directe :* ils entreprirent de renverser l'autocratie par la terreur. Plusieurs hauts fonctionnaires furent ainsi «exécutés», puis le tsar lui-même n'échappa que par miracle à trois attentats successifs (1879-1880).

Désemparé par ces violences, Alexandre II parut, vers la fin de 1880, disposé à mettre un frein à la réaction. Il fit préparer un projet établissant une *assemblée consultative des zemstvos.* L'oukase convoquant cette assemblée devait être signé le 13 mars 1881. Mais, le jour même, Alexandre tombait, victime d'un quatrième attentat, les jambes broyées par une bombe.

Alexandre III et Nicolas II

L'oukase libéral ne fut pas signé. Le nouveau tsar, Alexandre III, était dominé par son ancien précepteur, *Pobiedonotsev,* défenseur intransigeant de l'autocratie. Il décida, sur les conseils de celui-ci, de maintenir l'absolutisme.

Pendant plus de vingt ans, sous le règne d'*Alexandre III* (1881-1894) et au début du règne de *Nicolas II,* son fils, la Russie se retrouva ramenée au régime de Nicolas Ier. On ne laissa entrer en Russie les livres et les journaux étrangers qu'après avoir noirci — on disait : passer au caviar — les passages subversifs ; les Universités furent soumises à une sorte de régime militaire ; les pouvoirs des zemstvos furent réduits. En même temps, *la russification s'intensifia.* Elle s'étendit de la Pologne aux pays baltes et même à la Finlande.

La politique économique et sociale

Un fait nouveau pourtant se produisit. Grâce à l'afflux de capitaux étrangers — surtout français — la *modernisation économique* de la Russie, jusque-là fort lente, prit un soudain essor. Le principal animateur en fut un ministre entreprenant, le *comte Witte* (1892-1903). Tout un réseau de voies ferrées fut organisé en Russie d'Europe et plusieurs transcontinentaux — le *Transsibérien*, le *Transcaspien*, le *Transaralien* — furent achevés ou entrepris en Asie. Une grande industrie métallurgique s'édifia près de *Moscou* et de *Saint-Pétersbourg* ainsi qu'en *Ukraine* ; les industries textiles se multiplièrent autour de Moscou et en *Pologne* ; l'industrie pétrolière du *Caucase* se révéla bientôt importante.

Pour remarquable qu'elle ait été, cette politique économique resta cependant incomplète ; presque rien ne fut fait pour l'agriculture qui demeurait la principale activité de la Russie. D'autre part le gouvernement ne fit pas, *sur le plan social*, un effort comparable à celui qu'il accomplissait dans le domaine économique. De ce fait, les *problèmes anciens* furent aggravés ; de *nouveaux problèmes* se posèrent et ne reçurent aucune solution.

Le problème social le plus grave restait, à la fin du XIXe siècle, le *problème agraire*. Au lendemain de l'abolition du servage, la condition paysanne ne s'était guère améliorée, les villages n'ayant point assez de terres pour assurer convenablement la subsistance des habitants, les impôts étant lourds, la pratique du mir faisant obstacle aux améliorations agricoles. Cette condition empira au cours des 40 ans qui suivirent, parce que l'essor démographique — extrêmement rapide — accentua le *surpeuplement rural*. Dans leur grande majorité, les paysans ne voyaient qu'une issue à leur misère : une nouvelle expropriation de la noblesse. Mais le gouvernement ne voulait pas y consentir ; il se borna à favoriser l'*émigration rurale* vers les villes ou vers la Sibérie.

L'apparition d'un *problème ouvrier* fut la conséquence logique de l'industrialisation : dès 1893, en effet, on comptait déjà en Russie près d'un million et demi d'ouvriers d'usine. Ces ouvriers étaient durement traités et maigrement payés ; ils travaillaient ordinairement treize heures par jour dans des conditions très précaires. Les dirigeants russes pourtant ne se soucièrent guère d'instituer une législation sociale. La seule mesure importante qui fut prise — l'institution d'un *repos hebdomadaire* (1897) — ne fut que très mal appliquée.

Croissance des oppositions

Les terroristes, traqués avec une extrême rigueur, avaient disparu peu après l'avènement d'Alexandre III et pendant près de quinze ans l'opposition avait pu sembler anéantie. Elle se réveilla à la fin du siècle et prit rapidement de l'ampleur. A côté des *libéraux* — qui gardaient pour programme l'octroi d'une constitution —, elle comprit désormais des *socialistes révolutionnaires* — qui restaient partisans d'une action directe — et des *sociaux-démocrates,* disciples fervents de Karl Marx ; le principal chef de ces derniers était un jeune intellectuel, *Lénine.*

La grande faiblesse de l'opposition, telle qu'elle avait existé jusque-là, était venue de ce qu'elle s'était trouvée confinée dans quelques groupes d'intellectuels. Grâce à l'industrialisation du pays, les révolutionnaires trouvèrent ce qui leur avait toujours manqué : *des troupes.* Sous l'effet de la propagande exercée par les sociaux-démocrates, des associations ouvrières furent fondées ; *les grèves se multiplièrent.*

La crise révolutionnaire de 1904-1905

Le malaise qui régnait en Russie à la fin du XIXe siècle s'aggrava brusquement entre 1901 et 1904. Ce fut le résultat d'une série de mauvaises récoltes, de nouvelles augmentations d'impôts et d'un redoublement de la propagande social-démocrate. Une guerre *contre le Japon,* qui éclata sur ces entrefaites (février 1904) et qui se révéla aussitôt malheureuse, ajouta au trouble : elle entraîna en effet d'abord l'éloignement des troupes, puis, dès que les défaites se succédèrent, une vague de désarroi dans la bureaucratie, d'indignation ou de colère dans la bourgeoisie et le peuple.

La *crise révolutionnaire* — qui commença vers la fin de l'été 1904 — n'eut pas la forme d'un soulèvement en masse de la nation. Elle fut marquée par une succession confuse d'émeutes, de jacqueries, de séditions dans l'armée et la flotte. Les trois épisodes principaux qu'elle comporta furent les suivants : l'assemblée des zemstvos en novembre 1904 ; le massacre du 22 janvier 1905 ; la grève générale d'octobre 1905.

Les zemstvos étaient, depuis leur création, les foyers de l'opposition libérale. *En novembre 1904*, les délégués de 32 d'entre eux, réunis à Saint-Pétersbourg, votèrent une adresse au tsar, dans laquelle ils réclamaient la réunion immédiate d'une Douma — c'est-à-dire d'une Assemblée nationale. Nicolas II répliqua que ces «réclamations étaient inadmissibles». Peu de temps après, le *22 janvier 1905*, les ouvriers de Saint-Pétersbourg décidèrent, à l'instigation d'un prêtre, Gapone, d'aller en masse présenter au tsar une liste de revendications. Leur cortège pacifique fut accueilli à coups de feu ; ce fut le *dimanche rouge*. La Grève générale, organisée sous l'influence des sociaux-démocrates, fut déclenchée à Moscou en *octobre 1905* et se propagea rapidement dans toute la Russie. La situation politique devint alors extrêmement grave d'autant que les peuples allogènes proclamaient leur autonomie administrative à l'intérieur de l'Empire. Le tsar dut se résoudre à capituler. Par le *manifeste d'octobre*, il accorda la convocation d'une Douma.

La crise s'achemina dès lors vers sa fin car les libéraux se déclarèrent satisfaits. Les *émeutes* que les révolutionnaires, désormais isolés, déclenchèrent à Moscou et à Saint-Pétersbourg (décembre 1905) furent écrasées d'autant plus aisément que la guerre contre le Japon s'était terminée dès septembre.

La Russie de 1906 à 1914

Les réformes promises par le manifeste d'octobre entrèrent en vigueur dès le début de 1906 et la Russie devint ainsi jusqu'en 1914 un *Empire constitutionnel*. Mais le régime constitutionnel n'y fut en fait qu'une *façade* derrière laquelle l'*autocratie* se trouva rapidement rétablie.

La première Douma, réunie en avril 1906, comprenait une majorité de libéraux dont le principal groupe était le parti *constitutionnel démocrate*, appelé de ses initiales le parti K.D. ; elle entra presque aussitôt en conflit avec le gouvernement et fut dissoute (juillet 1906). La seconde Douma — où le nombre des députés socialistes avait triplé — dura à peine cinq mois (février-juin 1907). Le gouvernement modifia alors le système électoral de façon à mettre en minorité l'opposition de gauche. La *troisième Douma* comporta dès lors une majorité de députés tout acquis au rétablissement de l'autocratie ; elle ne joua à peu près aucun rôle et se contenta d'approuver tous les projets que les bureaucrates lui proposaient : « Dieu merci ! nous n'avons pas de parlement en Russie », pouvait dire en 1908 un ministre russe.

Une seule réforme importante — due au ministre *Stolypine* — fut effectuée durant cette période — par voie d'oukase (1906) : *elle rendit facultatif le régime du mir* et permit aux paysans qui le désiraient de devenir individuellement propriétaires des parcelles qu'ils cultivaient. Ses effets économiques furent heureux : le développement de la propriété privée encouragea les améliorations agricoles. Mais elle ne profita guère qu'à une poignée de paysans aisés, les *koulaks ;* la masse paysanne resta misérable et mécontente. Par ailleurs le gouvernement s'engagea, avec l'appui de la troisième Douma, dans une politique de *russification à outrance*, qui acheva d'exaspérer les habitants de la Pologne, des pays baltes et de la Finlande. Il ne fit rien pour les ouvriers, bien au contraire ; il les soumit — ainsi que les intellectuels — à un redoublement de surveillance policière.

Cette réaction aveugle ne pouvait que préparer une nouvelle explosion révolutionnaire ; celle-ci couvait en fait partout en 1914. *A la quatrième Douma*, malgré la pression gouvernementale, l'opposition avait réussi à ressaisir la majorité (1912). *Dans les grandes villes*, à Saint Petersbourg, à Moscou, des grèves monstres, fomentées par les socialistes, éclataient. *La Cour* était divisée par des cabales ; un moujik illuminé et débauché, *Raspoutine*, avait pris une influence toute-puissante sur le couple impérial. Le mal était si profond que le régime et l'empire ne devaient pas résister à l'épreuve de la première guerre mondiale.

L'Italie de 1871 à 1914

I. — Les caractères de la vie politique

Lendemains d'unité

La prise de Rome (septembre 1870), la loi des Garanties, l'installation de Victor-Emmanuel II au palais du Quirinal (1871) symbolisaient l'unité accomplie, le terme des années héroïques. « L'Italie est libre et une, disait le roi aux députés. Il ne dépend que de vous de la faire grande et heureuse. » La tâche s'annonçait singulièrement délicate.

Il y avait d'abord l'*angoissant problème du Sud*. Par leur pauvreté, leur ignorance, la rudesse de leurs mœurs, leur particularisme farouche, les habitants de l'ancien royaume de Naples étaient si différents des populations du reste de l'Italie qu'ils semblaient n'avoir avec elles presque aucun point commun. Réaliser l'unité matérielle et morale du Sud avec le Nord était une œuvre immense, qui exigeait beaucoup de temps, de patience, de doigté et de cœur — beaucoup d'argent aussi pour entreprendre les grands travaux nécessaires à la mise en valeur du pays.

Or les ressources faisaient défaut et le ministre des Finances parlait de « faire des économies jusqu'à l'os ». Le *déficit finan-*

cier, encore accru quand on introduisit le système du service militaire obligatoire, allait, jusqu'à la fin du siècle, causer au gouvernement de grosses préoccupations.

D'autre part, la *question romaine* n'était pas réglée en droit. Pie IX avait repoussé la loi des Garanties et refusé de reconnaître la légitimité du royaume d'Italie. Il avait même interdit aux catholiques italiens de prendre part à la vie politique : «Ni électeurs, ni élus!» Obéir au pape équivalait pour un Italien à perdre une partie de ses droits civiques.

Enfin l'*Italie était isolée en Europe*. La prise de Rome avait dressé contre elle un grand nombre de Français et le prétendant royaliste, le comte de Chambord, ne cachait pas que, s'il montait sur le trône, il rendrait au Saint-Siège les États pontificaux. L'Autriche restait l'ennemi héréditaire qui possédait encore les provinces irrédentes. Bismarck enfin n'inspirait aucune confiance : on n'oubliait pas comment, au lendemain de Sadowa, il avait traité avec François-Joseph sans même avertir Victor-Emmanuel. L'Italie semblait ne pouvoir compter que sur les sympathies de l'Angleterre.

La Constitution et son fonctionnement

La Constitution du Piémont, c'est-à-dire le *Statut* de 1848, était devenue, en 1861, la Constitution du royaume d'Italie.

Le roi possédait le pouvoir exécutif, qu'il exerçait par l'intermédiaire de ses ministres. Il avait à ses côtés un *Sénat*, dont les membres étaient nommés à vie par lui parmi certaines catégories de notables, et une *Chambre des Députés*, élue pour cinq ans au suffrage censitaire. En 1871 ne pouvaient voter que les hommes âgés de vingt-cinq ans au moins et qui payaient un cens de 40 lires. Une loi de 1882 abaissa l'âge électoral à vingt et un ans et le cens à 20 lires; elle accorda de plus le droit de vote à quiconque savait lire et écrire. Le nombre des électeurs fit plus que tripler et l'influence relative des villes s'accrut, parce que les illettrés y étaient moins nombreux que dans les campagnes. Enfin la réforme de 1912 institua le suffrage presque universel, en donnant le droit de vote même aux illettrés, s'ils étaient âgés de plus de trente ans; en même temps elle accorda aux députés une indemnité parlementaire.

Les ministres étaient *responsables devant les Chambres*. Le roi *Humbert Ier*, qui succéda en 1878 à son père Victor-Emmanuel, tenta parfois de faire prévaloir ses vues, mais son fils *Victor-Emmanuel III* (1900-1946) se conforma scrupuleusement aux règles du régime parlementaire. Cependant le fonctionnement de la vie politique était très différent de ce qu'il était en France ou en Angleterre.

La masse de la nation se désintéressait de la politique. Au jour des élections, les abstentions étaient très nombreuses : à Rome le pourcentage des votants en 1913 ne dépassa pas 35 p. 100 des inscrits. Les députés ne montraient guère plus d'enthousiasme que leurs électeurs à exercer leur mandat. Comme, avant 1912, ils n'avaient pas d'indemnité parlementaire, la majorité d'entre eux étaient contraints de conserver leur profession; ils s'absentaient fréquemment pour leur affaires et les séances de la Chambre ne réunissaient souvent qu'une cinquantaine de députés sur un total de plus de 500. Quant aux sénateurs, ils ne jouaient presque aucun rôle dans la vie politique.

Il n'y avait d'ailleurs *pas de partis nettement séparés*. On distinguait bien une Droite et une Gauche, mais leurs programmes se ressemblaient sur plus d'un point et les idées les plus avancées ne se rencontraient pas toujours à gauche. Aussi les ministères n'étaient-ils souvent que des *coalitions sans programme précis*, où les mêmes hommes politiques reparaissaient sans cesse. Un cabinet renversé le matin se reconstituait le soir, en sacrifiant quelques-uns de ses membres et en les remplaçant par ceux de la faction opposée. C'était l'application de la méthode, officiellement admise dans la vie politique italienne, du «*replâtrage*». Ainsi *les questions de personnes l'emportaient sur les questions de principes*.

Dictature masquée du président du Conseil

Ces conditions expliquent le rôle tout particulier joué en Italie par le président du Conseil. Des hommes comme Depretis, Crispi, Giolitti exercèrent une véritable *dictature masquée*.

Riche viticulteur de Lombardie, très violemment anticlérical, *Depretis* fut constamment ministre de 1876 jusqu'à sa mort

(1887) et huit fois président du Conseil. Par dépit de voir la France étendre son protectorat sur la Tunisie, il conclut avec l'Allemagne et l'Autriche la Triple Alliance (1882) et releva dans d'énormes proportions les budgets de la guerre et de la marine. Il fit voter la réforme électorale de 1882 et favorisa le développement du commerce et de l'industrie. L'Italie se haussait au rang de grande Puissance. Cependant l'opinion se montrait pessimiste et semblait douter de l'avenir.

La confiance qui manquait à ses compatriotes, *Crispi* (1819-1901) voulut la leur donner. Ancien mazzinien rallié à la monarchie, adversaire acharné des républicains et des socialistes, ce Sicilien impulsif et brutal domina la vie politique italienne de 1887 à 1896. Plein de mépris pour la Chambre, il ne la consultait pas ou la faisait dissoudre par le roi quand il la jugeait trop peu docile. Avant tout préoccupé d'accroître le prestige de son pays dans le monde, il resserra les liens qui unissaient l'Italie à l'Allemagne et à l'Autriche jusqu'à taxer de trahison les manifestations patriotiques en faveur des provinces irrédentes. Au contraire, les rapports avec la France furent alors très tendus et une véritable guerre douanière opposa les deux pays, au grand détriment économique de l'Italie. Crispi entreprit de conquérir l'Éthiopie, mais la terrible défaite que les troupes italiennes subirent à Adoua (1896) amenèrent sa chute et la fin de sa carrière politique.

Beaucoup plus jeune, *Giolitti* fut le vrai chef de l'Italie de 1901 à 1914. Il formait avec Crispi un contraste absolu. Il n'avait pris aucune part aux luttes pour l'unité et il ne s'enthousiasma jamais pour la «grandeur nationale». Piémontais de souche paysanne, c'était un homme positif, d'esprit rassis, d'idées modérées, avant tout désireux d'enrichir l'Italie, encore si pauvre, de procurer aux travailleurs une vie moins dure, de les éduquer et de leur donner le droit de vote. Politicien souple et retors, il était prêt à collaborer avec tous ceux qui acceptaient ses vues, qu'ils fussent de droite ou de gauche. A la différence de Depretis, Giolitti n'usa guère de la politique de replâtrage : jugeait-il que la Chambre lui était hostile, il abandonnait pour quelques mois la Présidence du Conseil à l'un de ses partisans, qui la lui rendait le moment venu. Giolitti était personnellement honnête, quoique son nom eût été mêlé en 1893 à un grave scandale financier; mais il n'hésitait jamais à couvrir les irrégularités commises par ses amis, en particulier les mesures de pression électorale et de corruption. On comprend qu'un de ses adversaires ait pu flétrir Giolitti et ses collègues en parlant brutalement du «ministère de l'immoralité».

II. — Les grands problèmes de la politique intérieure

Les progrès économiques

Pays pauvre, presque sans industrie, menacé de la banqueroute en 1870, l'Italie était en 1914 une des grandes Puissances économiques du monde.

A l'absence de charbon, l'Italie avait remédié par l'emploi de la *houille blanche*. Elle possédait sur les rives de l'Adda et du Tessin les centrales électriques les mieux équipées d'Europe, et les premiers chemins de fer électrifiés avaient fonctionné en Toscane. La ville de Milan était devenue la rivale de Lyon, de Zurich et de Crefeld pour le travail de la soie; les progrès de la sidérurgie permettaient à l'Italie de fabriquer le matériel naval, militaire et ferroviaire qu'elle achetait jusque-là à l'étranger. Turin était, avec la firme *Fiat*, l'un des grands centres européens de la construction automobile. Les industries alimentaires étaient en plein essor : aux fabriques de pâtes alimentaires, de chocolat, de fruits confits, d'huile d'olive s'étaient ajoutées les sucreries. Il est vrai que beaucoup de sociétés industrielles étaient contrôlées par des hommes d'affaires étrangers, particulièrement allemands et autrichiens.

Le développement du *commerce* avait été plus lent. Le réseau des voies ferrées doubla, cependant, de 1891 à 1911; l'ouverture des tunnels du Gothard (1880) et du Simplon (1906), après celui du Mont-Cenis (1870), développa les rapports avec l'Europe occidentale et septentrionale; les ports de Gênes et de Naples rivalisèrent avec celui de Marseille et la valeur des échanges commerciaux tripla en vingt années. En revanche, la flotte de commerce avait encore en 1914 trop de navires d'un type désuet; dans la mer Adriatique l'activité du port autrichien du Trieste l'emportait de beaucoup sur celle de Venise; les produits exportés par l'Italie l'étaient surtout sur des cargos de nationalité étrangère; en 1913 cent vaisseaux italiens seulement avaient traversé le canal de Suez — contre 244 austro-hongrois et 780 allemands.

L'*agriculture* aussi était en progrès : la production du vin, du blé, des agrumes, de l'huile avait augmenté. L'État avait entrepris de grands travaux pour *bonifier* — c'est-à-dire améliorer — les terres incultes. Mais les résultats étaient encore très insuffisants : à l'exception de quelques régions favorisées, la plus grande partie de l'Italie souffrait d'un grave malaise paysan.

Le malaise paysan

Ce malaise s'expliquait par la *surabondance de la population sur un sol en général pauvre.* L'Italie comptait, en 1913, environ 37 millions d'habitants, presque autant que la France, sur une superficie presque moitié moindre. Or, à l'exception de la plaine du Pô, d'une partie de la Toscane, de la Campanie, des Puilles et de quelques cantons de Sicile, le sol ne peut nourrir cette forte densité. Les montagnes de l'Apennin sont infertiles par nature; ailleurs la terre est trop sèche ou bien marécageuse; le déboisement excessif, joint au caractère de la pluviosité, peut faire du moindre ruisseau un danger et amener des éboulements catastrophiques. Les travaux nécessaires à la bonification des régions improductives sont une entreprise gigantesque qui exigerait toutes les ressources financières de l'État pendant plus d'un demi-siècle.

Plus encore que de la pauvreté du sol, *le paysan souffrait des conditions de travail qui lui étaient imposées.* Si, dans le Piémont, il était souvent propriétaire, si, en Toscane, il était métayer, en revanche, dans le Centre et le Sud où la grande propriété est la règle, il n'était guère que journalier. Le propriétaire, toujours absent, louait sa terre à un régisseur; celui-ci la faisait travailler par des ouvriers agricoles auxquels il avançait, à des taux usuraires (100 p. 100 ou même 300 p. 100), de l'argent ou des semences. Logés dans des taudis, parfois très loin de leur champ, sous-alimentés, en proie à la malaria et à la pellagre[1], absolument illettrés, de mœurs parfois barbares, les

La *malaria* est la fièvre paludéenne. — La *pellagre* est une maladie de la peau, souvent mortelle, qui provient du manque de sel dans l'alimentation. Monopole d'État, le sel (comme le sucre) était en Italie d'un prix trop élevé pour que le paysan pût en mettre une quantité sufisante dans sa *polenta* (bouillie de maïs cuite à l'eau).

paysans menaient une vie affreuse. Dans le Sud, ils ne connaissaient que la charrue de bois, ignoraient le tombereau à bascule, parfois même la brouette. D'autre part, le poids des *impôts* achevait de les écraser. Sans cesse en danger d'être congédiés par le propriétaire ou expropriés par l'État et de mourir de faim, les paysans souffraient le plus souvent en silence ; parfois cependant la rage les prenait et ils ne reculaient pas devant l'assassinat.

L'affreuse misère du prolétariat agricole explique le trait le plus caractéristique de l'histoire italienne avant 1914 : *l'ampleur de l'émigration paysanne.*

L'ampleur de l'émigration

Nul pays en Europe ne comptait, en 1914 autant d'émigrants que l'Italie. De 130 000 vers 1880, leur nombre était monté à 540 000 en 1901, à 872 000 en 1913. De ces émigrants les uns, presque tous originaires de la plaine du Pô, allaient s'embaucher comme terrassiers, mineurs ou journaliers dans les pays voisins, Suisse, Autriche, Allemagne, France ; ils envoyaient chaque année à leur famille des sommes parfois importantes, puis rentraient au pays. A côté de cette *émigration européenne et temporaire*, se développa, de plus en plus considérable, une émigration *de caractère définitif vers l'Afrique du Nord et vers l'Amérique.* Les Italiens étaient nombreux dans le département de Constantine et surtout en Tunisie ; aux États-Unis on en comptait plus d'un million et demi, installés particulièrement dans le Nord-Est et en Californie, enfin ils formaient des masses compactes au Mexique, au Brésil et surtout en Argentine, où ils constituaient le groupement blanc de beaucoup le plus important. Sur les 872 000 départs de 1913, il y en avait 560 000 à destination du Nouveau Monde (dont 376 000 pour les États-Unis).

Une émigration définitive aussi considérable équivalait à un véritable dépeuplement. Certains économistes s'en consolaient en y voyant une solution au problème de la surpopulation. Mais d'autres s'effrayaient d'une pareille hémorragie. Pour essayer de ralentir cette *émigration de la faim*, le Parlement vota, sous l'influence de Giolitti, quelques mesures en faveur des paysans.

On multiplia les sociétés de crédit agricole et les banques rurales, on donna une nouvelle impulsion aux grands travaux de reboisement, on «corrigea» les torrents les plus dangereux, on ouvrit des chemins vicinaux, on dessécha une partie des Marais Pontins, on organisa un enseignement agricole ambulant pour éduquer le paysan, l'arracher à sa routine, développer en lui l'esprit d'initiative ; on alla même jusqu'à menacer d'expropriation ceux qui laissaient en friche leurs vastes propriétés. Mais, faute de crédits, faute aussi de bonne volonté de la part des municipalités, ces mesures, qui ne pouvaient d'ailleurs produire tous leurs effets qu'au bout de longues années, restèrent trop souvent sans résultats appréciables.

De cette carence du gouvernement allaient profiter le mouvement socialiste et le mouvement nationaliste.

Le développement du socialisme

Les premiers socialistes italiens furent des «anarchistes», partisans de Bakounine. Dès 1874, ils organisèrent dans les Pouilles et en Calabre des mouvements insurrectionnels accompagnés d'attentats individuels. En Sicile les paysans constituèrent des ligues de résistance qui prirent le nom de *Faisceaux de Travailleurs :* ils demandaient le partage des grandes propriétés et des biens communaux et l'amélioration du sort des journaliers. A partir de 1893, le mouvement gagna les ouvriers qui souffraient alors du chômage et surtout de la cherté du pain : de violentes émeutes ensanglantèrent les villes de Bologne, Pavie, Florence et, en 1898, Milan. La répression, brutale et inique, eut pour conséquence l'*assassinat de Humbert Ier* par un anarchiste italien, revenu d'Amérique dans l'intention expresse de venger les morts de Milan par le meurtre du roi (1900)[1].

Cependant, depuis quelques années déjà, des intellectuels étudiaient la doctrine de Marx et la faisaient connaître autour d'eux. Un parti marxiste italien se fonda en 1892. Il eut son journal, l'*Avanti* (En Avant!) et son programme de réformes lui attira l'adhésion de larges masses paysannes dans l'Italie du

1. A l'étranger la «propagande par le fait» des anarchistes italiens s'était déjà marquee par l'assassinat du Président Carnot à Lyon (1894) et celui de l'Impératrice Élisabeth, femme de François-Joseph, à Genève (1898).

Nord. D'abord pourchassés par Crispi et ses successeurs immédiats (1894-1900), les socialistes trouvèrent en Giolitti un adversaire plus conciliant : le gouvernement toléra la grève, à condition qu'elle ne s'étendît pas aux fonctionnaires, et il fit voter de nombreuses lois sociales. Pour faire échec au socialisme, les catholiques multiplièrent les banques rurales et les coopératives et obtinrent du pape Pie X le droit de présenter des candidats aux élections législatives.

Les progrès du socialisme furent d'ailleurs considérablement affaiblis par la rivalité qui opposait, à l'intérieur du parti, les *intransigeants* (partisans d'une politique socialiste entièrement indépendante) et les *réformistes* (qui acceptaient la collaboration de tous ceux qui demandaient des mesures en faveur des travailleurs). A la veille de la guerre de 1914, les extrémistes l'emportaient sous la direction d'un ancien instituteur destitué, *Mussolini :* en juin 1914, un ordre de grève générale fut lancé et plusieurs villes de Romagne furent, pendant quelques jours (ce qu'on appela la «semaine rouge»), occupées, non sans violences, par les éléments révolutionnaires.

Le mouvement nationaliste

Cependant chez beaucoup d'Italiens se développait le *sentiment de la grandeur nationale.* L'Italie était fière de ses savants : *Marconi*, l'un des inventeurs de la télégraphie sans fil, et le criminaliste *Lombroso*; de ses philosophes et historiens : *Croce* et *Ferrero*; de ses écrivains : *de Amicis* et *Carducci* de la génération qui avait fait l'unité, *Fogazzaro* et *d'Annunzio*, plus jeunes. Dans le domaine politique aussi, l'Italie se devait de jouer un rôle de premier plan et de devenir une grande Puissance mondiale.

A partir de 1900 environ, un petit groupement d'intellectuels se forma, qui se donna le nom de *nationalistes.* Ils s'indignaient de voir l'Italie ne posséder que l'Érythrée sur les côtes de la mer Rouge, alors que l'Angleterre, la France, l'Allemagne ne cessaient d'étendre leur empire colonial ou leurs zones d'influence. Ils pensaient qu'une politique hardie d'expansion coloniale résoudrait le problème de la surpopulation et permettrait aux émigrants de s'établir sur des terres *italiennes*, au lieu de s'aller perdre par centaines de milliers dans des pays étrangers. D'ailleurs les nationalistes revendiquaient pour l'Italie le droit de «civiliser» les peuples encore «barbares» et certains d'entre eux exaltaient la guerre, source, disaient-ils, des plus hautes vertus. L'écrivain d'Annunzio donnait à ces théories l'appui de son prestige littéraire : dans ses poèmes, ses romans, ses pièces de théâtre, il affirmait la mission de la «race italienne» et l'avenir éclatant qui lui était réservé. En 1910 se fonda une *Association nationale italienne*, qui eut bientôt son journal quotidien.

A défaut de la Tunisie, puis de l'Éthiopie, c'est vers la Tripolitaine que se tournaient les ambitions nationalistes. Après une guerre d'un an contre la Turquie (1911-1912), l'Italie annexa la *Tripolitaine* et, dans la Méditerranée orientale, le *Dodécanèse* et l'*île de Rhodes.* En même temps les nationalistes voulaient que l'Italie dominât la mer Adriatique, en établissant son influence sur la côte albanaise et en arrachant Trieste à l'Autriche. Le déchaînement de la première guerre mondiale en 1914 leur parut l'occasion de réaliser ces rêves de grandeur nationale : ils n'eurent de cesse que l'Italie, d'abord neutre, ne prît part au conflit et ils réussirent, en 1915, à l'y faire entrer, aux côtés de la France, de l'Angleterre et de la Russie.

L'expansion européenne de 1850 à 1914. Les impérialismes coloniaux. La colonisation britannique

I. — Les impérialismes coloniaux

La colonisation européenne, de 1850 à 1875

La colonisation européenne s'était poursuivie durant la première moitié du XIXe siècle, mais son ampleur avait été limitée. Deux puissances seulement y avaient participé : l'Angleterre, qui avait achevé d'établir sa domination sur l'Inde ; la France, qui avait pris possession de presque toute l'Algérie.

L'Angleterre et la France sont restées les seules puissances colonisatrices de 1850 à 1875. L'Angleterre n'a effectué, durant ces vingt-cinq ans, que de faibles acquisitions, notamment en *Birmanie*. La France, sous le Second Empire, s'est montrée plus entreprenante, en *Afrique occidentale* et dans le Sud de l'*Indochine* principalement.

Les impérialismes coloniaux

Un changement considérable est survenu au cours des années

qui ont suivi 1875. Un mouvement politique d'expansion — l'*impérialisme colonial* — a porté de nombreuses puissances à étendre les domaines coloniaux qu'elles possédaient ou à se constituer de tels domaines. Plusieurs pays européens sont en effet entrés alors en course, aux côtés de l'Angleterre et de la France : l'Allemagne, la Russie, le Portugal, l'Italie, — sans parler de deux pays extra-européens : les États-Unis et le Japon.

Tel qu'il s'est présenté après 1875, l'impérialisme colonial a été, dans une certaine mesure, la *conséquence logique* du grand mouvement d'exploration. Sur un plan différent, il s'explique parfaitement si l'on tient compte du contexte économique et politique de l'Europe à ce moment. *Au point de vue économique*, le régime capitaliste est en plein développement et la concentration capitaliste se précise ; les grandes entreprises aspirent à étendre toujours plus leurs débouchés commerciaux. D'autre part, il convient de rappeler qu'après une période de prospérité, l'Europe subit, de 1875 à 1895, une profonde dépression ; les débouchés européens se restreignant et le protectionnisme s'instituant, les entrepreneurs des différents pays désirent d'autant plus se réserver dans le monde des *secteurs privilégiés*, où ils pourraient — à l'abri des concurrences étrangères — écouler leurs produits et se procurer des matières premières.

Au point de vue politique, les nationalismes européens restent florissants et même souvent s'exaspèrent. Les divers gouvernements cherchent, en opérant de nouvelles acquisitions dans les pays d'outre-mer, à accroître à la fois la *puissance* et le *prestige* de leurs pays. La course aux colonies n'est aussi bien souvent qu'un aspect de la course à la prépondérance.

Aspects des impérialismes coloniaux

L'impérialisme colonial s'est, dans un premier temps, manifesté par une sorte de *ruée vers les territoires dits vacants* ; les missions envoyées par les divers pays ont rivalisé à qui planterait, la première, son drapeau dans ces régions. La prise de possession de celles-ci s'est parfois faite d'une façon pacifique, par des *accords* librement signés avec les potentats locaux ; elle est, plus souvent, résultée de courtes *expéditions militaires* menées contre des peuplades arriérées ou contre des États en proie à l'anarchie et faiblement armés.

Au cours d'un second temps, qui est survenu plus ou moins tôt selon les régions, des rivalités se sont manifestées entre les grandes puissances elles-mêmes, dès lors que certains *territoires marginaux* pouvaient être pareillement revendiqués par plusieurs de ces puissances. Des *conflits internationaux* ont menacé d'éclater mais le danger a toujours été, en fin de compte, écarté par la signature d'accords de *compromis* ou par la réunion de conférences internationales.

Enfin, dans d'autres circonstances encore, les faits se sont déroulés d'une manière différente : ainsi lorsque les ambitions coloniales d'un pays occidental se sont portées sur un territoire appartenant déjà à un autre pays de même sorte ou lorsqu'une puissance a résolu de conquérir un pays d'outre-mer déjà constitué en un État indépendant et fortement organisé. *La guerre est, dans ce cas, devenue inéluctable :* ainsi entre les États-Unis et l'Espagne, à propos de Cuba, ou, presque au même moment, entre l'Angleterre et les deux républiques boërs de l'Afrique australe, l'Orange et le Transvaal.

Les partages coloniaux

Le résultat essentiel de l'impérialisme colonial, tel qu'il s'est manifesté à la fin du XIXe siècle et au début du XXe, a été la disparition quasi totale des terres dites vacantes dans le monde. Accessoirement, cet impérialisme a aussi provoqué l'assujettissement de plusieurs États asiatiques ou africains, qui étaient parvenus jusque-là à sauvegarder plus ou moins leur indépendance.

L'Angleterre, la France, la Russie et l'Allemagne ont été, de toutes les puissances européennes, les principales bénéficiaires du mouvement. Le Portugal en a tiré des profits non négligeables, en Afrique méridionale. L'Italie, malgré ses ambitions et ses efforts, n'a pu s'assurer qu'une part assez réduite. Enfin un autre État européen, la Belgique, s'est révélé un des principaux profiteurs de ce partage, sans que ni le gouvernement ni le peuple belges l'eussent directement voulu.

Sur un plan différent, l'*Afrique* a, durant toute cette période, été l'*enjeu principal des rivalités coloniales européennes* : c'est elle surtout que les puissances se sont disputée et qu'elles se sont finalement partagée. Le partage colonial de l'*Océanie*, qui avait déjà commencé bien avant 1850, s'est achevé. En *Asie*, les principales acquisitions des puissances européennes se sont effectuées en Sibérie, dans les régions centrales du continent et dans la péninsule indochinoise. Il faut, en terminant, rappeler qu'aucune entreprise à proprement parler coloniale n'a été alors tentée par une puissance européenne en Amérique du Nord ou du Sud.

Bilan des impérialismes coloniaux

Les buts visés par les *puissances* impérialistes de l'Europe ont ordinairement été atteints : avantages commerciaux ou financiers pour les grandes sociétés capitalistes, accroissement de puissance — sinon toujours de prestige — pour les États colonisateurs. Par ailleurs, les *nations*, dans les pays impérialistes, ont, en fin de compte, profité, elles aussi, du mouvement : des débouchés rémunérateurs se sont offerts à ceux de leurs jeunes gens qui étaient doués d'esprit d'entreprise ; la marche, plus assurée, des industries a davantage garanti un plein emploi aux ouvriers ; d'une façon générale, les niveaux de vie nationaux s'en sont trouvés relevés. Enfin, si contestables que ses méthodes soient souvent apparues et si critiquables que certaines de ses conséquences puissent être jugées, il serait injuste d'oublier que l'impérialisme colonial a aussi apporté des bienfaits aux *peuples assujettis :* mise en valeur de régions sous-développées, suppression de coutumes barbares, diminution de la mortalité, lente vulgarisation de l'instruction.

L'un des aspects les plus négatifs du bilan a été que *les nouveaux impérialismes se sont superposés bien souvent aux anciens nationalismes*, pour accroître les griefs réciproques des pays européens. La vie internationale de l'Europe en a été rendue plus instable ; les menaces de guerre générale en ont été aggravées.

II. — La colonisation britannique

Le domaine colonial anglais

Le domaine colonial anglais était déjà immense en 1850. Il comprenait principalement : en Asie, le port d'*Aden*, près de l'entrée de la mer Rouge, des territoires dans la péninsule malaise, l'important entrepôt de *Hong Kong* aux abords de la Chine, et surtout la magnifique colonie de l'*Inde*, dont la conquête venait d'être achevée ; en Amérique, les vieilles colonies des *Antilles*, la *Guyane* anglaise et les colonies déjà formées au *Canada ;* en Australasie, outre des îles réparties dans le Pacifique, la *Nouvelle-Zélande* et les colonies d'*Australie ;* en Afrique, quelques comptoirs sur les côtes occidentales et, à l'extrémité méridionale du continent, les deux colonies du *Cap* et du *Natal*.

Ce domaine s'est agrandi considérablement de 1850 à 1914. Il a fini par comprendre plus du quart des terres émergées et plus du quart de la population du monde. Aucun autre domaine colonial ne pouvait lui être comparé.

La politique coloniale britannique

L'accroissement de l'Empire anglais ne s'est pas fait de 1850 à 1914 sans de multiples vicissitudes. On peut distinguer, en simplifiant, deux périodes successives dans l'évolution de la politique coloniale britannique.

Jusque vers 1875, les dirigeants anglais — presque toujours des libéraux — se sont montrés peu favorables à une nouvelle expansion. L'application généralisée du libre-échange et l'indiscutable primauté, industrielle et commerciale de l'Angleterre semblaient en effet rendre inutiles d'autres acquisitions. Le principal tenant de cette politique a été le grand ministre libéral Gladstone.

Un changement a commencé à se dessiner, autour de 1875, sous l'impulsion du chef conservateur Disraeli et de plusieurs écrivains ; l'historien *Seeley*, notamment, a célébré ce qu'il nommait *« la plus grande Angleterre »*. Cette évolution s'est renforcée à partir de 1885 et un impérialisme colonial anglais a achevé de se former. Il a réclamé non seulement de nouveaux accroissements de l'Empire mais encore l'organisation de celui-ci en un ensemble fortement uni. Deux noms symbolisent ce nouvel aspect : celui de *Chamberlain* et celui de *Kipling.* Comme ministre des Colonies d'abord, puis comme chef de la coalition unioniste, Chamberlain a insisté surtout sur les *facteurs économiques* qui imposaient la nouvelle politique coloniale. Kipling a principalement mis en avant — dans ses poèmes et ses romans —, des *arguments mystiques et humanitaires :* l'Angleterre, nation choisie par Dieu pour apporter aux peuples «de couleur» les bienfaits de la «civilisation blanche» ; c'est en partie grâce à lui que le peuple anglais s'est — assez lentement d'ailleurs — passionné pour l'expansion.

L'Inde. La révolte des cipayes

L'Inde est demeurée, pendant toute cette période, le grand sujet d'orgueil — et le grand souci — des dirigeants anglais. Ils ont lutté pour la maintenir sous la domination britannique ; pour l'organiser au mieux des intérêts métropolitains ; pour en protéger les accès, proches ou lointains.

L'Inde restait encore, en 1850, sous l'administration de la vieille Compagnie des Indes, mais son régime fut modifié à la suite d'une révolte des soldats indigènes, les *cipayes.* Cette révolte, qui éclata en 1857 dans la vallée du Gange ; y sévit — d'une façon atroce — durant deux ans et faillit entraîner la ruine de la domination anglaise. Ses causes furent d'ordre politique, religieux et militaire. L'action brutale d'un gouverneur général, Lord Dalhousie, avait dressé contre la Compagnie plusieurs princes influents de la vallée du Gange ; le peuple reprochait aux missionnaires protestants anglais de vouloir éliminer les vieilles religions nationales ; le prestige des officiers anglais venait d'être affaibli par les revers — considérablement grossis dans l'opinion — de la guerre de Crimée.

La principale conséquence de la révolte fut qu'après la répression de celle-ci, la Compagnie des Indes fut supprimée. L'Inde devint une *colonie de la Couronne*, administrée à Londres par un ministre spécial et, sur place, à Calcutta, par un vice-roi. Cette organisation fut complétée en 1876, lorsque Disraeli fit proclamer la reine Victoria *impératrice des Indes.*

L'Inde après 1860

Les Anglais se sont surtout préoccupés, après 1860, d'exploiter l'Inde au mieux de leurs intérêts et des intérêts des Hindous — dans la mesure où ces derniers coïncidaient avec les leurs. Ils ont développé et amélioré les cultures ; ils ont combattu les *famines* et les *épidémies* ; ils ont même permis la création de certaines industries, telles les *industries textiles*, capables de fournir du travail à une population qui s'accroissait rapidement. Par ailleurs cependant, ils ont empêché la fondation d'industries lourdes qui auraient pu concurrencer les industries métropolitaines similaires ; ils ont aussi écarté systématiquement les indigènes des postes administratifs élevés, ces postes restant réservés aux fonctionnaires britanniques du « Service Civil ».

Un tel comportement provoqua, surtout après 1900, les doléances d'une minorité d'Hindous riches et instruits. Un parti d'opposition, *le parti du Congrès* finit par se former. Il réclama une association plus grande des Hindous aux affaires de leur pays, une modification de la politique économique, ou même le départ immédiat des Anglais et l'octroi d'une *entière indépendance ;* son action prit, à l'occasion, une allure terroriste. En même temps qu'ils réprimaient sévèrement les manifestations et les attentats, les dirigeants anglais crurent dès lors bon de faire certaines concessions. Un nouveau statut, sensiblement plus libéral, fut accordé à l'Inde peu avant 1914.

La protection de l'Inde. L'Égypte

Pour défendre leur domination dans l'Inde, les Anglais n'ont pas cessé, depuis 1850, d'en surveiller les accès. Ils ont aussi cherché à étendre leur domination, ou leur influence, sur les pays voisins. Leurs efforts pour s'établir en *Afghanistan* échouèrent (1880), mais ils imposèrent leur protectorat au *Baloutchistan.* Une sorte de droit de contrôle — fort vague — leur fut reconnu sur le *Tibet* (1904). Les succès furent plus notables à l'Est : la *Birmanie* du Sud fut annexée dès 1852 ; le reste du pays fut conquis en 1885.

La politique anglaise à l'égard de l'*Égypte* fut aussi, en grande partie, déterminée par le souci de garantir la sécurité de l'Inde. En effet, à partir du moment où le canal de Suez fut achevé (1869), la route des Indes passa par l'Égypte. Cette politique s'ébaucha dès 1875 ; elle aboutit, en 1882, à l'occupation militaire du territoire égyptien et à l'installation d'un résident anglais auprès du maître du pays, le Khédive.

Pratiquement tout-puissants en Égypte jusqu'à 1914, les Anglais s'y comportèrent à peu près comme dans l'Inde, réalisant d'utiles réformes, mais faisant preuve aussi, en d'autres cas, d'un égoïsme excessif. Comme dans l'Inde aussi, ce comportement suscita en Égypte, surtout après 1900, une vive *opposition nationaliste.*

L'Afrique orientale et occidentale

Sous couvert de faire respecter les droits traditionnels de l'Égypte sur la vallée du Haut Nil, les Anglais établirent, en fait, entre 1895 et 1898, leur domination sur le *Soudan oriental.* D'autres acquisitions furent faites par eux, au sud du Soudan, dans les régions du *Kenya* et des grands lacs africains, au prix d'expéditions guerrières contre les tribus noires de ces pays et de difficultés diplomatiques parfois aiguës avec l'Allemagne (1890).

Dans le même temps, les Anglais se constituèrent aussi un vaste domaine en *Afrique occidentale :* la Gambie, la Côte de l'Or, le Sierra Leone et surtout le Nigeria. Les frontières de cette dernière colonie furent définitivement fixées en 1890, à la suite d'un important accord franco-anglais.

Les Anglais dans l'Afrique australe

L'Afrique australe a été, entre 1850 et 1914, la région du monde où l'impérialisme anglais — et même l'impérialisme tout court — a le mieux révélé son inspiration et ses méthodes. La politique que l'Angleterre y a suivie mérite donc, à ce titre, d'être soigneusement étudiée.

L'Angleterre, en 1870, ne possédait encore, en Afrique australe, que les *deux colonies* du Cap et du Natal. Deux États, indépendants et dirigés par des Blancs, les *républiques boërs* de l'Orange et du Transvaal, s'étendaient au nord de ces colonies. Les Anglais ne s'intéressaient guère alors à ces pays ; l'Afrique australe venait en effet de perdre son importance depuis que la route des Indes ne passait plus par le Cap. L'intérêt des Anglais pour cette partie lointaine de l'Afrique se réveilla surtout lorsqu'on découvrit au Transvaal des *gisements aurifères* d'une extrême richesse (1886). Une expansion dans ces régions apparut dès lors nécessaire. Elle fut prônée et dirigée de Londres par Chamberlain. Un financier anglais qui, s'étant établi au Cap, était devenu premier ministre de la colonie, *Cecil Rhodes,* en fut l'énergique réalisateur.

Les Anglais commencèrent par *isoler les États boers* en annexant tous les pays limitrophes, qui pouvaient encore être considérés comme vacants : le pays des *Zoulous*, celui des *Betchouana*, les terres bordant de part et d'autre le Zambèze — ces dernières recevant, après leur annexion et en hommage à Rhodes, le nom de *Rhodésia* (1895). L'encerclement réalisé, Rhodes escomptait que les Boers se résigneraient à passer sous la domination, ou tout au moins la tutelle, anglaise.

La guerre anglo-boer

Les avances de Rhodes furent cependant repoussées par le chef de l'État du Transvaal, le *président Krüger* — un vieillard irréductible —, et, pendant plus de quatre ans (1895-1899), l'expansion anglaise dans ces régions subit un temps d'arrêt. Les événements décisifs ne survinrent que lorsque l'Angleterre eut reconquis le Soudan égyptien et réglé les graves difficultés qui l'opposaient, à ce propos, à la France. Chamberlain et Rhodes accentuèrent alors leur pression sur Krüger. Mais celui-ci resta intransigeant et les pourparlers entrepris furent, en fin de compte, rompus. L'*Angleterre entra en guerre* contre le Transvaal et l'Orange.

La *guerre anglo-boer* dura plus de deux ans et contraignit l'Angleterre à mettre en ligne 450 000 hommes. Les Boers connaissaient admirablement le pays ; tireurs exercés, ils avaient chacun leur cheval et formaient une infanterie montée insaisissable. Les Anglais manquaient de cavalerie, devaient faire venir leurs renforts et leurs munitions d'Angleterre ou d'Australie. Au début de la campagne ils subirent quelques graves défaites et le Natal fut envahi. Mais leur sang-froid, la ténacité de leurs chefs, *lord Roberts* et *lord Kitchener*, leur énorme supériorité numérique devaient, à la longue, leur donner la victoire. En vain les généraux boers harcelèrent-ils les Anglais en multipliant les coups de main. Pour avoir raison d'eux, Kitchener saccagea le pays.

L'Union sud-africaine

Abandonnés à eux-mêmes, les Boërs durent accepter la *paix de Pretoria* (31 mai 1902), qui les plaçait sous la domination anglaise. Mais, après avoir atteint son but, l'Angleterre sut se montrer généreuse. Le Transvaal et l'Orange reçurent bientôt, chacun, leur *autonomie* (1906 et 1907). Puis un pas nouveau fut franchi : en 1910, les quatre colonies autonomes de l'Afrique australe — le Cap, le Natal, l'Orange et le Transvaal — purent s'unir en une fédération — l'*Union sud-africaine* —, dont l'organisation fut inspirée de celle que le Canada avait reçue dès 1867 et l'Australie en 1901.

Le Canada et l'Australasie

A dire vrai, on ne peut guère parler d'impérialisme, lorsqu'on retrace l'histoire des colonies anglaises du Canada et de l'Australasie après 1850 ; il n'y a eu en effet dans ces pays ni conquête ni guerre mais seulement une prise de possession et une mise en valeur progressives, à la suite de l'arrivée massive des émigrants européens. Les principaux problèmes qui se sont posés alors au Canada comme en Australasie ont été en fait des *problèmes d'organisation*.

Le *Canada* proprement dit ne comportait encore, en 1850, que quatre provinces : l'Ontario, le Québec, le Nouveau Brunswick et la Nouvelle Écosse ; s'y ajoutaient les territoires de la Colombie, à l'ouest, et de Terre-Neuve ; dès cette époque, chaque province était pourvue d'un *gouvernement respon-*

sable. Une grande transformation fut opérée en 1867, lorsque le parlement anglais autorisa les provinces canadiennes à s'unir en une fédération — ou, comme on dit, un *dominion* —, ayant son parlement fédéral et son gouvernement fédéral. Le nouvel État s'agrandit par la suite au fur et à mesure que de nouvelles provinces se créèrent.

La croissance de l'*Australie* après 1850 résulta surtout de l'afflux d'immigrants attirés par les nouvelles mines d'or. Les cinq colonies existant en Australie en 1900 comptaient — avec la Tasmanie — plus de 4 millions d'habitants. Ces colonies, qui avaient déjà reçu, comme les provinces canadiennes, leur autonomie, furent, à l'exemple du Canada encore, unies en dominion, le 1er janvier 1901. La *Nouvelle-Zélande* devint, à son tour, un dominion distinct en 1907.

L'organisation générale de l'Empire

Par-delà les problèmes d'organisation particuliers à chaque secteur du domaine anglais, un problème général d'organisation de l'Empire anglais s'est posé à partir des dernières années du XIXe siècle. L'homme politique qui s'en préoccupa le plus fut Chamberlain ; la pensée qui l'inspira fut qu'il fallait à tout prix resserrer l'union entre la métropole, les dominions et les colonies afin que fût vraiment formée une *Fédération impériale*.

Des *conférences coloniales* furent, dans cette intention, réunies à Londres à partir de 1887 ; elles n'eurent pas grand effet. On créa également en 1907 un *comité de Défense nationale* et un *État-major impérial* ; l'armement des troupes métropolitaines et des troupes des dominions fut uniformisé. Par ailleurs, Chamberlain, vous le savez, entreprit aussi de susciter la création d'un *ensemble économique impérial* dans lequel le libre-échange serait maintenu mais qui serait protégé contre la concurrence des produits étrangers par des barrières douanières. Ses efforts se heurtèrent aussi bien à l'opposition des électeurs anglais qu'aux réticences du Canada, qui commençait à s'industrialiser. La Fédération impériale ne put ainsi pas davantage se constituer au point de vue économique qu'au point de vue politique.

L'expansion Européenne de 1850 à 1914
La colonisation française.
Les autres colonisations

I. — La colonisation française

Le domaine colonial français

Comparé au domaine anglais contemporain, le domaine colonial français restait bien limité en 1850. Il comprenait : 1° les *débris de l'ancien empire colonial*, c'est-à-dire Saint-Pierre et Miquelon, la Guadeloupe, la Martinique et la Guyane, en Amérique ; les comptoirs du Sénégal, en Afrique ; l'île de la Réunion, dans l'océan Indien ; les cinq comptoirs hindous, en Asie ; 2° les *acquisitions de la Monarchie de Juillet :* l'Algérie, les comptoirs de la Côte d'Ivoire et du Gabon, Mayotte et Nossi-Bé — aux abords de Madagascar —, quelques îles du Pacifique, dont Tahiti.

Soixante-quatre ans plus tard, en 1914, l'empire colonial français, s'il était toujours moins vaste que l'empire anglais, n'en comprenait pas moins d'immenses possessions en *Afrique du Nord* et en *Afrique Noire*, ainsi qu'un bloc cohérent et riche de territoires en *Indochine*, sans compter des îles ou des archipels océaniens, et divers établissements dispersés.

La politique coloniale française jusqu'à 1880

Quatre périodes successives peuvent être distinguées dans l'évolution de la politique coloniale française entre 1852 et 1914.

De 1852 à 1860, le gouvernement impérial fit preuve d'un large esprit d'entreprise, sous l'impulsion des *marins* — soucieux d'établir des points d'escale — et des *missionnaires catholiques* — désireux d'assurer le plus grand succès possible à leur œuvre d'évangélisation. D'autres problèmes — difficultés européennes ou expédition du Mexique — détournèrent, par la suite, plus ou moins Napoléon III des questions coloniales. Cependant l'expansion ne cessa pas, grâce aux *initiatives de certains administrateurs locaux*, le commandant du génie Faidherbe au Sénégal, les amiraux qui gouvernaient la Cochinchine.

Après sa défaite de 1871, la France traversa, dans le domaine colonial comme sur le plan de la politique internationale, une période de « *recueillement* », qui se prolongea jusque vers 1880. Il y eut moins d'initiatives gouvernementales encore que de 1860 à 1870. On conserva ce qu'on possédait ; on n'acquit à peu près rien. Une quatrième période commença à ce moment. Elle comporta d'abord des *initiatives privées* : ainsi les missions de Savorgnan de Brazza. Puis les républicains, satisfaits d'avoir enfin établi solidement la République, se lancèrent délibérément dans la voie, alors toute nouvelle, de l'impérialisme.

L'essor de l'impérialisme français (1880-1885)

Le premier entre tous les dirigeants de la IIIe République, *Gambetta* osa rompre avec la politique de recueillement. Il mit son influence et son prestige au service de l'action coloniale ; il fut le véritable inspirateur de l'expédition française en *Tunisie* qui aboutit à l'occupation de ce pays (1881). *Jules Ferry*, soucieux par-dessus tout de politique intérieure, se montra d'abord plus réservé et ne suivit qu'avec hésitation Gambetta, mais il devint bientôt, à son tour, un partisan ardent de l'expansion ; par son initiative et grâce à sa ténacité, le domaine français s'agrandit, entre 1883 et 1885, de l'*Annam* et du *Tonkin*, en même temps que l'occupation ou la conquête du *Congo*, du

Soudan et de *Madagascar* était amorcée. Ferry, par ailleurs, fut le principal théoricien de l'impérialisme français ; il fut le premier à en dégager les principes fondamentaux et les buts essentiels.

La politique coloniale, telle que Gambetta et Ferry la conçurent ou la pratiquèrent après 1880, fut combattue à la fois par les *royalistes* et par les *radicaux*, qui suivaient Clemenceau. Le principal argument des adversaires de l'expansion était à ce moment l'*argument national :* une pareille politique, disaient-ils, mettait la France hors d'état d'agir sur le continent européen ; elle risquait surtout de faire oublier aux Français ce qui devait rester leur souci essentiel : la *reprise de l'Alsace et de la Lorraine.*

La politique coloniale après 1885

L'opposition à la politique d'expansion persista après la chute de Ferry (1885). Elle fut dès lors conduite surtout par les *socialistes*, adversaires par principe du «colonialisme», dans lequel ils voyaient un intolérable moyen d'oppression ; leur principal porte-parole fut, à partir de 1900, le grand orateur *Jaurès :* il ne cessa de dénoncer avec vigueur, à la tribune de la Chambre comme dans ses articles de *L'Humanité*, les «louches spéculations financières» qui se tramaient, disait-il, derrière les diverses entreprises de colonisation.

Cependant, en dépit de cette opposition, la politique coloniale resta entreprenante et de *nouveaux résultats substantiels* furent obtenus tant en Afrique qu'à Madagascar et en Extrême-Orient, de 1890 à 1914. La présence fréquente dans les gouvernements d'*anciens collaborateurs de Ferry* explique en partie cette persévérance. D'autre part les gouvernements furent encouragés et soutenus par le *revirement de l'opinion publique.* Longtemps indifférente aux questions coloniales ou même hostile aux expéditions, celle-ci s'y montra en effet plus favorable à partir du moment où la colonisation commença à se révéler payante. La constitution d'une *armée coloniale de métier* (1900) fit aussi disparaître la crainte qu'on avait de voir les appelés du contingent participer à des campagnes outre-mer.

Les Français en Afrique. Algérie et Tunisie

L'Afrique a été, de 1850 à 1914, le domaine principal de la colonisation française. Un effort vigoureux y a été poursuivi dans toutes les directions à partir des bases ou des comptoirs que la France y possédait déjà. Les trois grands secteurs de cette politique africaine ont été : l'Afrique du Nord et le Sahara ; l'Afrique Noire ; Madagascar.

La conquête de l'*Algérie* était à peu près terminée en 1850. Il restait cependant à soumettre les montagnards des *Kabylies :* ce fut fait dès 1857. Il restait aussi à assurer la sécurité des confins algériens du Sud, sans cesse menacés par les pillards sahariens : les *oasis du nord du Sahara* — Laghouat, Ouargla, Touggourt — furent occupées progressivement de 1852 à 1860.

La possession de l'Algérie une fois assurée, une nouvelle tâche se proposa aux dirigeants français : *garantir* la présence française en Algérie en étendant l'influence ou la domination françaises sur les *pays limitrophes :* la Tunisie, le Maroc, le Sahara central et méridional. Différée de 1860 à 1879, cette tâche fut inaugurée après l'arrivée au pouvoir des républicains, en 1880 ; elle était à peu près achevée en 1912, à la veille de la Grande Guerre.

La question de *Tunisie* fut posée et résolue la première. La Tunisie était un État vassal de la Turquie, qui avait pour souverain un bey. Les Français y exerçaient une forte influence, mais s'y heurtaient à la résistance d'une nombreuse *colonie italienne*, fermement soutenue par le gouvernement italien. En 1881, la situation devint telle que, sur les instances de Gambetta, Jules Ferry, alors président du Conseil, se décida à agir. Les incessantes pilleries commises à la frontière algérienne par des tribus tunisiennes, les *Kroumirs*, servirent de prétexte à l'entrée des troupes françaises en Tunisie (avril 1881). Le bey n'essaya pas de résister ; il signa le *traité du Bardo* qui plaçait la Tunisie sous le protectorat de la France (12 mai 1881).

Le Sahara et le Maroc

Après la Tunisie, l'expansion française au Maghreb a visé le *Sahara algérien*, dont l'occupation devait assurer à la fois la sécurité de l'Algérie vers le Sud et la liaison avec les nouvelles colonies de l'Afrique Noire. On occupa dès 1882 *Aïn-Sefra* et les oasis du *Mzab*, puis il y eut, pendant vingt ans, un temps d'arrêt. Les opérations décisives eurent lieu à partir de 1900. On prit possession des oasis du *Touat* (1901), puis de celles du *Hoggar*, en plein cœur du désert saharien. La police du désert fut assurée par l'organisation de compagnies indigènes de «*méharistes*».

La situation du *Maroc*, qui flanque l'Algérie à l'ouest comme la Tunisie le fait à l'est, explique que tôt ou tard les Français devaient chercher à y établir leur influence. Envisagée à plusieurs reprises depuis 1840, la pénétration française avait cependant toujours été différée soit par crainte de *complications internationales*, soit parce que des *sultans énergiques* avaient réussi à maintenir un calme au moins relatif. L'intervention française ne fut, en fait, décidée que lorsque l'incapacité d'un nouveau sultan, Abd-ul Aziz, eut fait renaître l'anarchie et que des empiétements étrangers purent être redoutés (1896).

Contrairement à ce qui s'était passé pour la Tunisie, l'entreprise apparut tout de suite très difficile par suite de la *nature montagneuse* du pays, de la *valeur guerrière* de ses habitants et surtout de l'*opposition* que fit aux tentatives françaises l'empereur allemand Guillaume II. La signature d'un accord franco-allemand sur le Maroc n'intervint qu'en 1911. *Le protectorat français sur ce pays fut aussitôt proclamé* (1912). Il ne resta plus dès lors qu'à assurer militairement la pacification des régions dissidentes. Le général *Lyautey*, qui avait fait ses preuves au Tonkin et à Madagascar, en fut chargé. Dès avant la fin de 1912, la capitale du Sud, *Marrakech*, était occupée ; en 1914, la prise de possession de *Taza*, aux confins algéro-marocains, assurait la liaison avec l'Algérie.

L'Afrique Noire

L'expansion française en Afrique Noire reçut une impulsion décisive dès le Second Empire, grâce à l'action de *Faidherbe* au Sénégal. Nommé en 1854 gouverneur des comptoirs français de la région, celui-ci entreprit en effet aussitôt de transformer ces comptoirs en colonie, en conquérant leur arrière-pays ; il sut aussi trouver les modes de conquête et de colonisation appropriés à ce nouveau champ d'action. En 1865 — année du départ définitif de Faidherbe — le Sénégal s'étendait jusqu'au cours supérieur du fleuve dont il porte le nom ; son commerce — la traite des *arachides* — avait triplé ; des missions d'exploration avaient été envoyées plus loin encore vers l'intérieur, en direction du *Niger supérieur.*

Après un temps d'arrêt qui dura jusque vers 1880, la pénétration du *Soudan occidental* recommenca, la conquête et la pacification allant souvent de pair avec l'exploration. Elle se fit en partant à la fois de la colonie du Sénégal et des comptoirs établis sur la côte du golfe de Guinée. *Les missions envoyées du Sénégal* parvinrent, en dépit de la résistance acharnée de certains potentats locaux, jusque sur le cours supérieur du Niger (1880-1893), puis les Français entrèrent à *Tombouctou*, tête de ligne des caravanes à destination du Maghreb (1893). La pacification des régions situées dans la boucle du Niger fut effectuée un peu plus tard, après la destruction de l'empire musulman qu'avait fondé un chef noir, *Samory* (1898). La progression, *à partir des côtes du golfe de Guinée*, fut relativement aisée dans l'arrière-pays de la *Guinée* et de la *Côte d'Ivoire* (1887-1889), mais elle nécessita de vigoureux efforts militaires au *Dahomey*; il fallut envoyer des forces importantes pour vaincre le puissant roi de ce pays, Behanzin (1892).

La fondation du *Congo français*, en Afrique équatoriale, fut due à *Savorgnan de Brazza*, qui agit d'abord à titre privé (1875-1878), puis en tant que chargé de missions officielles (1879-1880). Brazza fit passer le Gabon et le Moyen Congo sous la domination de la France, sans coup férir et en gagnant la confiance des indigènes par son comportement loyal. Au contraire, la pénétration dans la région du *Tchad* se révéla très difficile. Elle ne s'acheva, en fait, qu'en 1900, quand trois missions venues de l'Algérie, du Soudan et du Moyen Congo eurent fait leur jonction et eurent détruit l'empire noir établi par un émule de Samory, le féroce marchand d'esclaves *Rabah.*

L'Afrique orientale. Madagascar

Alors qu'elle s'est formé un vaste empire dans la partie occidentale de l'Afrique Noire, la France ne s'est guère manifestée en Afrique orientale où l'Angleterre et l'Allemagne se sont taillé les meilleures parts. La seule occupation française dans ces régions fut, au débouché de la mer Rouge sur l'océan Indien, celle d'un petit territoire sur la côte des Somalis. Le port d'*Obock* (1862), puis celui de *Djibouti* (1892) y furent fondés et équipés pour servir d'escales sur la route des Indes et de voies d'accès vers l'empire d'Ethiopie.

Exclue d'Afrique orientale, la France a trouvé une appréciable compensation dans l'annexion de la grande île de *Madagascar*, séparée de l'Afrique australe par le canal de Mozambique. Cette annexion, qui se fit en 1896, apparut comme la conclusion logique d'une longue histoire.

Les Français avaient pris pied à Madagascar dès le XVIIe siècle. Puis ils avaient engagé, dans la première moitié du XIXe siècle, une *lutte d'influence avec les Anglais :* Français et Anglais s'étaient disputé — avec des chances alternées — la faveur des souverains *hovas*, maîtres des hauts plateaux de l'île. Une première intervention française, en 1884, aboutit à la signature d'un traité — assez vague — de protectorat. L'insuffisance même de ce traité et de nouvelles crises provoquèrent, en 1895, une autre intervention militaire, beaucoup plus énergique. Un traité plus strict de protectorat fut imposé au souverain hova, puis, dès 1896, l'*annexion pure et simple de l'île* fut proclamée. La pacification, l'organisation et la mise en valeur de la nouvelle colonie furent aussitôt menées de main de maître par un colonisateur remarquable, le *général Gallieni.*

Les Français en Océanie et en Asie

Déjà maîtresse de plusieurs îles ou archipels en Océanie, la France y a aussi acquis, en 1853, la grande île de la *Nouvelle Calédonie*. Cependant les acquisitions qui ont été faites après 1850 en Asie ont eu une tout autre importance. La France est en effet devenue, par son installation dans la péninsule indochinoise, une *puissance extrême-orientale* au moment même où l'Extrême-Orient commençait à tenir une place de plus en plus grande dans la vie économique et politique du monde.

La Cochinchine et le Cambodge

La première intervention militaire de la France en Indochine, sous le Second Empire, a été directement provoquée par le souci d'assurer la sécurité des *missionnaires catholiques* que l'empereur d'Annam persécutait. Le désir de développer le commerce français en Indochine même et surtout d'établir, à travers l'Indochine, des voies de *pénétration commerciale* vers le Sud de la Chine a ensuite poussé à maintenir et à étendre les premiers établissements qu'on avait acquis. Les deux événements essentiels, entre 1852 et 1870, furent la conquête, d'abord partielle (1863), puis totale (1867) de la *Cochinchine*; l'établissement du protectorat français sur le royaume de *Cambodge*, voisin immédiat de la nouvelle colonie cochinchinoise (1863).

Le Tonkin, l'Annam et le Laos

Maîtresse de la Cochinchine et protectrice du Cambodge, la France a ensuite étendu sa domination ou son influence sur l'*Annam*, le *Tonkin*, les *plateaux moïs et laotiens.* Ces diverses acquisitions ont toutes été réalisées sous la Troisième République, entre 1880 et 1900.

L'idée de conquérir le Tonkin apparut dès avant 1870, à la suite d'une mission d'exploration que Francis Garnier dirigea dans l'intérieur du pays ; cette mission permit en effet d'établir que la vallée du Fleuve Rouge, au Tonkin, constituait la meilleure voie d'accès vers les provinces de la Chine du Sud. Cependant une première tentative pour occuper le Tonkin échoua tragiquement (1873) ; cet échec entraîna, pendant dix ans, l'arrêt de toute opération. En Indochine, comme en Afrique du Nord, en Afrique Noire ou à Madagascar, l'arrivée des républicains aux affaires marqua la reprise des initiatives. Gambetta et Ferry furent, ici encore, les deux initiateurs. Un incident, au cours duquel une petite force française envoyée au Tonkin, sous le commandement de *Rivière*, fut anéantie, fut suivi de l'envoi d'un corps expéditionnaire en Extrême-Orient (1883). Après une courte guerre, l'empereur d'Annam, maître du Tonkin, se soumit : *l'Annam et le Tonkin passèrent sous le protec-*

torat français. La crise ne fut pas terminée pour autant car la Chine, qui prétendait à une suzeraineté sur l'Annam, refusa de reconnaître le traité. Il fallut faire aussi la guerre à la *Chine* ; celle-ci dut en fin de compte s'incliner (1885).

La prise de possession des régions situées entre le territoire annamite proprement dit et le cours du Mékong fut effectuée par des moyens surtout pacifiques entre 1885 et 1895. Un courageux explorateur, *Maître*, fit reconnaître l'autorité française par les rudes habitants des plateaux moïs, tandis qu'un autre explorateur, *Pavie*, parcourait, tel Brazza au Congo, les montagnes et les plateaux du Laos, passant avec les chefs indigènes de nombreux traités de protectorat.

Les problèmes locaux d'organisation

Comme la colonisation anglaise la colonisation française n'a pas consisté seulement dans l'acquisition de nouveaux territoires. Des problèmes d'organisation ont exigé des solutions. On peut, à cet égard, distinguer les *problèmes locaux*, propres aux divers territoires, et les *problèmes d'organisation générale* de l'ensemble du domaine colonial.

Sur le plan local, les problèmes et les solutions ont naturellement varié selon les pays, les circonstances, le contexte politique ou international. Le Cambodge, la Tunisie, l'Annam puis le Maroc ont été organisés en *protectorats*, la France n'y assumant — en droit — qu'une fonction de contrôle. En revanche, la Cochinchine, les territoires de l'Afrique Noire, Madagascar ont été organisés en *colonies* soumises à une administration directe.

Les deux aspects de la question qui doivent retenir le plus l'attention ont été la formation de grandes *fédérations coloniales*, ainsi que la longue série de tentatives faites pour donner à l'*Algérie* un statut durable. La première grande fédération coloniale qui fut formée fut l'*Union indochinoise* (1887). Elle servit plus ou moins d'exemple pour les autres : l'*Afrique occidentale française* (1904) et l'*Afrique équatoriale française* (1910). A la différence des dominions britanniques, ces trois fédérations constituèrent seulement des cadres *administratifs*. Elles ne comportèrent ni parlement ni gouvernement responsable.

Le problème de l'organisation de l'Algérie fut, quant à lui, tout autant économique et humain qu'administratif. Il s'est présenté, durant toute la période, sous la forme d'une *alternative* : fallait-il considérer l'Algérie comme un pays ayant ses caractères particuliers ? fallait-il la traiter comme un simple prolongement de la France métropolitaine ? La première conception — dite de l'*association* — fut l'objet de deux essais de réalisation : l'un — qui prit une forme extrême —, de 1860 à 1870 ; l'autre, où l'application fut plus nuancée, de 1896 à 1914. La seconde conception — qualifiée d'*assimilation* — fut pareillement expérimentée à deux reprises : de 1852 à 1860, puis de 1870 à 1896. A dire le vrai, ni l'une ni l'autre conception ne donnèrent satisfaction. L'hésitation persistait encore en 1914.

Le problème d'organisation générale

Le problème d'une organisation générale de l'empire français ne s'est guère posé, en fait, qu'après 1885. Quelques efforts furent dès lors tentés pour donner une plus grande cohésion aux divers éléments que le domaine d'outre-mer comportait : un *secrétariat d'État aux colonies*, dépendant du ministère de la Marine, fut créé en 1887 et confié à l'un des chefs du «parti colonial», Etienne, député d'Oran ; un *Conseil supérieur des Colonies* — comprenant les sénateurs et les députés coloniaux ainsi que les délégués des colonies sans député — fut organisé en 1890 ; enfin un *ministère des Colonies* fut établi en 1894. Dans l'ensemble, cependant, les résultats restèrent très incomplets ; en 1914, par exemple, les territoires français d'outre-mer continuaient à dépendre, pour leur administration ou leur surveillance, de trois ministères différents : celui des *Colonies*, celui des *Affaires étrangères* — pour les protectorats — et celui de l'*Intérieur* — en ce qui concernait l'Algérie.

II. — Les autres colonisations européennes

Les autres colonisations

L'Angleterre et la France mises à part, trois autres puissances européennes ont eu, entre 1850 et 1914, une politique coloniale active. Par ordre d'importance : la Russie, l'Allemagne et l'Italie. Par ailleurs, et sans avoir cherché à acquérir des colonies, un autre État européen, la Belgique, s'est trouvé, à la suite de circonstances particulières, doté d'un immense domaine africain.

La colonisation russe

Comme la France et l'Angleterre, la *Russie* avait déjà pratiqué avant 1850 une politique d'expansion coloniale. Mais, avant comme après 1850, l'expansion russe a présenté des caractères particuliers : elle ne s'est guère exercée en effet que dans les immenses *territoires asiatiques* qui sont contigus à la Russie proprement dite ; elle a été uniquement *terrestre*. Par ailleurs cette expansion a, comme les autres expansions coloniales, eu tantôt des aspects pacifiques — ainsi en Sibérie occidentale — et tantôt des aspects guerriers — ainsi en Asie centrale. Enfin, il y a même eu un territoire — la Mandchourie — qui a suscité un *conflit international* — en l'espèce, une guerre que la Russie a livrée au Japon et qu'elle a perdue (1904-1905).

Le premier objectif de l'expansion russe a été, après 1856, la région du *Caucase*, encore en partie insoumise ; les derniers réduits de la résistance des montagnards musulmans du Caucase furent pris d'assaut dès 1859. La conquête des déserts et des riches oasis de l'*Asie centrale* se fit, pour l'essentiel, entre 1860 et 1890. Le nord et le centre du Turkestan furent conquis d'abord par des troupes venant de Sibérie occidentale (1865-1873), puis, après 1875, les Russes s'emparèrent tour à tour des oasis jalonnant les confins iraniens et de celles qui, à travers de très hautes montagnes, mènent vers les plateaux du Pamir. Aux terribles difficultés locales — le climat, l'ardeur guerrière des habitants — s'ajoutèrent ici les graves difficultés provenant des inquiétudes anglaises.

L'expansion pacifique russe en *Sibérie* avait certes commencé depuis longtemps. Elle s'accentua après 1880, quand le surpeuplement de la Russie fit encourager l'émigration et que la construction du *transsibérien* (1891-1901) eut rendu plus faciles les communications. En *Extrême-Orient*, une acquisition considérable fut réalisée en 1860, lorsque, uniquement par une pression diplomatique, le tsar obtint de l'empereur de Chine la cession de l'immense «*province maritime*». En revanche, la Mandchourie échappa en fin de compte, par la faute du Japon, aux ambitions impérialistes de la Russie (1905).

Les colonisations allemande et italienne

Tout occupés à réaliser l'unité italienne ou allemande, ni le Piémont ni la Prusse n'avaient pu, avant 1870, songer à une expansion. Les unités réalisées, les dirigeants de l'*Allemagne* et ceux de l'*Italie* durent aussi se préoccuper d'abord de consolider l'unification de leurs pays. On comprend ainsi que lorsque des ambitions coloniales — ou, pour mieux dire, impérialistes — s'éveillèrent chez les Allemands et chez les Italiens, les uns et les autres ne trouvèrent plus que difficilement à les satisfaire. Toutefois l'Allemagne, grâce à la prépondérance dont elle jouit, put obtenir de meilleurs résultats que l'Italie.

D'abord indifférent — ou même hostile — aux acquisitions coloniales, Bismarck changea d'avis vers 1880, sous la pression des milieux industriels désireux d'obtenir des débouchés. Il mit la puissance allemande au service des intérêts de ces milieux. Des colonies allemandes furent fondées en Afrique : le *Togo*, le *Cameroun*, le *Sud-Ouest africain*, l'*Afrique orientale allemande* (1884-1889) ; l'Ouest de la *Nouvelle-Guinée*, aux confins de l'Océanie, fut acquis également. Plus audacieux et d'esprit plus ouvert que Bismarck, Guillaume II eut aussi, après 1890, des visées coloniales plus vastes. Mais faute de territoires encore vacants, les acquisitions qu'il put faire restèrent insignifiantes : deux archipels océaniens — les *Carolines* et les *Mariannes* — qui furent, en 1898, rachetés à l'Espagne ; deux minces *bandes de territoires* agrandissant le Cameroun et le Togo, que la France céda en contrepartie de la reconnaissance de ses droits au protectorat marocain (1911).

Devancés, quant à eux, par les Français en Tunisie (1881), les Italiens purent du moins s'emparer, trente ans plus tard, de la *Libye*, après une guerre contre la Turquie (1911), mais cette possession n'était guère qu'un désert. D'autres efforts, dans la partie orientale du continent africain, leur valurent surtout des déboires : la guerre qu'ils firent à l'Éthiopie se termina en effet pour eux par une sévère défaite à *Adoua* (1896). L'Italie n'obtint, en fin de compte, dans ces régions, qu'un autre désert — la *Somalie* — et une étroite bande côtière sur la mer Rouge — l'*Érythrée*.

La Belgique et le Congo

La formation de l'immense territoire, qui devint plus tard le Congo belge, est résultée d'une série d'événements singuliers. Le principal rôle y fut tenu par un souverain, le roi des Belges *Léopold II*.

La première initiative de Léopold fut, en 1876, la fondation d'une *Association Internationale*, destinée en principe à proscrire l'esclavage dans tout le bassin du Congo. La seconde étape dans le déroulement de la question fut la réunion d'une importante *Conférence Internationale à Berlin* (1884-1885), destinée à procéder aux délimitations des frontières dans toute l'Afrique centrale. Grâce à l'habileté de Léopold et à la bienveillance de Bismarck, l'Association Internationale put se faire reconnaître la souveraineté de presque tout le bassin du fleuve. Elle disparut alors pour laisser place à un État indépendant du Congo, dont Léopold fut, à titre personnel, le souverain. L'État indépendant devint *colonie belge* à la mort de Léopold II, qui légua sa possession africaine à son royaume européen (1909). Ni le gouvernement, ni le parlement, ni le peuple belges ne parurent d'ailleurs, sur le moment, ravis de cette acquisition. Un état d'esprit impérialiste ne s'éveilla en Belgique que par la suite, après que d'immenses richesses minières eurent été découvertes au Congo.

L'expansion européenne de 1850 à 1914. L'impérialisme semi-colonial. Autres formes de l'expansion

I. — L'impérialisme semi-colonial

Une autre forme d'impérialisme

L'impérialisme colonial, dont il vient d'être question, a visé à soumettre certains pays — les *pays colonisés* — à la domination, à la fois politique et économique, d'autres pays — les *pays colonisateurs.* Même sous sa forme la plus atténuée — les protectorats — il a toujours gardé ce caractère. Une autre forme d'impérialisme s'est aussi manifestée dans la seconde moitié du XIXe siècle et au début du XXe. Elle a consisté dans les tentatives que certaines puissances ont faites pour obtenir, dans d'autres États, des *privilèges d'ordre économique ou financier ;* son point d'aboutissement a été la formation de ce qu'on appelle des *sphères d'influence économique.*

En fait, la différence entre l'impérialisme colonial et cet impérialisme économique est moins tranchée qu'il ne paraît d'abord. Des *mobiles politiques* se sont joints ordinairement aux mobiles économiques dans les divers essais faits pour établir des sphères d'influence. D'autre part, les États qui ont été soumis à une influence économique de cette sorte *n'ont pas non plus gardé leur entière indépendance politique* ; sans qu'ils en aient pris le nom ou les apparences, ils n'ont bien souvent été rien de plus qu'une sorte de protectorats. Certains historiens ont donné à ces États — théoriquement indépendants mais pratiquement dépendants — le nom, qui paraît justifié, de *semi-colonies.*

Le mouvement semi-colonial

Ce qu'on peut appeler le mouvement semi-colonial est à coup sûr antérieur à 1850. En effet, dès avant cette date, la Russie ou l'Angleterre avaient, par exemple, cherché — et parfois réussi — à faire de l'Empire ottoman une sphère d'influence. Le mouvement semi-colonial s'est précisé et accentué dans les dernières années du XIXe siècle et au début du XXe siècle, c'est-à-dire au moment où la *quasi-disparition* des derniers territoires «vacants» du globe n'a plus permis aux grandes puissances de pratiquer un impérialisme colonial proprement dit ; elles ont vu dans son succédané une autre issue pour leurs ambitions.

La puissance européenne qui a pratiqué le plus cette politique a certainement été l'*Allemagne* ; ce qu'on vous a dit sur la colonisation allemande permet aisément d'en comprendre la raison. Pour avoir été moins portées à pratiquer cette politique, l'Angleterre, la Russie et même la France ne s'en sont néanmoins pas abstenues complètement.

Le mouvement semi-colonial a provoqué des *crises internationales,* tout aussi graves — sinon même plus graves — que le mouvement colonial. Il a, comme ce dernier, mis plusieurs fois en danger, de 1890 à 1914, la paix du monde.

L'Empire ottoman

Les efforts des puissances européennes pour transformer l'Empire ottoman en semi-colonie ne se sont pas ralentis, mais au contraire accentués à la fin du XIXe siècle. La Russie et l'Angleterre ont continué à s'opposer, mais une troisième puissance

— l'Allemagne — est intervenue : c'est elle qui a, en fin de compte, remporté les plus grands succès.

L'établissement progressif de l'*emprise économique allemande* sur l'Empire ottoman s'est surtout manifesté sur le plan de la construction des voies ferrées et de l'exploitation des ressources minières. L'événement principal, dans cet ordre d'idées, a été la concession par le sultan à des sociétés allemandes, en 1903, du droit de construire un chemin de fer allant de *Byzance* — c'est-à-dire Constantinople — à *Bagdad* et à *Bassorah* — sur le golfe Persique ; ces sociétés ont, dans le même temps, reçu le privilège exclusif d'exploiter les gisements miniers se trouvant dans une zone de 30 kilomètres de part et d'autre de la voie. Dès avant 1914, les Allemands avaient construit — avec du matériel allemand et à l'aide de techniciens allemands — d'importants tronçons de ce qu'on appelait la *voie des 3 B ;* ils avaient aussi reconnu et entrepris d'exploiter les riches *gisements pétrolifères* de la région de Mossoul.

Le passage progressif de l'Empire ottoman dans l'*orbite politique de l'Allemagne* a commencé dès 1898, après un voyage triomphal que l'empereur Guillaume II a effectué dans le Proche-Orient. Il s'est marqué ensuite par l'influence considérable que l'ambassadeur allemand a exercée sur le sultan ; par l'envoi d'une *mission militaire* allemande pour instruire — voire même pour encadrer — les troupes ottomanes ; par la docilité croissante du sultan envers les dirigeants allemands dans les diverses crises internationales. Le terme logique de cette semi-colonisation a été l'*entrée en guerre de la Turquie,* aux côtés de l'Allemagne et de l'Autriche, en août 1914.

La Chine et la Perse

L'Empire chinois, en Extrême-Orient, et l'Empire de Perse, dans le Moyen-Orient, ont été, plus encore que la Turquie, des terres d'élection pour la politique semi-coloniale des puissances européennes. Ils étaient en effet, eux aussi, des *États faibles et incapables de résister à des pressions ;* d'autre part, ils passaient pour receler de grandes richesses ou occupaient, dans la géographie du monde, des *positions d'un intérêt exceptionnel.*

Le cas de la Chine devant être étudié dans un des chapitres

suivants, il ne sera ici question que du cas de la Perse. La Russie avait déjà tenté, dès avant le milieu du XIXe siècle, d'y établir son influence. Mais ses efforts à cet égard se sont surtout renforcés à partir du moment où, par la conquête du Turkestan, les deux pays ont eu une longue étendue de *frontières communes.* Tel qu'il se manifesta surtout après 1890, l'effort russe tendit à faire réserver à des sociétés russes la mise en valeur des régions de la Perse du Nord — *Azerbaïdjan persan* et *provinces caspiennes* — ; il ne visa pas moins à établir une sorte de tutelle sur le gouvernement de *Téhéran.* Les résultats obtenus au début du XXe siècle, se révélaient considérables à ce double point de vue.

L'Angleterre a cherché, comme la Russie et au même moment, à établir son influence économique et politique dans les *régions méridionales de l'Empire persan* — côtes du *golfe Persique* et plateaux autour de *Chiraz.* Elle réussit à obtenir la *concession exclusive* des riches gisements de pétrole qui venaient d'y être découverts (1905). Elle exerça, en fait, un véritable *droit de police* sur les côtes iraniennes du golfe Persique — un des accès possibles vers les ports hindous.

La manifestation de ces deux ambitions — russe et anglaise — ne pouvait manquer de provoquer — et provoqua — de violents conflits d'intérêts. Ceux-ci ne s'apaisèrent qu'après 1907, lorsque les deux puissances eurent signé — *sans même consulter le shah* — une convention établissant une sorte de partage économique de la Perse.

II. — Les autres formes de l'expansion européenne

Autres formes d'expansion

Les grandes explorations, la grande émigration, l'impérialisme colonial ou semi-colonial ne peuvent suffire à définir l'expansion européenne, telle qu'elle s'est manifestée de 1850 à 1914. Il faut y ajouter : l'*expansion économique et financière* de l'Europe dans les pays extra-européens, qui sont restés pleinement indépendants — États américains ou Japon, en Extrême-Orient —; l'*expansion religieuse* et celle que l'on peut appeler *idéologique* ou *culturelle*, aussi bien dans les pays devenus plus ou moins dépendants que dans les autres pays.

L'expansion économique en Amérique

Les meilleurs exemples que l'on peut donner d'une expansion économique européenne dépourvue de tout caractère impérialiste sont fournis par les États indépendants de l'Amérique, États-Unis ou États sud-américains. L'Europe y a investi d'énormes capitaux ; elle y a créé et dirigé d'importantes entreprises ; elle a encore exporté vers eux une grande quantité des produits qu'elle fabriquait — sans parler, bien entendu, de la main-d'œuvre de toutes sortes que l'émigration y a introduite.

L'*expansion financière* de l'Europe dans ces divers États s'est traduite tantôt par les *prêts* que les puissances européennes ou les épargnants européens ont consentis aux gouvernements américains, et tantôt par des *investissements* dans les affaires de ces pays. La plupart des capitaux que l'Europe a ainsi exportés sont venus d'Angleterre, de France et d'Allemagne. Les pays américains, qui ont bénéficié le plus de ces prêts ou de ces investissements, ont été — si l'on met à part le dominion canadien — l'Argentine et les États-Unis. L'*Argentine* avait, par exemple, reçu, en 1914, près de 20 milliards de francs-or, d'origine surtout anglaise. Le total des capitaux européens exportés aux *États-Unis* s'élevait, à la même date, à 25 milliards de francs-or environ, la participation de l'Angleterre étant de 13 milliards, celle de l'Allemagne de 5, et celle de la France de 2.

Peu nombreuses aux États-Unis, du fait de l'expansion prodigieuse du capitalisme dans ce pays, les *entreprises — agricoles, industrielles ou commerciales —*, d'origine européenne et dirigées par des Européens, ont été, pour ainsi dire, innombrables dans les divers États de l'Amérique du Sud, notamment en Argentine, au Chili et au Brésil. Les branches d'activité où l'on en a sans doute compté le plus ont été la *banque*, les *transports ferroviaires*, l'équipement électrique des villes. L'importance des *exportations* européennes de produits fabriqués est naturellement allée de pair avec celle des capitaux exportés et celle des établissements industriels ou commerciaux qui ont été fondés ;

les protagonistes européens de cette expansion ont aussi, dans les trois cas, été les mêmes.

L'expansion idéologique ou culturelle

L'Europe a naturellement exporté ses *institutions* — politiques, administratives, juridiques, etc. —, ses *façons de sentir et de penser* et même — dans la mesure où des climats différents le permettaient —, ses *modes de vie* dans les divers pays qu'elle a colonisés ; les « semi-colonies » se sont pareillement aussi mises souvent à son école. Son influence idéologique et culturelle ne s'est pas moins exercée dans les pays restés pleinement indépendants sur les autres continents. Bien au contraire, elle y a même été d'autant plus forte que ces pays étaient, pour la plupart, d'*anciennes colonies européennes*, qu'ils possédaient déjà en 1850 un peuplement d'origine européenne, que leur population a été grossie, après cette date, par le flot des émigrants européens. Si l'on met à part le *Japon*, où la civilisation européenne s'est, en quelque sorte, superposée à la vieille civilisation indigène, l'apport européen, dans le domaine idéologique et culturel, n'a fait ainsi, à la fin du XIXe siècle et au début du XXe, que renforcer et prolonger un apport beaucoup plus ancien.

L'expansion intellectuelle en Amérique latine

Les républiques sud-américaines — et plus spécialement l'*Argentine* et le *Brésil* — ont sans doute été les pays indépendants où l'expansion intellectuelle de l'Europe s'est, entre 1850 et 1914, manifestée le plus ouvertement. Elle y a été favorisée par l'ouverture de nombreuses écoles — de fondation et d'inspiration européennes —, par les voyages fréquents que les élites de ces pays ont accomplis dans les pays européens. Les influences qui ont agi le plus ont été celle des *anciennes métropoles* — l'Espagne et le Portugal —, celle de l'*Allemagne* — en Argentine notamment — et surtout celle de la *France*.

Parmi tous les exemples que l'on pourrait donner de cette expansion idéologique, on en retiendra seulement un : la faveur dont les *idées positivistes* — d'origine française — ont joui chez les classes dirigeantes du Brésil. La devise même, que cet État a adoptée en 1891 : « *Ordre et progrès* », a été directement empruntée à l'un des fondateurs du positivisme, le philosophe français Auguste Comte.

Les États-Unis de 1865 à 1914

I. — La reconstruction de l'Union. La question noire. La colonisation de l'ouest

La reconstruction de l'Union

Au mois d'avril 1865, la guerre de Sécession s'était terminée par la victoire des Nordistes. Il fallait maintenant refaire l'unité politique et morale de la nation; il fallait, comme disent les historiens américains, «reconstruire l'Union».

Malgré les vœux de la majorité du Congrès, le Président Lincoln était résolu à pratiquer à l'égard des vaincus une politique de conciliation. Il lui paraissait suffisant de leur demander le *désaveu de la sécession* et l'*abolition de l'esclavage*.

Forts de ces promesses, les États du Sud ratifièrent le 13e amendement à la Constitution, par lequel le Congrès venait d'interdire l'esclavage; ils accordèrent aux Noirs non pas les droits politiques mais du moins quelques droits civils, puis demandèrent à être réintégrés dans l'Union (décembre 1865). Mais Lincoln n'était plus — il avait été assassiné en avril — et tout son prestige n'aurait pas été inutile pour apaiser les esprits. Les membres du Congrès répugnaient à admettre parmi eux les anciens chefs de la Sécession, en qui ils voyaient d'ailleurs des rivaux politiques. C'est pourquoi, dans un esprit de vengeance, ils votèrent le *14e Amendement* : celui-ci excluait des fonctions publiques tous les Blancs qui, parlementaires, officiers ou fonctionnaires en 1860, avaient pris le parti de la Sécession.

Les gouvernements du Sud — sauf un — refusèrent de ratifier cet amendement qui signait leur mort politique. Pour les y contraindre, le Congrès fit occuper les États vaincus par des troupes fédérales et y établit des gouvernements nouveaux, formés de Noirs et d'aventuriers blancs venus du Nord[1] : ce fut pendant quelques années un régime inexprimable de concussion et d'incurie. Puis le Congrès vota le *15e Amendement* qui interdisait de priver non seulement des droits civils mais même des droits politiques un homme libre, «en raison de sa race, de sa couleur ou de son ancienne servitude». Les gouvernements nouvellement installés dans le Sud ratifièrent les 14e et 15e Amendements et les États vaincus furent alors réintégrés dans l'Union (1870). Mais les Blancs du Sud allaient longtemps conserver la haine de ce qu'ils appelaient «le crime de la Reconstruction».

Le Sud après la Reconstruction

De cette longue crise le *Sud sortit entièrement transformé.* La suppression de l'esclavage n'eut pas seulement pour conséquence l'affranchissement de quatre millions de Noirs, elle modifia profondément les conditions de la vie économique et sociale.

Jusque-là le régime du Sud était fondé sur la *plantation*, grande exploitation où le maître faisait travailler à la culture du coton de nombreux esclaves. Ruinés par la guerre et les impôts, beaucoup de planteurs furent contraints de vendre leurs domaines. Ceux-ci furent morcelés en petites exploitations louées à des métayers : *la grande propriété disparut.*

Du moins les ruines matérielles, accumulées par quatre années d'une guerre sans merci, furent-elles vite effacées. A la culture du coton, qui resta prépondérante, s'ajouta celle des pommes de terre et des primeurs et l'exploitation des produits

[1] Ces aventuriers étaient censés initier les Noirs à la vie politique ; en fait, ils se partagèrent les sinécures. On les appelait les *carpet-baggers* — les gens au sac de nuit — parce qu'ils avaient apporté tout ce qu'ils avaient dans une petite valise.

de ferme. L'industrie, textile d'abord puis métallurgique, jusque-là presque inexistante, prit un rapide essor : *ainsi se créa une classe moyenne* dans ces régions qui, entre les esclaves et les planteurs, n'avaient guère connu jusque là de bourgeoisie.

Les Noirs avaient reçu la liberté mais pas de terres. La plupart continuèrent à travailler chez des Blancs, à des conditions semblables à celles d'autrefois. Ceux qui avaient pu devenir métayers s'endettaient souvent — par ignorance, indolence et goût de la dépense — et ils tombaient, eux et leurs enfants, dans une sorte d'esclavage pour dettes qu'on appelait le *péonage*.

Quant à l'œuvre de vengeance édifiée par le Congrès, elle ne dura pas. En 1872, une loi rendit les droits politiques à ceux qui en avaient été privés au nom du 14ᵉ Amendement. Dès lors, dans chaque État du Sud, les Blancs chassèrent les Noirs des fonctions gouvernementales et reprirent peu à peu le pouvoir politique. C'était chose faite en 1877, quand les dernières troupes fédérales évacuèrent le Sud.

Le problème noir

Les Blancs n'osèrent pas tout de suite enlever officiellement aux Noirs les droits politiques qui leur avaient été conférés par le 15ᵉ Amendement. Ils se contentèrent de les empêcher de voter ou bien ils annulèrent en bloc tous leurs bulletins pour vice de forme. A partir de 1890, sûrs de n'être pas désavoués par les juges de la Cour Suprême, ils introduisirent dans la législation des clauses qui, sans violer la lettre du 15ᵉ Amendement, permettaient de *retirer le droit de vote aux Noirs :* nécessité de savoir lire, écrire et interpréter «correctement» un article de la Constitution, ou posséder une certaine fortune. Et, pour ne pas écarter par là même les Blancs illettrés ou pauvres, certains États recoururent à la *clause du grand-père*, d'après laquelle le droit de vote appartiendrait d'office à tous ceux dont le père ou le grand-père votaient en 1860 — date à laquelle aucun Noir n'avait le droit de vote.

Frustrés des droits politiques, les Noirs le furent même d'une partie des droits civils. Non seulement dans le Sud, mais dans tout le territoire de l'Union, ils furent tenus à l'écart : ils ne purent faire partie d'un jury; ils eurent leurs compartiments spéciaux dans les trains et les tramways, leurs écoles, leurs restaurants, leurs théâtres, leurs églises, leurs cimetières distincts et la loi interdit les mariages mixtes. Ils furent refoulés dans les fonctions les plus humbles sous le prétexte que l'égalité entre Noirs et Blancs aboutirait, dans les États où les Noirs sont nombreux, à un retour à la barbarie : Les efforts d'un Noir comme *Booker Washington*, qui créa une Université nègre pour élever le niveau de ses frères de couleur, n'eurent guère de résultats. A la moindre occasion, le préjugé de race amenait de la part des Blancs des violences, parfois même des *lynchages*[1]. Cette haine raciale posait un problème d'autant plus grave que le nombre des Noirs passa, entre 1865 et 1914, de quatre à dix millions : dans certains États, ils formaient, à cette dernière date, la majorité de la population.

La colonisation de l'Ouest

Pendant que l'Union se reconstruisait, un événement se produisait, presque aussi important pour l'avenir des États-Unis : la colonisation de l'Ouest.

L'Ouest, c'était, vers 1860, l'immense territoire qui s'étendait du Mississippi à la Californie, c'est-à-dire les Grandes Plaines et le massif des Montagnes Rocheuses. Cette région, jusque-là presque vide d'habitants, se peupla de Blancs en une vingtaine d'années. Dans les Rocheuses ce furent les *mines d'or et d'argent* qui attirèrent les immigrants; dans les Grandes Plaines ce furent d'abord la possibilité de l'*élevage des bovins* — d'immenses troupeaux, conduits par des *cow-boys*, transhumèrent entre le Mexique et le Canada —, puis les conditions excellentes pour la *culture du blé*. Attirés par les avantages que le gouvernement fédéral venait de leur offrir en 1862[2], beaucoup d'Américains venus des États de l'Est et un certain nombre d'immigrants européens peuplèrent les Grandes Plaines. Mais le pays ne put être mis en complète valeur qu'après avoir été uni à la région de l'Atlantique et à celle du Pacifique par des *chemins de fer*.

[1] On appelle ainsi des exécutions sommaires faites par la foule en l'absence de tout jugement régulier : c'est, dit-on, l'application de la loi de *Lynch* — individu sur lequel nous ne savons rien

[2] Une loi de 1862 donnait gratuitement 60 hectares de terre à quiconque s'engageait à les cultiver pendant cinq ans au moins.

Dès 1862, on avait décidé de lancer un transcontinental depuis la ville d'Omaha, sur le Missouri, jusqu'à San Francisco, de manière à relier le jeune État de Californie au reste de l'Union. La voie ferrée, longue de 2 700 kilomètres, fut achevée en 1869. Moins de quinze ans plus tard, trois autres transcontinentaux étaient en fonction et un cinquième fut inauguré en 1893. Les compagnies de chemins de fer se firent attribuer, souvent par les moyens les plus malhonnêtes, des subventions énormes, d'immenses étendues de terres et le droit d'imposer des tarifs à leur convenance. *Du moins les transcontinentaux allaient-ils non seulement hâter la mise en valeur de régions immenses*[1] *mais encore sceller définitivement d'un océan à l'autre l'unité de l'Union.*

II. — L'immigration. Le développement économique

L'immigration

Si les États-Unis sont devenus une des plus grandes Puissances du monde, ils le doivent à l'accroissement de leur population et à leur développement économique.

La population de l'Union, qui comptait 32 millions d'habitants en 1860, en comptait 50 en 1880, 76 en 1900 et environ 95 en 1914, dont 10 millions de Noirs et 300 000 Indiens. *Cette augmentation prodigieuse est due essentiellement à l'immigration européenne.* Celle-ci, favorisée par le gouvernement fédéral, n'a fait que s'accroître avec les années : de 1910 à 1914 le nombre des immigrants varia de 850 000 à 1 200 000 par an. Compte tenu de ceux qui revinrent par la suite dans leur patrie, *près de 20 millions d'Européens s'établirent définitivement aux États-Unis entre 1860 et 1914.* La plupart d'entre eux restaient dans les régions côtières de l'Est, où ils s'embauchaient comme ouvriers; cependant un certain nombre d'Allemands et de Scandinaves contribuèrent à peupler les terres à blé du Centre-Nord.

[1] Dès 1890, huit États nouveaux s'étaient formés dans l'Ouest. L'Union, qui comptait 36 États en 1865, en comptait 48 en 1914.

Jusqu'en 1890 les immigrants furent soit des Irlandais, soit des Anglais, des Allemands et des Scandinaves. *Après 1890 l'énorme majorité fut constituée par des Italiens et surtout des Slaves et des Juifs venus de Russie et d'Autriche-Hongrie.* Ces nouveaux arrivés, pour la plupart pauvres, souvent illettrés, s'entassaient dans les villes de l'Est, dont ils augmentaient le caractère cosmopolite, et leur assimilation s'annonçait lente et difficile. Cependant aucune mesure, jusqu'en 1914, ne fut prise pour limiter l'immigration — sinon celle des Chinois et des Japonais.

L'agriculture et ses problèmes

Depuis le début du XXe siècle, les États-Unis étaient devenus le premier pays agricole du monde. Grâce à l'*immensité de leur territoire, à la variété des climats et des sols, à l'emploi des machines*, ils fournissaient un cinquième du blé du monde, un tiers du tabac, plus de la moitié du coton et les deux tiers du maïs ; ils avaient des troupeaux immenses.

Cependant les cultivateurs américains connurent souvent des années difficiles, particulièrement entre 1870 et 1900. Beaucoup d'entre eux étaient en effet *endettés* et les prix agricoles étaient alors en baisse : aussi une mauvaise récolte suffisait-elle à les jeter dans la misère. Leur colère se tournait contre les compagnies de chemins de fer qui leur faisaient payer très cher le transport de leur bétail ou de leurs céréales aux ports atlantiques, contre les financiers qui leur prêtaient l'argent à des taux usuraires, contre les industriels qui leur vendaient à des prix très élevés l'outillage nécessaire. De 1890 à 1896 les États du Centre et de l'Ouest furent secoués par une «révolte agraire»; les paysans constituèrent des Unions de défense appelées *Granges*; ils formèrent même un nouveau parti politique, le *parti populiste* et exigèrent du gouvernement fédéral le contrôle des chemins de fer et des banques, la réduction des tarifs douaniers, la création d'un crédit agricole à bon marché et surtout l'*abaissement du prix de l'argent par une inflation massive*, ce qui leur permettrait de rembourser facilement leurs dettes.

A partir des dernières années du XIXe siècle, la situation des cultivateurs s'améliora et resta bonne jusqu'en 1920. De grands progrès furent réalisés; on entreprit des travaux d'irrigation dans les «terres arides», on tenta de remédier à l'épuisement du sol par l'emploi d'engrais et la rotation des cultures, on lutta contre le déboisement, on déclara propriété nationale d'immenses régions de forêts et de mines.

L'industrie américaine

Les progrès de l'industrie avaient été plus considérables encore. La puissance industrielle des États-Unis qui n'était, en 1860, que la quatrième du monde, avait conquis la première place dès 1894. Cet essor s'explique d'abord par l'*abondance et la variété des ressources minérales.* Les États-Unis produisaient en 1914 près de la moitié de la houille et du fer du monde, près des trois quarts du pétrole et du cuivre, plus des trois quarts du soufre, du zinc, du plomb; enfin, ils venaient au deuxième rang pour l'extraction de l'or et de l'argent. Ces matières premières étaient mises en œuvre par une industrie dont les principaux caractères étaient : *l'organisation scientifique des usines, la production en série* et *la concentration des capitaux.*

Il n'était pas, en 1914, de pays où l'organisation rationnelle des usines — malgré un terrible gaspillage — fût poussée aussi loin qu'aux États-Unis. La recherche du meilleur rendement, qui leur faisait adopter les derniers progrès techniques, incitait aussi les industriels à confier à chacun de leurs ouvriers, selon la méthode du *taylorisme*[1], le poste auquel il est tout particulièrement apte et où il rendra les services les plus grands en se fatiguant le moins.

Machinisme et taylorisme avaient pour conséquence la *standardisation.* On appelle de ce mot la fabrication en série de quelques types de produits indéfiniment répétés. La standardisation permet d'*augmenter la production*, d'*abaisser les prix de revient* et de *réduire le gaspillage.*

Le machinisme, le taylorisme, la standardisation avaient pour conséquence l'*énormité de la production.* Les usines ne

[1] Du nom de son fondateur, l'ingénieur Taylor (1856-1915).

travaillaient guère pour l'étranger en 1914, mais elles devaient suffire à la consommation des 95 millions d'habitants de l'Union, dont beaucoup étaient habitués au confort et ne regardaient pas à la dépense. Les industriels avaient d'ailleurs obtenu du gouvernement fédéral des *tarifs douaniers* très élevés, qui les protégeaient contre la concurrence étrangère. Ils profitaient aussi de l'abondance des *moyens de communication :* admirable voie d'eau des Grands Lacs, cabotage très actif le long des côtes, réseau ferré plus étendu que celui de l'Europe entière.

Les trusts. Le rôle du financier

Une telle industrie, fondée sur le machinisme et la production massive en série, supposait une puissante concentration à la fois industrielle et financière. Aux États-Unis elle prit le plus souvent la forme du *trust.* On appelle de ce nom une combinaison créée dans le dessein de *grouper sous une direction unique des entreprises jusque-là indépendantes.* Cette unification peut d'ailleurs se réaliser sous des formes très diverses.

C'est vers 1880 que les trusts apparurent aux États-Unis, lorsque *Rockefeller* constitua le trust du pétrole, connu plus tard sous le nom de *Standard Oil Company.* Puis toute une série de trusts suivirent : ceux du tabac, du cuivre, du sucre, de l'acier, du whisky. *Vanderbilt* était le «roi des chemins de fer» et *Carnegie* le «roi de l'acier». Le «trust de l'Océan» contrôlait près de la moitié des bateaux américains de l'océan Atlantique. L'opinion publique se montra en général défavorable aux trusts : elle les accusait d'accaparement et de tentative de monopole, dans le seul dessein d'enrichir une poignée de «milliardaires». Le gouvernement fédéral et les gouvernements d'États tentèrent à plusieurs reprises de contrôler l'action des trusts, mais, à supposer qu'ils l'aient sincèrement voulu, ils n'y réussirent jamais.

L'une des conséquences du développement des trusts a été la *dépossession de l'industriel par le financier.* Un trust industriel était dirigé non pas tant par un technicien que par un financier. Celui-ci poussait le trust à lancer de nombreuses émissions, puis il les plaçait dans le public. Il ne s'inquiétait pas que l'affaire fût solide ou non; l'essentiel à ses yeux était que les actions et les obligations fussent achetées par les épargnants et achetées au cours le plus élevé possible. Aussi agissait-il à la Bourse pour faire monter les prix, même de façon déraisonnable. Peu lui importait que l'affaire, ainsi «soufflée», s'effondrât brusquement et ruinât tous les souscripteurs. Le financier ne plaçait d'ailleurs pas lui-même dans le public ces emprunts, il les faisait placer par de nombreuses banques ou compagnies d'assurances qui les recommandaient à leur clientèle. Il lui fallait donc avoir barre sur elles : c'est pourquoi il essayait d'entrer dans leur Conseil d'administration ou d'y faire entrer des hommes qui lui fussent dévoués. Le type de ces grands milliardaires de la finance, au début du XXe siècle, était le banquier *Pierpont-Morgan.*

Cependant, en 1914, les États-Unis étaient encore les débiteurs de l'Europe.

Le problème ouvrier

Cet extraordinaire développement du capitalisme aurait pu entraîner une âpre lutte de classes. Il n'en a rien été : le problème ouvrier ne se posait pas aux États-Unis dans les mêmes termes qu'en Europe. Les organisations ouvrières — la plus importante était la *Fédération américaine du Travail*, fondée en 1881 — étaient de caractère purement syndical. Elles cherchaient à obtenir des patrons, sans recourir à l'État, des salaires plus élevés et des conditions de vie meilleures. Les ouvriers eurent principalement recours aux grèves, dont certaines, particulièrement chez les cheminots et les mineurs, prirent une ampleur redoutable, et ils arrivèrent souvent à leurs fins; beaucoup d'entre eux connaissaient, en 1914, un confort que la bourgeoisie européenne ignorait encore. Les patrons comprenaient d'ailleurs qu'il était de leur intérêt de donner à leurs employés un réel bien-être : le rendement du travail en serait accru et l'ouvrier, mieux payé, achèterait et consommerait davantage, pour le plus grand profit de l'industriel. C'était la théorie de *Henry Ford*, le fondateur de la fameuse firme d'automobiles.

Les idées marxistes n'eurent presque aucun écho aux États-

Unis. Les chefs des organisations ouvrières (dont le plus célèbre était Samuel Gompers, mort en 1926) rejetaient le principe de la lutte des classes et déconseillaient l'emploi de la violence. Loin de vouloir détruire la société capitaliste, ils aspiraient à y faire pénétrer les ouvriers.

Les mouvements ouvriers se heurtèrent souvent à l'opposition des gouvernements et de l'opinion publique. En particulier la Cour Suprême leur fut délibérément hostile ; elle usa de tous les subterfuges légaux pour condamner la grève ou le boycottage et annuler les lois qui, au détriment du patron, limitaient la durée du travail ou fixaient un salaire minimum. Au contraire, certains présidents de la République comme Th. Roosevelt (1901-1909) prirent parfois le parti des ouvriers.

III. — La vie politique

Caractères de la vie politique

Comme l'Empire allemand en 1914 ou la République helvétique, les États-Unis sont un *État fédéral.* Si le citoyen est soumis aux lois « nationales », votées par le Congrès de Washington, il l'est d'abord aux lois de l'État dans lequel il réside. Or la Constitution de 1787 a laissé aux États le soin de régler un très grand nombre de problèmes importants dans le domaine administratif, financier, scolaire, ecclésiastique, social. Dans chaque État le pouvoir législatif appartient à un Parlement élu composé de deux Chambres, et le pouvoir exécutif à un *Gouverneur* également élu.

La grande majorité de la nation se désintéresse des affaires publiques et elle en abandonne le soin à des hommes qui font de la politique un véritable métier, les *politiciens.* Ces politiciens sont extrêmement nombreux. Chacun des deux grands partis — républicain et démocrate — possède, en effet, sur toute l'étendue de l'Union une *hiérarchie de comités administratifs et électoraux :* assemblées primaires, conventions de district, conventions d'État, Convention nationale. Chaque localité a ses deux groupements politiques rivaux, les *rings.* dont les chefs sont les *bosses.* Le ring du parti qui a la majorité dans la localité gouverne — souvent par des moyens fort peu honnêtes —. Les administrations des villes de New York et de

Philadelphie sont restées longtemps célèbres pour leurs abus.

Le système des dépouilles, inauguré en 1829, était encore rigoureusement appliqué à la fin du XIXe siècle. Quand un parti l'emportait sur son rival, le nouveau Président révoquait presque tous les fonctionnaires fédéraux — les huissiers des ministères, les postiers et les receveurs de finances aussi bien que les ambassadeurs et les officiers de marine — pour les remplacer par des membres de son parti.

A la différence des démocraties anglaise et française, *la démocratie américaine n'est pas parlementaire.* Les ministres dépendent non du Congrès mais du Président de la République, qui est le chef réel du gouvernement[1]. Aussi l'activité des politiciens n'apparaît-elle jamais avec autant de relief qu'au moment d'une *élection présidentielle.* Tous les quatre ans, les Conventions nationales des deux partis élaborent leur programme électoral et, après des votes souvent fort nombreux et passionnés, désignent leur candidat. Puis, pendant trois mois environ, les comités de chaque parti font dans tout le territoire de l'Union une propagande effrénée. Les candidats eux-mêmes — depuis 1880 — parcourent le pays, cherchant surtout à gagner les «États douteux», où le succès sera particulièrement disputé. Enfin, le deuxième mardi de novembre, a lieu l'élection des *électeurs présidentiels* qui nommeront le Président au mois de janvier suivant.

Le Président n'est en effet choisi ni par le peuple, ni par le Congrès, mais par des électeurs spéciaux. Un État a droit à autant d'électeurs présidentiels qu'il compte de membres au Congrès[2]. Dans chaque État les deux partis dressent une liste de leurs électeurs présidentiels éventuels. Quand le vote populaire de novembre a donné dans un État la majorité à un parti, serait-ce une majorité de quelques voix, la liste des électeurs présidentiels de ce parti passe tout entière et constitue la représentation de cet État au vote du mois de janvier. Dès novembre donc, on sait qui sera l'élu[3]. En 1914, le nouveau Président

[1] C'est pourquoi ce régime politique est connu sous le nom de *régime présidentiel.*

[2] Un État, qu'il soit très peuplé ou qu'il le soit peu, a droit à deux sénateurs, mais il compte d'autant plus de députés que sa population est plus considérable.

[3] Ce mode de nomination du Président a pour conséquence que le chiffre de voix obtenu par lui à l'élection de janvier ne répond pas du tout à celui du mois de novembre précédent. Ce dernier seul permet de juger de la popularité d'un candidat dans le pays. Quand Wilson fut élu en janvier 1913, il eut pour lui 83 % des électeurs présidentiels ; cependant au mois de novembre précédent, il n'avait recueilli que 60 % des voix populaires. Il est même arrivé qu'un candidat ait été battu aux élections présidentielles, alors qu'il l'avait emporté sur son concurrent au vote populaire (ce fut le cas pour Cleveland en 1889).

entrait en fonction le 4 mars, date de l'inauguration du Gouvernement des États-Unis en 1789 par Washington.

Associations privées et partis politiques

Quelle que soit l'importance du rôle joué par les partis, ce n'est pourtant pas eux qui sont aux sources de l'action publique. Ce sont les associations privées — agricoles, industrielles, financières, patronales, ouvrières, politiques, ethniques, charitables, religieuses, moralisatrices — qui, par centaines, couvrent le pays. Pour faire accepter leurs revendications par les législatures d'États ou par le Congrès, ces syndicats d'intérêts matériels ou spirituels s'adressent aux partis politiques et font affaire avec celui qui consent à inscrire leurs demandes sur son programme. Les partis sont ainsi, comme on l'a dit, des « omnibus dans lesquels on monte avec ses bagages ». C'est pourquoi leur programme varie avec les circonstances, selon que la Convention nationale du parti met au premier plan de ses renvendications tel ou tel intérêt particulier. Il arrive même qu'elle passe sous silence un problème d'importance capitale, pour la seule raison que les groupements qui constituent le parti ont, sur ce point, des vues inconciliables.

Les clientèles dont se compose chaque parti ont, en effet, souvent des intérêts tout à fait divergents. Le parti républicain est, à coup sûr, celui des hommes d'affaires de l'Est, grands financiers et magnats de l'industrie, mais il est tout autant celui des classes moyennes dans l'intérieur et des agriculteurs dans les Grandes Plaines, quand le blé se vend bien. Le parti démocrate qui, dans le Sud, groupait en 1914 tous les Blancs, anglo-saxons d'origine et souvent puritains fanatiques, se posait dans les grandes villes de l'Est comme le défenseur des immigrants et choisissait ses politiciens parmi les Irlandais catholiques, pendant qu'il trouvait des adhérents dans l'Ouest s'il y avait mévente des céréales.

Républicains et démocrates

Depuis la guerre de Sécession, les deux grands partis ont été le parti *républicain* et le parti *démocrate*. Les républicains furent, de façon générale, partisans de la centralisation administrative, d'un tarif douanier protectionniste et d'une politique étrangère active. Les démocrates, au contraire, étaient hostiles à tout progrès du gouvernement fédéral, ils réclamaient un tarif douanier modéré et une politique de paix au dehors. Les démocrates l'emportèrent souvent au Congrès, mais les républicains occupèrent constamment la Présidence de 1861 à 1913, sauf pendant le double mandat de *Cleveland* (1885-1889 et 1893-1897). Les deux problèmes qui passionnèrent le plus l'opinion furent le *problème monétaire* et le *problème douanier.*

Jusque vers 1870, les États-Unis avaient vécu sous le régime du bimétallisme : l'or et l'argent étaient également acceptés comme *étalons monétaires*, c'est-à-dire que les paiements pouvaient toujours se faire dans l'une ou l'autre monnaie et que le gouvernement fédéral était tenu d'acheter les lingots d'or ou d'argent que les particuliers voulaient lui vendre. Mais, après cette date, le grand développement des mines de l'Ouest déversa sur le marché une telle quantité d'argent, que ce métal baissa énormément de valeur. Néanmoins les propriétaires de mines, appuyés par les fermiers de l'Ouest (qui voulaient, par une large émission de monnaie, faire hausser les prix de leurs denrées agricoles de façon à payer plus facilement leurs dettes), obtinrent du gouvernement fédéral, en 1878 et 1890, qu'il continuât d'acheter au prix de jadis une grosse quantité d'argent et qu'il la monnayât. Les financiers et industriels de l'Est s'indignaient de voir l'État contraint d'acheter à perte un métal déprécié que, d'ailleurs, l'Europe avait déjà presque entièrement abandonné comme étalon. La campagne présidentielle de 1896 se fit sur la question monétaire et amena le triomphe du monométallisme : le président *Mac-Kinley* fit proclamer l'or seul étalon monétaire (1900).

La question du *tarif douanier* opposa aussi violemment les deux partis. Les grands industriels de l'Est voulaient, par un tarif élevé, protéger leur industrie, et en même temps augmenter les ressources fédérales, ce qui permettrait une politique étrangère «ferme, vigoureuse et digne», appuyée sur une flotte puissante. Mais les paysans de l'Ouest et les gens du Sud se plaignaient du prix élevé des produits fabriqués et désiraient un tarif modéré. En 1890 et 1897, les droits de douane furent relevés.

En 1914 les deux partis s'étaient beaucoup rapprochés ; ils étaient séparés plutôt par des questions de degré que par des questions de principe. Le républicain *Théodore Roosevelt* (1901-1909) et le démocrate *Wilson* (1913-1920) ont tous deux également développé les prérogatives du Président aux dépens de celles du Congrès, et le pouvoir fédéral au détriment de l'autonomie des États ; ils ont tous deux tenté de mettre fin à la collusion de la politique avec les puissances d'argent, de contrôler l'activité des trusts et d'empêcher le gaspillage économique. Dès 1908, presque tout le parti républicain se ralliait à l'abaissement des tarifs douaniers, que Wilson réalisa dès son avènement au pouvoir, en 1913.

La lutte pour la démocratie

A la fin du XIXe siècle, la plupart des Américains s'enorgueillissaient de leur grande démocratie. Mais d'autres jugeaient qu'une petite minorité d'hommes d'affaires tenait la nation en sujétion. Pendant que cette oligarchie s'enrichissait, des millions d'hommes et de femmes vivaient dans la misère et la maladie. Vers 1890, un groupe de réformistes engagea courageusement la lutte pour réaliser une vraie démocratie.

Il fallait d'abord *augmenter le rôle des citoyens dans la vie politique*. Un amendement à la Constitution décida que les sénateurs seraient nommés non plus par les législatures des États mais directement par le peuple (1913). Les femmes obtinrent le droit de vote dans un nombre considérable d'États — en 1920 un amendement le leur accorda dans toute l'étendue de l'Union. Certains États empruntèrent à la Suisse les pratiques du *referendum*, de l'*initiative législative* et même du *rappel*[1] : ainsi le gouvernement représentatif tendait à se transformer en gouvernement direct. Enfin un nombre de plus en plus grand de fonctions fédérales et locales furent arrachées à la cupidité des partis politiques et accordées, après concours, aux plus méritants. Dans la pratique, les résultats de ces réformes furent assez décevants et le niveau moyen de la vie politique, surtout dans les États, resta assez bas.

[1] Le *referendum* oblige le gouvernement à présenter à l'approbation du peuple les mesures importantes, votées par les Chambres ; l'*initiative* oblige les Chambres d'un État à discuter les mesures présentées par un nombre important de citoyens ; le *rappel* permet aux citoyens de révoquer un fonctionnaire élu.

Aux yeux des réformistes, la démocratie n'était rien si elle n'était aussi *justice sociale.* Ils organisèrent la lutte contre les taudis, la misère, la maladie ; ils firent campagne pour le développement d'une législation ouvrière plus humaine, pour l'abaissement du coût de la vie par la diminution des droits de douane, enfin pour un contrôle énergique des puissances d'argent. En 1914 les réformistes avaient déjà obtenu quelques résultats appréciables : création de l'impôt sur le revenu, abaissement des tarifs douaniers, mesures de salubrité et de sécurité dans les usines, limitation dans certains cas de la longueur de la journée de travail, interprétation plus large du droit de grève, développement de l'urbanisme.

La campagne des réformistes fortifia le mouvement qui, depuis la guerre de Sécession, tendait à *renforcer le gouvernement fédéral aux dépens des États* et à *accroître l'influence de l'exécutif aux dépens du législatif.* Leur action, jointe à celle des fortes personnalités que furent aussi bien le républicain Théodore Roosevelt que les démocrates Cleveland et Wilson, contribua à *faire du Président le véritable chef de la nation.*

Dans bien des cas les interventions du gouvernement fédéral se heurtèrent au *veto de la Cour suprême.* Cette juridiction qui s'est montrée, on l'a vu, très hostile aux Noirs et aux ouvriers, s'est constamment opposée à toute intervention de l'État contre l'activité des puissances d'argent. Aussi les réformistes s'indignaient-ils de voir le sort de 95 millions d'hommes livré au bon plaisir de 9 juges inamovibles.

IV. — L'expansion des Etats-Unis

L'application de la doctrine de Monroe

La place tenue par les États-Unis dans le monde est un des traits frappants de la période contemporaine. Cependant jusque vers 1900, les États-Unis restèrent fidèles à la doctrine de Monroe : considérer les deux Amériques comme un domaine réservé à leur influence, et ne pas se mêler des affaires européennes.

En application de ce programme, ils faillirent intervenir contre la France au *Mexique* en 1865 et ils achetèrent à la Russie en 1867 le territoire de l'*Alaska*. L'incident le plus caractéristique fut leur attitude en 1895 lors du conflit qui mit aux prises, à propos des frontières de la Guyane anglaise, le *Venezuela* et l'Angleterre : le président Cleveland imposa son arbitrage à l'Angleterre, sous menace de guerre.

Mais déjà un *parti impérialiste* s'était créé — le futur président Th. Roosevelt en était un des chefs les plus ardents — et menait une active campagne pour faire sortir les États-Unis de leur «isolationnisme». Il essayait de justifier sa politique par des raisons économiques, des raisons de prestige national et aussi par des raisons humanitaires : la plupart des Américains, en effet, ont toujours été convaincus que leur civilisation est la meilleure qui soit, la seule qui puisse à tous les peuples apporter le bonheur. L'affaire de Cuba offrit au parti impérialiste l'occasion qu'il cherchait.

La guerre hispano-américaine

L'île de *Cuba* appartenait aux Espagnols, mais elle était en état perpétuel d'insurrection. Les impérialistes américains qui voulaient annexer l'île, les hommes d'affaires qui y possédaient des plantations et des sucreries, ceux enfin qu'indignait la brutalité de la répression espagnole, firent pression sur le Président *Mac-Kinley* pour qu'il rompît avec le gouvernement de Madrid. Un incident (l'explosion, accidentelle d'ailleurs, d'un navire américain dans la rade de la ville cubaine de La Havane) amena la guerre (mars 1898).

La campagne fut courte. Deux flottes espagnoles furent anéanties, l'une devant Manille dans les îles Philippines, l'autre devant Santiago de Cuba ; puis les Américains s'emparèrent de l'île de Porto-Rico. La France s'entremit pour faire signer la paix (décembre 1898). Cuba devait être une République indépendante ; l'Espagne céda *Porto-Rico* aux États-Unis et leur vendit les *îles Philippines*.

L'Espagne achevait de perdre son empire colonial et les États-Unis jetaient les bases du leur[1].

[1] La politique de Mac-Kinley fut très sévèrement jugée par une partie importante de l'opinion américaine, et le Sénat ne ratifia que de justesse le traité avec l'Espagne.

Les États-Unis et l'Amérique latine

Après leur victoire sur l'Espagne, les États-Unis essayèrent *de faire du golfe du Mexique et de la mer des Antilles un lac américain.* Ils avaient promis de respecter l'indépendance de Cuba, mais ils intervinrent dans l'île chaque fois que l'ordre y fut troublé, et Cuba était devenue de fait, en 1914, un protectorat américain. Il en était de même de la république de *Nicaragua* dans l'Amérique centrale et de celle de *Saint-Domingue* dans les Antilles. Tous ces pays sont grands producteurs de sucre et surveillent les abords du *canal de Panama.* On sait que les États-Unis avaient décidé en 1900 de construire ce canal. Comme la Colombie, sur le territoire de laquelle il devait passer, traînait en longueur les négociations, le président Th. Roosevelt favorisa une insurrection dans la province colombienne de Panama : ainsi se forma la *république de Panama* (1903), qui accorda immédiatement aux États-Unis toutes facilités pour construire le canal : celui-ci fut achevé en 1914.

Les États-Unis surveillaient aussi de très près les affaires du *Mexique :* ils avaient d'importants intérêts dans les plantations de canne à sucre et les gisements de pétrole de ce pays. A la suite de troubles intérieurs, le président Wilson y envoya des troupes en 1913.

Les républiques de l'Amérique du Sud suivaient avec méfiance les progrès de l'impérialisme des États-Unis. L'union douanière que le gouvernement de Washington leur proposa à plusieurs reprises, ses efforts pour réaliser le *panaméricanisme* — c'est-à-dire la politique qui tend à grouper tous les États de l'Amérique sous la direction des États-Unis —, leur paraissaient cacher un désir d'hégémonie non seulement économique mais aussi politique.

Les États-Unis dans l'océan Pacifique

Dans l'océan Pacifique aussi, les États-Unis aspiraient à jouer un grand rôle. Leur victoire sur l'Espagne leur avait donné les *îles Philippines* au large de l'Indochine ; quelques mois plus tôt ils avaient annexé les *îles Hawaï,* étape sur la route de San

Francisco en Extrême-Orient et l'un des premiers pays du monde pour la production du sucre ; l'année suivante, ils obtenaient dans le Pacifique méridional une partie des îles *Samoa* (l'autre partie allant à l'Allemagne). Désormais rien de ce qui intéresse l'Extrême-Orient ne pouvait laisser les États-Unis indifférents.

Ils ne cherchèrent en Chine aucun avantage politique ou même économique particulier ; ils demandèrent seulement l'application du *principe de la porte ouverte*, en vertu duquel toutes les nations doivent jouir des mêmes avantages, sans qu'aucune d'elles ait une situation privilégiée. Cette attitude devait *opposer les États-Unis au Japon*, qui ne cachait pas ses intentions d'établir son protectorat sur la Mandchourie méridionale. Des mesures prises pour limiter l'émigration japonaise en Californie, de violentes manifestations antinippones à San Francisco faillirent amener la guerre entre Tokio et Washington (1907).

Les États-Unis et l'Europe

Dans les affaires européennes elles-mêmes, les États-Unis intervenaient, malgré les suprêmes conseils de Washington et la doctrine de Monroe. Déjà leurs délégués avaient siégé à la Conférence coloniale de Berlin (1884-1885), qui avait réglé le statut de l'Afrique équatoriale. Th. Roosevelt protesta officiellement auprès de Nicolas II contre les pogroms en Russie ; c'est sous sa médiation et en territoire américain que fut conclu en 1905 le traité de paix russo-japonais ; il joua également un rôle important dans la crise marocaine de 1906, qui mit aux prises la France et l'Allemagne ; enfin il prit l'initiative de réunir en 1907 une Conférence pour la Paix. Dix ans plus tard, en 1917, le Président Wilson jeta son pays dans le conflit de la première Guerre mondiale aux côtés de la France et de l'Angleterre et l'intervention américaine fut décisive.

La Chine et le Japon de 1850 à 1914

I. — La Chine et le Japon vers 1850

La fin de l'isolement de l'Extrême-Orient

Au début du XIXe siècle, l'Extrême-Orient vivait encore dans un isolement presque complet. L'Empire chinois et surtout l'Empire japonais étaient l'un et l'autre repliés sur eux-mêmes et se refusaient à tout rapport régulier avec les étrangers. Les rares marchands européens étaient méprisés et les missionnaires passibles de la peine de mort.

Mais les progrès de la grande industrie et le développement du commerce international poussèrent les hommes d'affaires européens et américains à tenter de s'ouvrir, fût-ce par la force, les marchés asiatiques immenses et surpeuplés. Les gouvernements chinois et japonais, trop faibles pour résister, furent contraints de céder et l'Extrême-Orient commença d'être entraîné dans le grand courant de la vie mondiale.

La Chine vers 1850

L'Empire chinois était, vers 1850, le plus grand Empire du

monde. Outre la Chine proprement dite (ou «Chine des 18 provinces»), il comprenait officiellement la Corée, la Mandchourie, la Mongolie, le Turkestan, le Tibet et presque toute l'Indochine. Depuis 1644, il était gouverné par une *dynastie mandchoue.*

Cet Empire immense n'avait guère d'unité. Sans même parler des «provinces extérieures», les différentes régions de la Chine propre sont si dissemblables par l'aspect, le climat, les productions, les populations, les langues qu'elles semblent des mondes différents. Le *morcellement* et l'*anarchie* ont toujours caractérisé l'histoire politique de la Chine. D'ailleurs, même dans les moments d'unification relative, la Chine n'avait jamais été vraiment un État, mais plutôt une fédération très lâche de groupements autonomes — familles, villages et villes, sous-préfectures, préfectures, provinces — sous l'autorité d'un empereur nominalement autocrate. *Le seul principe d'unité était la civilisation morale.* Les traits essentiels en avaient été fixés, plus de 2 000 ans auparavant, par *Confucius* (551-479 av. J.-C.) : il avait condensé la sagesse des ancêtres, leurs préceptes, leurs rites, leurs poèmes, leur musique. Les fonctionnaires chinois — que les Européens appelaient, d'un mot portugais, *mandarins* — se recrutaient depuis plus de vingt-cinq siècles parmi les *lettrés*, c'est-à-dire ceux qui avaient étudié la littérature et la pensée des écrivains «classiques».

Malgré leur dédain pour les étrangers, les Chinois avaient bien accueilli les marchands portugais au XVIe siècle, puis les Jésuites au XVIIe. Mais les violences et la cupidité des premiers, le fanatisme de certains missionnaires et les rivalités entre les divers ordres religieux poussèrent par la suite les empereurs à une politique xénophobe. Au début du XIXe siècle, le christianisme était officiellement interdit dans l'Empire. Quant aux rapports commerciaux avec les Européens, ils n'étaient autorisés que dans deux villes. Au Nord, à *Ourga*, près de la frontière sibérienne, les Russes venaient acheter le thé que leur apportaient les caravanes à travers les steppes de Mongolie; au Sud, à *Canton*, les marchands anglais, hollandais et portugais troquaient l'opium contre la soie et le thé. On sait comment la décision du gouvernement chinois d'interdire la vente de l'opium amena entre l'Angleterre et la Chine la *guerre de l'opium* (1840-1842). Au *traité de Nankin* (1842) les Anglais se firent reconnaître la possession de l'îlot de *Hong-Kong* et le droit de commercer dans cinq ports (dont Canton et Changhaï).

D'autres Puissances européennes et les États-Unis obtinrent les mêmes avantages commerciaux. La France se fit de plus reconnaître le droit d'établir dans ces cinq ports des églises, des hôpitaux, des écoles et des cimetières ; elle obtint aussi du gouvernement chinois un édit par lequel *la religion chrétienne serait tolérée* dans tout l'Empire (1844-1846).

Le Japon vers 1850

Au milieu du XIXe siècle le Japon était officiellement gouverné par un empereur absolu, le *mikado*, que l'on disait d'origine divine[1]. Mais depuis la fin du XIIe siècle, le mikado, retiré dans sa capitale de Kioto, n'avait plus qu'une autorité religieuse ; le pouvoir appartenait au chef de l'une des grandes familles du pays, le *chogoun*. Suzerain suprême de la hiérarchie féodale, et possesseur du quart du pays, le chogoun siégeait dans la ville de *Yedo*. Il avait pour vassaux environ 300 *daïmios* qui se partageaient et administraient le reste du Japon. Ils entretenaient, comme le chogoun lui-même, des nobles, les *samouraïs*, qui étaient soldats ou fonctionnaires. Au-dessous de la noblesse vivait la masse du *peuple* : commerçants, artisans groupés en corporations, paysans enfin qui constituaient les 90 p. 100 de la population. Enfin, tout en bas, comme dans l'Inde, une classe de *parias*.

En 1639, le Japon interdit aux Portugais même d'y jeter l'ancre. Hollandais et Chinois furent autorisés, seuls, à s'arrêter au port de Nagasaki. Mais quand les États-Unis eurent conquis la Californie en 1848, ils désirèrent nouer des relations avec l'Extrême-Orient. En 1853 ils envoyèrent une petite escadre solliciter du gouvernement japonais le droit de commercer dans quelques ports. Effrayé à la vue des canons américains, le chogoun y consentit (1854).

Le Japon, comme la Chine et presque à la même date, sortait de son isolement. Mais, tandis que le Japon allait adopter fiévreusement la civilisation matérielle de l'Europe et devenir

[1] La déesse du Soleil, *Amaterasu*, passait pour la fondatrice de la dynastie impériale. Quand le Japon entra en guerre contre la Russie en 1905, le mikado envoya un fonctionnaire au temple de la déesse pour la prévenir de ce grand événement.

ainsi une grande Puissance économique et militaire, la Chine allait opposer la force d'inertie à la pénétration européenne et refuser longtemps de se moderniser.

II. — L'inertie de la Chine. L'Européanisation du Japon (1850-1894)

L'anarchie en Chine. Les Taï-Pings

A peine la Chine venait-elle de s'ouvrir au commerce européen, qu'elle tomba dans l'anarchie. Depuis le début du XIXe siècle, les empereurs étaient des incapables et *un fort mouvement antimandchou* se développait dans toutes les classes de la société, particulièrement dans le Sud. Paysans qui souffraient de la famine et des impôts trop lourds, commerçants tenus d'acheter très cher la bienveillance des fonctionnaires, lettrés aigris par leurs échecs aux examens, membres de sociétés secrètes pour qui les Mandchous étaient des usurpateurs et qui voulaient le rétablissement d'une dynastie chinoise — tous étaient prêts à la rébellion.

Les concessions faites aux Européens après la guerre de l'opium, jointes à de mauvaises récoltes et à une grave crise monétaire, augmentèrent le mécontentement et déchaînèrent le formidable *soulèvement des Taï-Pings* (1850-1865). Son chef, *Hung*, un fils de paysan qui n'avait pu devenir fonctionnaire, se proclama empereur et tenta de donner à la Chine une organisation socialiste, fondée sur l'exploitation en commun de la terre et la répartition par le gouvernement des moyens de subsistance; en même temps il prêchait une religion d'État, où les croyances traditionnelles s'alliaient curieusement à des dogmes chrétiens. Pendant quinze ans la Chine méridionale ne reconnut plus l'autorité du gouvernement de Pékin. Peu après, *une révolte de musulmans* mettait à feu et à sang les régions du Yunnan et du Turkestan chinois (1864-1877).

Expédition franco-anglaise

Au milieu de ces troubles, un missionnaire français fut torturé, un petit bateau battant pavillon anglais arraisonné. Palmerston et Napoléon III en prirent occasion pour exiger de nouveaux privilèges, l'un en faveur des marchands anglais, l'autre en faveur des missionnaires. Ainsi s'explique l'*expédition franco-anglaise* contre Pékin (1858-1860). Le *traité de Pékin* (1860) donna à la France et à l'Angleterre le droit d'avoir des représentants permanents à Pékin et de commercer dans quelques ports nouveaux, puis même sur la grande voie navigable du Yang-tsé-Kiang. Les églises, cimetières, écoles et hôpitaux qui avaient été enlevés aux missionnaires leur seraient rendus. Désormais intéressés au maintien du gouvernement, Français et Anglais l'aidèrent à triompher des Taï-Pings. *La dynastie mandchoue, qui était sur le point d'être renversée, en fut consolidée pour un demi-siècle.*

Pendant ce temps, la Russie obtenait des avantages plus considérables encore. Elle se fit céder, la région côtière qui s'étend de l'embouchure du fleuve Amour au Nord jusqu'à la Corée au Sud. A l'extrémité méridionale de cette *Province Maritime*, elle construisit le port de *Vladivostok*, c'est-à-dire Domination de l'Orient. Le vrai vainqueur de la crise de 1858-1860 était le tsar Alexandre II.

La pénétration européenne

A la suite du traité de Pékin, les Européens s'étaient fait concéder par le gouvernement chinois des privilèges dont certains subsistèrent jusqu'après la première Guerre mondiale. L'étranger qui vivait en Chine jouissait du *privilège d'exterritorialité*, c'est-à-dire du droit d'être jugé non par les tribunaux chinois, mais par son propre consul ; dans les ports ouverts aux Européens ceux-ci habitaient certains quartiers, appelés *concessions*, administrés par des fonctionnaires européens ; les commerçants étrangers qui transportaient leurs marchandises à travers la Chine étaient dispensés de payer une partie des taxes auxquelles étaient soumis les marchands chinois ; les produits étrangers entraient en Chine presque en franchise ; enfin le *service des douanes*, qui fournissait au gouvernement chinois le plus clair de ses ressources, était dirigé par un Anglais.

Forts de ces avantages et de l'ouverture du canal de Suez

(1869) qui rapprochait l'Europe de l'Extrême-Orient, les Européens — les Anglais surtout — espérèrent trouver dans la Chine un magnifique marché pour leurs commerçants et d'immenses richesses naturelles à exploiter pour leurs techniciens. De leur côté, certains hommes politiques chinois, comme *Li Hung Tchang*, tentèrent après 1870 d'emprunter à l'Europe quelques-uns des avantages qui faisaient sa force : un collège européen fut créé à Pékin pour instruire des lettrés dans les «sciences des barbares», des Chinois furent envoyés en mission d'études en Europe, l'armée et la marine furent en partie réorganisées à l'européenne, on construisit des voies ferrées, des lignes télégraphiques, des phares. Les Anglais investirent des capitaux importants dans la construction d'immeubles, de docks et d'entrepôts, particulièrement à Changhaï.

Échec de la pénétration européenne

Mais l'européanisation de la Chine se heurta à une puissante opposition dans la masse de la nation, chez les mandarins, à la Cour. Le peuple reprochait aux missionnaires de détruire les croyances traditionnelles et les accusait des pires atrocités : en 1870 les sœurs d'un orphelinat de Tien-Tsin furent massacrées sous le prétexte qu'elles arrachaient les yeux aux enfants qu'elles hospitalisaient. En 1879 la foule détruisit une voie ferrée, parce que les clous qui fixaient les rails aux traverses «pouvaient blesser l'épine dorsale des dragons habitant sous la terre». Les Chinois s'indignaient que les coolies embarqués à destination du Pérou ou de Cuba fussent traités comme des esclaves. Les mandarins, recrutés dans la classe des Lettrés, habitués à la lecture des «Classiques» et aux discussions subtiles sur des points de philosophie ou de littérature, n'avaient que mépris pour les hommes d'affaires étrangers; ils acceptaient mal de voir soustraits à leur autorité les Chinois qui habitaient les concessions européennes; ils redoutaient enfin que l'influence de l'Occident n'amenât, comme au Japon, une centralisation politique qui leur eût enlevé les larges pouvoirs dont ils jouissaient et les moyens de s'enrichir dans leurs fonctions.

Enfin et surtout, le *mouvement de réformes fut enrayé par la volonté de l'impératrice Tseu Hi.* Cette femme énergique, aussi intelligente qu'ambitieuse, s'était fait nommer régente en 1861 à l'avènement de son fils, âgé de cinq ans. A la mort de celui-ci (1875), elle fit arriver au trône son neveu, un enfant de trois ans, pour pouvoir continuer à diriger l'État. Tseu Hi comprenait qu'elle ne pouvait revenir sur les avantages accordés aux Européens, mais elle était décidée à ne faire aucune concession nouvelle, à défendre et même à fortifier les prérogatives de la dynastie. D'ailleurs la poussée des Russes aux frontières du Turkestan chinois, l'achèvement de la conquête de la Birmanie par les Anglais, les tentatives de la France en Indochine ne pouvaient qu'augmenter sa xénophobie. On a vu comment la politique de Jules Ferry amena entre la France et la Chine une guerre à la suite de laquelle le gouvernement chinois dut renoncer à toute suzeraineté sur l'Annam et reconnaître notre domination au Tonkin (1883-1885).

Le refus de la Chine de se moderniser allait la livrer sans défense à toutes les convoitises et d'abord à celles du Japon.

La chute du régime chogounal

Quand les États-Unis obtinrent en 1854 le droit de commercer dans quelques ports, le *régime chogounal était depuis longtemps affaibli.* La masse du peuple, très pauvre, était mécontente : les impôts étaient lourds, les famines fréquentes; il y eut des jacqueries paysannes, des révoltes de samouraïs tombés dans la misère. D'autre part, des historiens remettaient en honneur les anciennes traditions, montraient dans le mikado le maître légitime et dans le chogoun un usurpateur. Des lettrés s'initiaient aux sciences de l'Europe, traduisaient des ouvrages d'histoire, de géographie, de médecine, introduisaient la vaccine. *Une révolution semblait inévitable; elle fut hâtée par l'entrée en scène des États-Unis.*

Comme en Chine, en effet, les premières concessions aux étrangers amenèrent au Japon une révolte de l'opinion publique. Des Européens furent massacrés[1] ; certains clans du Sud-Ouest, de tout temps hostiles au chogoun, se révoltèrent. Pendant une dizaine d'années le Japon fut plongé dans l'anarchie et la guerre civile. Finalement, en 1867, le chogoun abdiqua, en

[1] Ces massacres amenèrent à plusieurs reprises le bombardement de villes japonaises par des flottes européennes et américaines.

même temps qu'un nouvel empereur, le tout jeune *Mutsu Hito*, arrivait au trône. Le nouveau mikado concentra tous les pouvoirs dans ses mains et, pour mieux symboliser qu'il recouvrait l'autorité jadis usurpée par les chogouns, il transféra sa capitale à Yedo, qui s'appela désormais *Tokio* (1868).

L'ère de Meiji

La Révolution de 1868 inaugure dans l'histoire du Japon une période nouvelle : *l'ère de Meiji* — c'est-à-dire l'ère des lumières : tel fut le nom que le nouveau mikado choisit pour désigner son règne. Aidé de quelques ministres, dont le plus important fut un samouraï de petite origine, *Okoubo*, Mutsu Hito prit une série de mesures hardies qui devaient faire du Japon une Puissance moderne. Il voulait *introduire au Japon les institutions politiques, administratives, militaires et économiques de l'Europe — sans rien abandonner de la civilisation morale traditionnelle.*

Le régime féodal fut aboli : les daïmios furent expropriés contre indemnité, leurs châteaux forts furent démantelés et leurs fiefs devinrent des préfectures, dont les fonctionnaires furent nommés et révoqués par l'empereur. Les samouraïs, privés des pensions que leur servaient leurs suzerains ; se révoltèrent en 1876, mais, après une lutte sanglante, durent se soumettre. L'égalité de tous devant la loi fut proclamée ; on rapporta en 1873 les édits contre les chrétiens et l'on sécularisa les biens du clergé bouddhiste. Le gouvernement fit venir d'Europe des officiers, des ingénieurs, des juristes, des professeurs et envoya des étudiants aux États-Unis et en Europe ; en 1872 l'instruction publique fut déclarée obligatoire et le calendrier solaire remplaça le calendrier lunaire ; on rédigea un ensemble de codes, inspirés des codes français et allemands ; la torture fut abolie.

Deux puissantes flottes de commerce et de guerre furent mises en chantier, le service militaire obligatoire fut institué, et l'armée organisée sur le modèle allemand. Dès 1870, on commença à construire des chemins de fer, des lignes télégraphiques ; le développement de la grande industrie métallurgique et textile permit aux Japonais de faire de moins en moins appel à l'industrie étrangère. *Le Japon semblait avoir regagné en quelques années les cinq siècles de retard qu'il avait sur l'Europe.*

Les conditions de la vie politique

Après avoir gouverné en maître absolu pendant vingt ans, Mutsu Hito se décida à instituer en 1889 le régime représentatif qu'il avait promis en 1868. Inspirée directement de la constitution prussienne, *la constitution japonaise laissait toute l'autorité au mikado :* il avait le pouvoir exécutif, promulguait les lois, choisissait et renvoyait les ministres. A côté, un Parlement composé d'une Chambre des Pairs et d'une Chambre des Députés élue à un suffrage censitaire assez étroit, votait le budget et les lois, mais n'avait aucune action sur le gouvernement. Quelques grands chefs qui avaient la confiance du mikado formaient un cabinet occulte. La vie politique était d'ailleurs viciée par la *corruption électorale* et une partie des impôts servait aux ministres à acheter les députés et les journalistes. Du reste, le gouvernement avait à sa disposition un moyen infaillible pour reléguer au second plan les questions intérieures gênantes : c'était de *faire appel aux instincts belliqueux de la nation.* Mutsu Hito n'y manqua pas.

III. — Les victoires du Japon. La République chinoise

La guerre sino-japonaise

La puissance du Japon apparut brusquement dans le conflit qui l'opposa à la Chine à propos de la *Corée.* Depuis des siècles, les deux pays s'en disputaient la suzeraineté. En 1894 les Japonais rompirent les pourparlers, envahirent la Corée et la guerre commença.

Elle fut rapidement menée par le Japon. Après avoir détruit la flotte chinoise, les Japonais débarquèrent sur les côtes du golfe de Petchili et menacèrent Pékin ; en même temps leur flotte s'emparait de l'île de Formose. Par le *traité de Simonoseki* (avril 1895), la Chine dut reconnaître l'indépendance de la Corée et abandonner aux Japonais Formose et la péninsule du Liao Toung dans le golfe de Petchili. Mais la Russie convoitait le Liao Toung. Elle obtint l'appui de l'Allemagne et de la France et les trois Puissances donnèrent au mikado le «conseil amical» d'y renoncer. Le Japon dut céder : il se contenta de *Formose.*

Le dépècement de la Chine

Les Puissances européennes crurent le moment venu de tirer parti de la défaite du gouvernement de Pékin pour obtenir de lui des zones d'influence et des points stratégiques.

L'initiative vint de la *Russie.* Elle facilita un emprunt à la Chine, créa une *Banque russo-chinoise* et conclut même avec le gouvernement de Pékin un traité d'alliance défensive contre le Japon : en retour, elle obtint le droit de construire un chemin de fer à travers la Mandchourie — le *Transmandchourien* — pour relier directement Irkoutsk à Vladivostok.

L'*Allemagne*, dès avant la fin de la guerre sino-japonaise, convoitait une base navale dans la péninsule du Chantoung. L'assassinat de deux missionnaires allemands lui donna un prétexte pour y occuper le port de *Kiao Tcheou* (décembre 1897). La Russie répondit à cette annexion en se faisant céder l'extrémité du Liao Toung, où elle éleva la ville de *Port-Arthur :* elle possédait enfin *un port libre de glaces dans les mers de Chine* (mars 1898).

L'*Angleterre* exigea alors le port de *Weï Haï Weï*, face à Port-Arthur, et la reconnaissance de ses intérêts économiques dans la région la plus riche, la vallée du Kang-Tsé-Yiang. Enfin, la *France* occupa au Sud le port de *Kouang Tchéou* et obtint que les provinces chinoises limitrophes du Tonkin ne seraient jamais aliénées (avril et mai 1898). En même temps, les Puissances exigeaient l'ouverture de nouveaux ports à leur commerce et arrachaient au gouvernement chinois, en faveur de leurs nationaux, des concessions de mines et de chemins de fer. C'était, selon le mot d'un diplomate européen, *le dépècement de la Chine.*

Les Cent Jours. Les Boxeurs

Devant ces appétits de l'Europe, la Chine prit enfin conscience du danger qui la menaçait et elle essaya de le conjurer. *Deux conceptions s'affrontèrent : celle des réformistes et celle des sociétés secrètes.*

Les réformistes l'emportèrent d'abord. Ils surent convertir l'empereur[1] à leurs idées et lui firent adopter un programme de réformes qui, sans toucher aux institutions politiques, devait transformer l'administration et la mentalité chinoises, développer l'idée de patrie, supprimer les abus, mettre le pays en valeur et lui permettre de se libérer de la tutelle de l'Europe. Alors commença la *période des Cent Jours* (1898).

Mais l'impératrice Tseu Hi arrêta net le mouvement réformiste. Elle ordonna que « tout fonctionnât comme par le passé », contraignit l'empereur à renoncer à toute autorité politique et traqua les réformateurs, dont plusieurs furent exécutés. Ce mouvement de réaction allait favoriser les sociétés secrètes.

De ces sociétés secrètes, la plus puissante était celle que les Européens appelèrent les *Boxeurs.* Très xénophobes, les Boxeurs voulaient interdire le christianisme, reprendre les territoires cédés à bail et chasser les étrangers. Forts de l'appui secret de l'impératrice, ils assassinèrent le ministre d'Allemagne et assiégèrent le quartier européen à Pékin (juin-août 1900). Les Puissances, y compris le Japon et les États-Unis, envoyèrent des troupes. La Chine dut payer une lourde indemnité, dissoudre les Sociétés secrètes et accorder aux Européens de nouveaux avantages économiques. En revanche, les Puissances garantissaient pour l'avenir son intégrité territoriale.

[1] C'était le neveu de Tseu Hi, proclamé empereur en 1875

Le conflit russo-japonais

Cette garantie, la Russie était résolue à ne pas la respecter. Sous prétexte d'assurer la sécurité des voies ferrées qu'elle y construisait, elle avait occupé la Mandchourie durant la révolte des Boxeurs ; elle fortifiait Port-Arthur et renforçait sa flotte du Pacifique. Elle intriguait en Corée, où des hommes politiques russes — et le tsar lui-même — avaient de gros intérêts financiers. Mais *le Japon convoitait aussi la Corée.* Si la Russie avait consenti à la lui abandonner, le Japon lui aurait sans doute reconnu le droit d'occuper la Mandchourie. C'était la solution que préconisaient certains ministres russes comme Witte : ils s'effrayaient d'une guerre en Extrême-Orient, qui achèverait de désorganiser les finances et donnerait une force nouvelle aux partis révolutionnaires. Mais le tsar Nicolas II, moins perspicace, méprisait les Japonais et pensait qu'une guerre heureuse rétablirait en Russie le crédit de la monarchie.

Cette rivalité au sujet de la Corée devait amener la guerre. Le Japon s'y prépara en signant en 1902 un *traité d'alliance anglo-japonaise.* Puis, quand il se rendit compte que les Russes traînaient les négociations en longueur pour se donner le temps de compléter leurs armements, il rompit les pourparlers et, sans déclaration de guerre, ouvrit les hostilités : dans la nuit du 8 au 9 février 1904, des torpilleurs japonais firent sauter une partie de la flotte russe dans la rade de Port-Arthur.

L'Europe croyait en général à la victoire de la Russie. En fait, *le Japon avait toutes les chances de son côté.* Il entrait en campagne alors que les troupes russes n'avaient pas commencé leur concentration, et dans une saison où la flotte russe de Vladivostok était bloquée par les glaces. Le théâtre des opérations était relativement proche du Japon, tandis que de Moscou à Port-Arthur il y avait plus de 8 000 kilomètres à parcourir par un chemin de fer à voie unique. Enfin l'exaltation patriotique au Japon était indescriptible, l'armée et la flotte avaient des chefs de haute valeur — le maréchal *Oyama*, l'amiral *Togo* — ; les soldats russes au contraire se battaient sans enthousiasme, sous des chefs médiocres.

La guerre russo-japonaise

Les Japonais débarquèrent dans la péninsule du Liao Toung et mirent le siège devant Port-Arthur. Ils coulèrent presque toute l'escadre russe d'Extrême-Orient, puis infligèrent au généralissime *Kouropatkine* une première défaite. L'hiver arrêta en partie les hostilités, mais Port-Arthur capitula (janvier 1905). Trois mois plus tard, la bataille de *Moukden* (mars 1905) fut un désastre pour les Russes.

La guerre était perdue sur terre ; le tsar espéra la gagner sur mer. Une flotte, de valeur d'ailleurs très médiocre, quitta Cronstadt et s'achemina vers le Japon par le Pas-de-Calais, le Cap et Singapour. Arrivée enfin dans le détroit de Corée, elle fut anéantie, après une demi-heure de combat, près des *îles Tsou-Shima* (mai 1905). Deux mois plus tard, les Japonais débarquaient dans l'*île russe de Sakhaline.*

Le président Th. Roosevelt offrit sa médiation aux deux belligérants, également lassés de la guerre, et les négociations s'ouvrirent aux États-Unis, dans la petite ville de Portsmouth. Elles furent difficiles, car le tsar avait ordonné à son plénipotentiaire, le comte Witte, de ne céder « ni un pouce de terre russe, ni un kopek d'indemnité ». Le 5 septembre 1905, le *traité de Portsmouth* était signé : la Russie évacuait la Mandchourie, transférait au Japon le bail du Liao Toung, lui cédait la partie méridionale de l'île Sakhaline et lui reconnaissait le droit d'étendre son protectorat sur la Corée.

Conséquences de la guerre russo-japnaise

Les conséquences de la guerre russo-japonaise furent multiples. Au point de vue technique, la guerre avait été très différente de celle de 1870. Certaines batailles avaient duré près d'une semaine et s'étaient étendues sur un front immense ; l'artillerie avait pris une importance extraordinaire ; on avait employé pour la première fois les fusils à tir rapide et la poudre sans fumée ; le siège de Port-Arthur avait montré le rôle des tranchées et des fils de fer barbelés. Les enseignements de la guerre russo-japonaise modifièrent plus ou moins profondément les conceptions techniques et stratégiques des états-majors européens.

On sait déjà les conséquences de la défaite russe en Russie

même : les troubles révolutionnaires de 1904-1905, l'instauration d'un régime constitutionnel et un redoublement d'agitation qui prépara la chute des Romanof. D'autre part, la Russie, détournée des affaires d'Extrême-Orient qui l'absorbaient depuis dix ans, reporta son attention sur les Balkans : de là de graves conflits avec l'Autriche, d'où sortit la guerre de 1914.

En Asie, la victoire exalta les ambitions du Japon, qui, dès 1910, *annexa la Corée.* D'autre part, elle éveilla dans tout l'Extrême-Orient, par exemple en Indochine, un prodigieux écho. *La défaite de la Russie par un peuple jaune semblait l'annonce d'un réveil menaçant de l'Asie.*

Cependant la guerre ne créa pas une haine de peuple à peuple entre les deux belligérants. Des accords russo-japonais (1907 et 1910) partagèrent la Mandchourie en deux zones d'influence[1].

Enfin les succès du Japon, succédant à l'échec de la révolte des Boxeurs et à l'humiliation qui en avait été la conséquence, montrèrent à la majorité des Chinois cultivés la nécessité d'une réorganisation de l'Empire et aboutirent à l'instauration d'une *République chinoise.*

L'agitation républicaine en Chine

En Chine, les adversaires du régime établi n'avaient pas tous le même programme. Les *modérés* désiraient conserver la monarchie — certains d'entre eux demandaient seulement à remplacer la dynastie mandchoue par une dynastie chinoise. Les *révolutionnaires* voulaient au contraire établir la République. Ils avaient pour chef un médecin, *Sun Yat Sen* (1866-1925), qui demandait une triple révolution : nationaliste, politique, sociale.

Pour arrêter l'agitation républicaine, la vieille impératrice Tseu Hi promit en 1906 un gouvernement constitutionnel et fit entrer au ministère le général *Yuan Che Kaï*, qu'on disait partisan des réformes. Mais elle mourut en 1908 et sa mort hâta la chute de la monarchie.

[1] En revanche, les rapports se tendirent entre Tokio et Washington, à la suite de mesures prises en Californie contre les Japonais

La République chinoise

Le nouvel empereur était un enfant de trois ans et le régent accumula les maladresses. En 1911 la Chine méridionale et centrale était en pleine révolution. Les Républicains formaient un parti, le *Kuo-min-tang*, c'est-à-dire le «parti démocratique nationaliste» ; ils constituèrent à Changhaï un Gouvernement de la République chinoise, à la tête duquel ils placèrent Sun Yat Sen (décembre 1911). Au lieu de combattre les rebelles, comme le lui ordonnait le régent, Yuan Che Kaï traita avec eux, puis il obtint l'*abdication de l'empereur* (février 1912).

La République était fondée, mais Yuan Che Kaï sut la confisquer à son profit. Il eut l'habileté d'obtenir la démission de Sun Yat Sen et de se faire proclamer Président. S'appuyant sur les mandarins, les commerçants et l'armée, il gouverna sans consulter le Parlement ou bien en le terrorisant, acheta le silence des chefs républicains, supprima le Kuo-min-tang et les journaux hostiles. Le 1er mai 1914, il publia une Constitution qui faisait de lui un véritable dictateur.

Pendant ce temps, les provinces extérieures, qui se considéraient comme vassales non de la Chine mais de la dynastie mandchoue, se soulevèrent contre le gouvernement républicain. La Russie et le Japon en profitèrent pour étendre leur influence économique et politique en Mongolie, pendant que l'Angleterre faisait de même dans le Tibet méridional.

C'est dans cet état d'anarchie que se trouvait plongée la Chine, au moment où la première Guerre mondiale allait détourner des problèmes asiatiques l'attention des Puissances européennes et laisser la voie libre aux ambitions japonaises.

Les difficultés du Japon en 1914

Les convoitises du Japon visant la Chine s'expliquaient par les *difficultés économiques et sociales* qu'il traversait. La terre montagneuse du Japon ne produisait pas de quoi nourrir une population qui augmentait d'un demi-million d'habitants par an et son sous-sol manquait de quelques-unes des matières premières les plus nécessaires à l'industrie. Le gouvernement devait donc acheter de grandes quantités de riz, de houille et de fer et ces importations ne pouvaient être compensées que par des exportations massives. Mais, pendant longtemps, les hommes d'affaires du Japon souffrirent de leur manque de capitaux, du faible rendement de leurs ouvriers, de leurs méthodes commerciales enfin, qui n'étaient pas toujours loyales. Cependant, grâce à l'extrême bon marché de la main-d'œuvre, ils arrivèrent à fabriquer à très bas prix des produits capables de concurrencer, non seulement dans l'Asie orientale mais jusque dans leurs pays d'origine, les produits européens. Les importations n'en restaient pas moins, en 1914, très supérieures aux exportations et la balance commerciale était dangereusement déficitaire.

Ces dificultés économiques expliquaient l'*extrême pauvreté des classes laborieuses.* Le paysan, sur un champ trop exigu, ne récoltait pas de quoi vivre ; l'ouvrier, très peu payé, souvent en chômage, travaillait dans les pires conditions. Dès la fin du XIXe siècle apparurent les premiers syndicats et les premières grèves ; les idées socialistes s'insinuèrent au Japon, mais elles furent impitoyablement combattues par le gouvernement et leur développement se heurtait à la puissance des traditions religieuses et du sentiment national. La misère d'une population trop dense faisait de l'*émigration* une nécessité. Mais les pays où les Japonais auraient voulu s'établir (îles de la Sonde, Australie, États-Unis, Canada) se fermaient à eux.

On comprend alors le désir du gouvernement de Tokio d'obtenir des avantages en Chine et d'y reprendre à son profit la politique des «zones d'influence» que les Puissances européennes avaient souvent appliquée. A cette politique les États-Unis opposaient celle de la «porte ouverte», d'après laquelle toutes les nations doivent jouir des mêmes avantages, sans qu'aucune d'elles ait une situation privilégiée. De là, entre le Japon et les États-Unis, une grave cause de conflits, d'où devait sortir, en 1941, une guerre sans merci.

Les relations internationales de 1871 à 1914

I. — La prépondérance de Bismarck en Europe (1871-1890). Le régime de la paix armée

L'antagonisme franco-allemand

L'antagonisme franco-allemand empêcha toute paix réelle en Europe de 1871 à 1914. La France n'accepta jamais en droit l'annexion de l'Alsace et d'une partie de la Lorraine qui lui avaient été arrachées malgré la protestation de leurs habitants; elle garda l'espoir de recouvrer, en cas de crise internationale, les provinces perdues. Sa constante préoccupation fut de fortifier sa situation en Europe et de se chercher des alliés.

L'Allemagne, de son côté, mit tout en œuvre pour maintenir la France dans son isolement. C'est pourquoi, en 1873, Bismarck conclut entre Guillaume Ier, Alexandre II et François-Joseph l'*Entente des trois empereurs pour le maintien du statu quo territorial en Europe*. En 1875, il se crut même assez fort pour contraindre la France, par une brutale campagne de presse, à modifier l'organisation militaire qu'elle venait de se donner. Mais la reine Victoria et le tsar intervinrent personnellement auprès de Guillaume Ier et l'affaire n'eut pas de suite. Cet incident est connu sous le nom d'*alerte de 1875.*

Les risques de guerre dans les Balkans

Outre l'Alsace-Lorraine, il y avait en Europe une autre zone où la paix était sans cesse en danger : la péninsule des Balkans. Les causes de conflits y étaient doubles : d'une part les revendications des nationalités chrétiennes, d'autre part l'antagonisme austro-russe et anglo-russe.

Les *nationalités chrétiennes* encore sous le joug de l'Empire ottoman entendaient se libérer : c'était le cas des Crétois dans l'île de Crète, des Serbes dans les provinces turques de Bosnie et d'Herzégovine; c'était aussi le cas des Bulgares. En même temps les principautés de Serbie, de Roumanie, de Monténégro, encore vassales du sultan, voulaient obtenir leur pleine indépendance et agrandir leur territoire.

La péninsule des Balkans était aussi le champ clos où s'affrontaient les *ambitions rivales de l'Autriche, de la Russie et de l'Angleterre.* Expulsé d'Allemagne depuis 1866, le gouvernement de Vienne regardait vers Salonique. Les provinces turques de Bosnie et d'Herzégovine, puis la principauté de Serbie lui en barraient la route : il rêvait d'occuper les premières et de réduire l'autre en tutelle. Mais à Moscou un ardent *mouvement panslaviste* exaltait la mission de la Russie, puissance slave protectrice des Slaves, particulièrement des Serbes. De cet antagonisme austro-russe au sujet des Serbes devait sortir en 1914 la première guerre mondiale. De son côté la Russie, qui venait de regagner sa liberté d'action dans la mer Noire en 1871, entendait maintenant obtenir l'*ouverture des Détroits* (Bosphore et Dardanelles) à sa flotte de guerre. Mais, sur ce point, elle se heurtait à l'hostilité de l'Angleterre, toujours soucieuse d'écarter les Russes de la Méditerranée.

Or, dès 1875, la guerre reprit dans les Balkans.

La guerre russo-turque

En 1875 une révolte éclata en Herzégovine. Les rebelles furent aidés par les Bulgares, puis par des troupes des États serbe et monténégrin. Le gouvernement turc organisa une horrible répression en Bulgarie, battit les Serbes, enfin refusa d'accorder aux chrétiens de son Empire les réformes que lui demandait l'Europe (1876). Devant l'indignation qui se manifestait en Russie, *le tsar déclara la guerre au sultan Abd ul-Hamid* (avril 1877). Pour s'assurer la neutralité de l'Autriche et de l'Angleterre, il reconnut à la première le droit d'occuper les provinces turques de Bosnie et d'Herzégovine et promit à la seconde de n'attaquer ni les Détroits ni la zone du canal de Suez.

Dans les Balkans, les Russes furent arrêtés pendant cinq mois par le camp retranché de *Plevna.* Quand ils l'eurent emporté (décembre 1877), ils arrivèrent facilement jusqu'à San Stefano, aux portes de Constantinople. En même temps leur armée du Caucase envahissait l'Asie Mineure. Abd ul-Hamid dut signer le *traité de San Stefano* (mars 1878) : le traité créait un nouvel État chrétien, une «grande Bulgarie», et brisait la Turquie d'Europe en deux tronçons séparés.

Le traité de San Stefano souleva immédiatement les *protestations véhémentes de l'Angleterre.* Disraeli exigea, sous menace de guerre, que la Russie le soumît à l'examen des grandes Puissances; puis, sous prétexte de défendre la Turquie d'Asie contre les ambitions russes, il fit accorder à l'Angleterre par le sultan l'*île de Chypre.* Le tsar dut céder et un congrès international se réunit à Berlin (juin-juillet 1878).

Le Congrès de Berlin

Bismarck, qui présida le Congrès, avait promis d'être «l'honnête courtier qui veut réellement mener l'affaire à bonne fin». De fait, s'il montra un mépris total pour les petites nationalités et pour la Turquie, il tenta sincèrement d'apaiser le différend anglo-russe qui aurait pu amener une guerre générale.

Finalement, le Congrès de Berlin régla la question d'Orient de la manière suivante :

1° La Russie obtint, au détriment de la Roumanie, un léger accroissement de territoire jusqu'aux bouches du Danube. Elle se fit aussi céder par les Turcs deux villes en Asie Mineure.

2° *La Bulgarie du traité de San Stefano fut morcelée en trois tronçons :* entre le Danube et le Balkan, la *Bulgarie* proprement dite forma une principauté vassale ; au sud du Balkan, la *Roumélie* fut constituée en province autonome sous un gouverneur chrétien nommé par le sultan avec l'approbation des Puissances ; enfin la *Macédoine* fut replacée sous l'autorité directe du sultan, avec simple promesse de réformes.

3° *La Bosnie et l'Herzégovine furent occupées par l'Autriche-Hongrie et administrées provisoirement par elle au nom du sultan.*

4° Les principautés de *Monténégro*, de *Serbie*, de *Roumanie* obtinrent des accroissements de territoires et devinrent indépendantes.

5° Enfin le sultan s'engagea à accroître le territoire du royaume grec et à appliquer des réformes à ses sujets chrétiens d'Arménie et de Crète.

Conséquences du traité de Berlin

Le traité de Berlin ne créa pas une paix durable. En replaçant les chrétiens de Macédoine sous le joug turc, il rendit plus dangereuse encore la *question de Macédoine*. En séparant la Roumélie de la Bulgarie, il allait *contre la volonté du peuple bulgare* et préparait de nouvelles difficultés diplomatiques. En livrant à l'Autriche l'administration des provinces de *Bosnie* et d'*Herzégovine*, en partie peuplées de Serbes, il créa un violent antagonisme entre les Serbes et le gouvernement de Vienne. Et quand la Russie prit le parti des Serbes, il en résulta un conflit austro-russe d'où sortit, en 1914, la première Guerre mondiale.

Enfin le traité de Berlin *rompit l'Entente des trois empereurs*. Les panslavistes accusèrent Bismarck de s'être montré systématiquement hostile à la Russie et le tsar taxa Guillaume Ier d'ingratitude. Inquiet de se voir isolé en présence d'une Russie et d'une France également hostiles, *Bismarck se rapprocha de l'Autriche*. Cette union intime avec l'Autriche devint dès lors et resta le trait saillant de la politique allemande jusqu'en 1918. Pour soutenir l'Autriche contre la Russie, l'Allemagne faillit faire la guerre en 1909, elle la fit en 1914.

Alliance austro-allemande et Triple Alliance

En 1879 Bismarck et *Andrassy*, ministre des Affaires étrangères d'Autriche-Hongrie, conclurent secrètement une *alliance défensive austro-allemande contre la Russie.* Si l'Allemagne ou l'Autriche-Hongrie était attaquée par la Russie, ou par une Puissance soutenue par la Russie, son alliée l'aiderait de toutes ses forces ; si elle était attaquée par une Puissance autre que la Russie, son alliée lui témoignerait une bienveillante neutralité. En 1883, l'Allemagne et l'Autriche trouvèrent dans un *traité d'alliance avec la Roumanie* une nouvelle garantie au cas d'une attaque russe.

Bismarck n'en restait pas moins hanté par le « cauchemar » — c'était son expression — d'une alliance franco-russe. Pour la rendre impossible, il réussit à conclure en 1881 une nouvelle *Ligue des trois empereurs.* Si l'une des trois Puissances était en guerre avec une quatrième, les deux autres feraient preuve à son égard d'une bienveillante neutralité. Bismarck obtenait ainsi la neutralité de l'Autriche et de la Russie dans une guerre franco-allemande, même s'il était l'agresseur.

Mais il n'avait toujours pas d'allié au cas d'une attaque de la part de la France seule : le conflit entre l'Italie et la France à propos de la Tunisie (1881) le lui donna. Par dépit, l'Italie se rejeta en effet vers l'Allemagne et même vers son ennemie héréditaire, l'Autriche. Ainsi fut signée la *Triple Alliance* en 1882.

La Triple Alliance (ou *Triplice*) était surtout utile à l'Allemagne et à l'Autriche : la première obtenait une alliée en cas d'une agression de la France ; la seconde y gagnait de pouvoir, en cas de guerre avec la Russie, dégarnir sa frontière des Alpes. L'Italie n'était assurée que contre une attaque française, d'ailleurs peu probable ; en revanche, elle était à la merci d'un incident de frontière franco-allemand ; enfin, par son entente avec l'Autriche, elle semblait renoncer aux « terres irrédentes ».

Les affaires d'Égypte

La même année où la Triplice donnait à Bismarck l'alliance de l'Italie, les affaires d'Égypte dressaient l'un contre l'autre, pour le plus grand profit de l'Allemagne, les gouvernements de

Londres et de Paris.

Depuis que le canal de Suez avait ouvert une route directe vers l'Inde, l'Angleterre s'intéressait de très près à l'Égypte. En 1875 elle acheta au *Khédive* Ismaïl[1], toujours court d'argent, les 175 000 actions du Canal qu'il possédait personnellement : le gouvernement de Londres eut ainsi un tiers des voix dans le Conseil d'administration de la Compagnie du Canal. Peu après, comme l'Égypte était sur le point de faire banqueroute, Londres et Paris imposèrent à Ismaïl un *condominium financier anglo-français* et le contraignirent même à accepter l'entrée d'un Français et d'un Anglais dans le ministère égyptien. Quand Ismaïl fit mine de résister, les deux Puissances le firent déposer par le sultan et remplacer par son fils.

Cette mise en tutelle amena la création d'un *parti national égyptien* dirigé par le colonel *Arabi*, qui devint ministre de la Guerre. Quand une bagarre à Alexandrie eut coûté la vie à une soixantaine d'Européens (juin 1882), l'Angleterre demanda à la France de s'associer à elle pour intervenir éventuellement en Égypte par la force des armes. Le président du Conseil Freycinet ne voulait agir que sur mandat de l'Europe : il refusa. En juillet 1882, des troupes anglaises débarquèrent à Alexandrie. Peu après le gouvernement de Londres demanda à la France de faire protéger le canal de Suez. Freycinet proposa à la Chambre de voter quelques millions, mais Clemenceau fit refuser les crédits. Une fois de plus les Anglais agirent seuls : ils occupèrent Le Caire. *L'abstention de la France donnait à l'Angleterre le canal de Suez et toute la Basse Égypte.* Le condominium anglo-français fut naturellement aboli.

Gladstone affirmait le caractère temporaire de l'occupation, mais la possession de l'Égypte, étape sur la route de l'Inde entre Malte et Aden importait trop à l'Angleterre pour qu'elle s'en dessaisît ; aussi la France refusa-t-elle de reconnaître le fait accompli. Les rapports, jusque-là cordiaux, se tendirent entre Paris et Londres. *La France était plus isolée et Bismarck plus puissant que jamais :* c'est lui qui présida la Conférence coloniale de Berlin (1884-1885).

[1] Le pacha *Ismaïl* (1863-1879), petit-fils de Méhemet-Ali, avait acheté au sultan le titre honorifique de *Khédive*.

Crise bulgare et affaire Schnaebelé

La rivalité de l'Autriche et de la Russie dans les Balkans d'une part, l'antagonisme franco-allemand d'autre part, continuaient à mettre la paix à la merci d'un incident. C'est ce que montrèrent, de 1885 à 1887, la *crise bulgare* et l'*affaire Schnaebelé*.

En 1885 la province de Roumélie, peuplée de Bulgares mais restée sous la domination de la Turquie, se souleva et proclama son union avec la Bulgarie. Le nouveau tsar, Alexandre III, alors en très mauvais termes avec le prince de Bulgarie, *Alexandre de Battenberg*, contraignit ce dernier à abdiquer et tenta d'installer à Sofia un gouvernement à la dévotion de la Russie. Cette mainmise sur la Bulgarie amena une tension très vive entre Vienne et Pétersbourg. Bismarck réussit à éviter une guerre austro-russe, mais Alexandre III conserva une vive rancune à l'égard de l'Autriche et même de l'Allemagne. *Pour la deuxième fois, l'entente des trois empereurs se brisa.*

Aussi grave fut, à l'Ouest, la tension franco-allemande. Bismarck avait un moment espéré que la France «pardonnerait Sedan, comme elle avait pardonné Waterloo». Or, la *Ligue des Patriotes* entretenait l'idée de revanche et le général Boulanger demandait une augmentation de crédits pour l'armée. De son côté, pour avoir de bonnes élections au Reichstag, Bismarck crut habile de déchaîner en Allemagne la haine contre la France. Ainsi s'explique l'*affaire Schnaebelé* (avril 1887) : le commissaire français de Pagny-sur-Moselle, Schnaebelé, convoqué par son collègue allemand d'un village voisin, fut arrêté à la frontière parce qu'il se livrait à l'espionnage. Pendant quelques jours on put craindre la guerre; puis Schnaebelé fut remis en liberté et les esprits s'apaisèrent.

Affaiblissement du système bismarckien

La crise bulgare affaiblit l'autorité de Bismarck en Europe. Au renouvellement de la Triple Alliance (février 1887), *les Italiens en profitèrent* : ils exigèrent de l'Autriche qu'aucune modification dans les Balkans ne se fît sans leur consentement et ils obtinrent de l'Allemagne l'engagement d'une aide militaire au cas où l'expansion française en Afrique du Nord les amènerait à déclarer la guerre à la France.

Pour empêcher le tsar, désormais aussi isolé que la France, de se tourner vers elle, Bismarck se l'attacha par une entente secrète, le *traité germano-russe de réassurance.* Par ce pacte conclu à l'insu de François-Joseph (1887), il obtint la neutralité de la Russie au cas où l'Allemagne serait attaquée par la France; en contrepartie il reconnut au tsar le droit d'étendre son influence dans les Balkans.

Le traité de réassurance n'empêcha pas Alexandre III de faire *émettre à Paris en 1888 le premier emprunt russe.* Bismarck proposa alors à l'Angleterre une alliance défensive contre la France et la Russie : le cabinet de Londres se déroba. Bismarck n'en fut que plus décidé à renouveler le traité de réassurance qui venait à expiration en 1890; mais il se heurta sur ce point à l'opposition de Guillaume II et cette divergence de vues contribua à sa chute.

Le renvoi de Bismarck (1890) marqua la fin de la prépondérance que l'Allemagne avait exercée en Europe depuis 1871.

II. — L'Alliance Franco-Russe. L'Entente cordiale Franco-Anglaise (1890-1904)

La diplomatie européenne de 1890 à 1904

Les événements diplomatiques les plus importants entre 1890 et 1904 furent les suivants :

D'une part, le système d'alliances combiné par Bismarck fut bouleversé. *La France sortit de son isolement*, s'allia à la Russie en 1893, se rapprocha de l'Italie en 1900 et de l'Angleterre en 1904.

D'autre part, la *politique de massacres du sultan Abd ul-Hamid* vis-à-vis des nationalités chrétiennes de son Empire (Arméniens, Crétois, Macédoniens) amena un réveil de la question d'Orient.

Enfin la *rivalité des impérialismes coloniaux* aboutit à des conflits diplomatiques assez graves. La paix n'en fut pas moins maintenue en Europe et un certain équilibre rétabli entre les grandes Puissances.

L'alliance franco-russe

L'alliance franco-russe, tant désirée par les Français, mit cinq ans à se faire. Autocrate, Alexandre III éprouvait « mépris et dégoût » pour un gouvernement républicain. Mais, quand il vit l'Allemagne dénoncer le traité de réassurance (1890) et renouveler par anticipation la Triple Alliance (1891), il signa avec la France un *engagement de collaboration politique au cas où la paix serait menacée* (août 1891). Puis, après plus de deux ans de difficiles négociations, il ratifia une *convention militaire* (décembre 1893). C'est cette convention secrète qui constitue ce qu'on appelle le *traité d'alliance franco-russe.*

Comme la Triplice, l'alliance franco-russe était donc uniquement défensive : elle ne devait jouer que dans le cas où l'Allemagne attaquerait la France ou la Russie, et *elle était fondée sur le maintien du statu quo territorial en Europe.* Mais elle semblait rétablir l'équilibre des forces en Europe. La France voyait enfin le terme de son long isolement, pendant que la Russie trouvait en France les capitaux nécessaires au développement de son industrie et à sa politique d'expansion en Extrême-Orient.

Massacres d'Arménie, de Crète, de Macédoine

L'alliance franco-russe était à peine conclue que la question d'Orient se rouvrait, par suite de la politique du sultan Abd ul-Hamid à l'égard des chrétiens.

Abd ul-Hamid s'affirmait le protecteur de l'Islam. Non seulement il fit construire le chemin de fer de La Mecque qui permettrait aux pèlerins de visiter plus facilement la Ville sainte, mais encore, pour complaire au fanatisme musulman, il fit — ou laissa — massacrer les chrétiens de son empire par centaines de milliers. Il acheta le silence des gouvernements européens en accordant à leurs nationaux des concessions de mines ou de chemins de fer et gagna en particulier l'amitié de Guillaume II en favorisant les ambitions économiques de l'Allemagne en Turquie d'Asie (construction du chemin de fer de Bagdad).

Les *Arméniens* furent les premières victimes d'Abd ul-Hamid. Au Congrès de Berlin, il avait promis de prendre des mesures en leur faveur; il n'en fit rien. Quand des révolutionnaires arméniens organisèrent des attentats, le sultan lança les Kurdes contre les Arméniens. Ce furent, de 1894 à 1896, d'horribles massacres, qui s'étendirent à Constantinople. *Ces tueries faillirent amener une guerre européenne.* L'Angleterre s'indigna, à la voix de Gladstone, et fit entrer deux navires dans la mer de Marmara. De son côté, le tsar Nicolas II pensa occuper Constantinople pour empêcher les Anglais d'y entrer. La France s'entremit : *les Arméniens furent sacrifiés au maintien de la paix européenne* (1896).

A peine les massacres cessaient-ils en Arménie, qu'ils commençaient en *Crète* (1897). Les Grecs jugèrent l'occasion favorable pour annexer l'île et déclarèrent la guerre à la Turquie. Mais ils furent battus et durent même rétrocéder au sultan la partie septentrionale de la Thessalie. Du moins la Crète fut-elle évacuée par les troupes turques : elle devint une province autonome, administrée par un fils du roi de Grèce.

En Macédoine les haines fratricides entre Serbes, Grecs et Bulgares faisaient le jeu d'Abd ul-Hamid, d'autant plus que les gouvernements autrichien et russe s'étaient entendus en 1897 pour ne pas intervenir : l'Autriche traversait alors une grave crise intérieure et la Russie était accaparée par les affaires d'Extrême-Orient. Aux pillages et aux massacres organisés par les bandes turques, les chrétiens de Macédoine répondirent par l'insurrection et les attentats.

Conflits diplomatiques hors d'Europe

Hors d'Europe, les rivalités des impérialismes économiques et coloniaux opposèrent dangeureusement les grandes Puissances, sans que pourtant une guerre en résultât.

Effrayée des progrès russes sur les frontières de l'Inde (Afghanistan et Tibet) et surtout en Mandchourie, l'Angleterre conclut avec le Japon en 1902 une alliance contre la Russie. Les encouragements donnés par Guillaume II aux Boers manquèrent amener une guerre anglo-allemande en 1896 : l'attitude de l'Allemagne poussa Chamberlain à faire entrer au plus vite l'Orange et le Transvaal dans une Union sud-africaine et contribua ainsi à hâter la *guerre anglo-boer.* De son côté l'Allemagne avait senti le danger de n'avoir pas encore une flotte de guerre puissante : dès 1897, l'amiral Tirpitz était nommé secrétaire d'État de la Marine. Désormais la *rivalité navale anglo-allemande* allait rendre encore plus précaire le maintien de la paix en Europe.

Avec la France, l'Angleterre se trouvait en contestations perpétuelles, que ce fût à Madagascar, en Océanie, aux abords du Siam, ou en Afrique occidentale. L'incident le plus grave fut l'*affaire de Fachoda* (1898). Malgré les solennels avertissements de l'Angleterre, le gouvernement de Paris avec décidé de relier le Congo français à la colonie de la Somalie sur la mer Rouge, en occupant l'ancien Soudan égyptien, alors en pleine anarchie. Mais, dans le même temps, une armée anglo-égyptienne remontait le Nil dans l'intention de conquérir, elle aussi, le Soudan. A peine la centaine de Sénégalais que commandait le capitaine *Marchand* étaient-ils arrivés à Fachoda qu'ils y furent rejoints par l'avant-garde du général anglais *Kitchener.* La guerre parut imminente. Finalement la France évacua Fachoda et renonça à son projet.

Les conflits qui, sur un point ou un autre du globe, opposaient les grandes Puissances expliquent *l'échec de la Conférence de la Paix*, réunie en 1899 sur la proposition du tsar Nicolas II. Les jalousies des différents gouvernements empêchèrent toute entente pour limiter les armements et rendre obligatoire le recours à l'arbitrage.

Le rapprochement franco-italien

Pendant ce temps, la situation de la France en Europe se fortifiait par sa *réconciliation avec l'Italie.* Les rapports étaient très tendus entre Paris et Rome depuis 1881 et les relations commerciales à peu près rompues depuis 1888. Après la chute de *Crispi* (1896), les gouvernements se rapprochèrent : en 1900 ils reconnurent leurs aspirations réciproques en Tripolitaine et au Maroc ; en 1902 chacun promit de rester neutre au cas où l'autre serait amené à prendre les armes pour défendre sa sécurité.

L'Entente cordiale franco-anglaise

L'Angleterre avait toujours mis son orgueil à ne dépendre que d'elle-même. Mais les nombreux conflits qui l'opposaient hors d'Europe aux autres Puissances, puis la guerre des Boers lui firent sentir le péril de ce qu'un député canadien appelait son «*splendide isolement*». A plusieurs reprises, de 1898 à 1901, pendant la guerre du Transvaal, Chamberlain proposa à l'Allemagne l'alliance de l'Angleterre. Chaque fois le gouvernement de Berlin se déroba. Dans ces conditions le cabinet de Londres prêta l'oreille aux propositions du ministre français des Affaires étrangères, *Delcassé*. Pour ce dernier en effet, la grande ennemie de la France était l'Allemagne et non pas l'Angleterre.

Finalement, *tous les litiges coloniaux qui opposaient Londres et Paris furent réglés par les accords du 8 avril 1904*. Une première convention nous enlevait notre monopole de la pêche à la morue sur une partie de la côte de Terre-Neuve, mais nous donnait en compensation quelques avantages en Afrique. Une autre réglait les difficultés pendantes au Siam, à Madagascar, aux Nouvelles-Hébrides. *La déclaration la plus importante portait sur le Maroc et sur l'Égypte* : l'Angleterre reconnaissait à la France toute liberté d'action au Maroc, sauf dans la zone septentrionale du Rif, qui serait donnée à l'Espagne ; en contrepartie, la France déclarait se désintéresser du sort politique de l'Égypte.

Pour l'Angleterre comme pour la France, l'établissement d'une *Entente cordiale* entre elles marquait une date capitale. L'Angleterre pouvait désormais consacrer toutes ses forces au danger allemand et la France n'avait plus rien à redouter de l'Angleterre, au moment où la guerre russo-japonaise la privait de l'appui de la Russie.

III. — La marche à la guerre (1905-1914)

État de tension croissante

L'alliance franco-russe, que Delcassé avait resserrée en 1899, les rapprochements franco-italien et franco-anglais semblaient devoir créer un état d'équilibre favorable à la paix. Il n'en fut rien. La période qui va de 1905 à 1914 fut au contraire une période de *tension croissante*, où peuples et gouvernements vécurent sous l'*obsession de la guerre.*

D'une part l'Entente cordiale, qui renforçait la puissance de la Grande-Bretagne et de la France, parut à l'Allemagne un obstacle à ses projets d'expansion et même une menace d'encerclement. Dès lors, son dessein secret fut de *rompre l'Entente Cordiale.* Mais, dans le même temps, les succès diplomatiques qu'il avait remportés à Rome et à Londres avaient persuadé Delcassé que la France pouvait désormais tenir tête à l'Allemagne et il était résolu à ne pas reculer en cas de conflit.

D'autre part, la grande industrie développait, entre un nombre croissant de nations, une concurrence sans cesse plus âpre. Dans le monde entier on se disputait chaque marché, chaque concession de mines, de voies ferrées, chaque part de banque, chaque commande d'armes et de munitions. Les hommes d'affaires entretenaient des campagnes de presse et faisaient pression sur leur gouvernement. *Les rivalités économiques tendaient à se transformer en rivalités politiques.*

Enfin chaque Puissance avait sur certaines régions des visées impérialistes auxquelles elle était décidée à ne pas renoncer. L'Angleterre entendait conserver la *maîtrise des mers* et contrôler toutes les *voies d'accès à l'Inde.* La France voulait occuper le *Maroc.* L'Italie convoitait la *Tripolitaine* et surveillait la côte occidentale des Balkans. La Russie, rejetée d'Extrême-Orient par ses défaites en Mandchourie, revenait à ses buts traditionnels : *Constantinople* et les *Détroits.* L'Autriche visait toujours la mise en tutelle de la *Serbie*, problème d'intérêt vital, car elle comptait des millions de Yougoslaves qui se tournaient vers Belgrade. Quant à l'Allemagne, elle regardait dans toutes les directions : le *Maroc*, l'*Afrique équatoriale*, l'*Asie turque.*

Tous les gouvernements affirmaient leur volonté de maintenir la paix. Mais tous, dans la crainte d'être attaqués par l'adversaire, accroissaient leurs armements. Cette *course aux armements* ne pouvait qu'exaspérer les antagonismes et multiplier les risques de guerre : en particulier *la rivalité navale anglo-allemande fut une des causes les plus graves de tension internationale entre 1904 et 1914.* Une deuxième Conférence internationale de la Paix (1907) ne réussit pas mieux que la première.

De 1905 à 1914, deux problèmes surtout mirent sans cesse la paix en péril : la *question du Maroc* et *les questions balkaniques.*

La question du Maroc. Tanger et Björkoe

La situation diplomatique du Maroc avait été fixée en 1880 par une Conférence internationale. Quand le gouvernement français voulut étendre son influence au Maroc, il prit soin de s'assurer la bonne volonté de l'Italie, de l'Angleterre et de l'Espagne en leur laissant les mains libres respectivement en Tripolitaine, en Égypte et dans le Rif. Puis, en 1904, il négocia avec le sultan un statut de collaboration franco-marocaine.

Bulow jugea l'occasion favorable pour rappeler, de façon sensationnelle, que l'Allemagne entendait ne pas se laisser mettre à l'écart et que la France ne pouvait modifier l'état politique du Maroc sans l'autorisation d'une nouvelle Conférence internationale. Il espérait en même temps rompre l'Entente cordiale en faisant voir à la France que l'Angleterre ne lui apporterait aucun appui, malgré l'accord de 1904. A la demande expresse du chancelier, Guillaume II débarqua à *Tanger* pour quelques heures (mars 1905) et y eut un entretien avec l'oncle du sultan. Le lendemain, le gouvernement allemand fit publier un résumé des paroles de l'empereur. Beaucoup de Français y virent comme un défi.

La forte pression exercée par la diplomatie allemande sur le gouvernement français eut pour résultats : d'abord la *démission de Delcassé*, l'auteur de l'Entente cordiale et le violent adversaire de l'Allemagne[1], puis l'*acceptation par la France*

[1] Delcassé etait d'avis que l'Allemagne «bluffait» et qu'il fallait lui résister : il disait pouvoir compter sur un appui militaire de l'Angleterre. Le président du Conseil *Rouvier* et les autres ministres furent d'un avis opposé. L'Allemagne, par une démarche officielle, mit Rouvier en demeure d'écarter Delcassé et Rouvier, qui haïssait Delcassé, obéit aussitôt.

d'une conférence internationale qui réglerait la question du Maroc sur la base de l'indépendance du Sultan. La France obtint qu'il y serait tenu compte de ses «intérêts légitimes» au Maroc ; elle n'en avait pas moins subi une défaite et une humiliation.

En même temps, Guillaume II utilisait habilement l'état de découragement où la défaite navale de Tsoushima et les débuts de la Révolution en Russie avaient jeté le tsar Nicolas II. Il l'invita à bord de son yacht à *Björkoe*, dans la mer Baltique, et lui fit signer un *traité secret d'alliance germano-russe*, avec la promesse d'engager la France, alliée de la Russie, à s'y associer. Ainsi serait constituée contre l'Angleterre une grande alliance continentale (juillet 1905).

La conférence d'Algésiras. La Triple Entente

Ces premiers succès furent sans lendemain. *Le pacte de Björkoe fut annulé presque immédiatement*, quand Nicolas II se fut convaincu que la France n'y adhérerait jamais.

La *conférence internationale d'Algésiras* (près de Cadix), chargée de régler la situation du Maroc, fut une autre déception pour l'Allemagne. Quand vint en discussion la question principale, c'est-à-dire l'organisation de la police dans les ports marocains, la majorité décida que la police du sultan serait encadrée par des officiers français et espagnols. Ainsi la France gardait au Maroc une prépondérance de fait. L'Allemagne avait réussi à entraver l'action de la France, non à la paralyser (janvier-avril 1906).

D'autre part, bien loin d'être rompue, l'*entente franco-anglaise se resserra*. Au cours de la crise marocaine, le gouvernement anglais envisagea l'éventualité d'une intervention militaire au côté de la France et bientôt les États-Majors étudièrent un plan d'action commune.

Enfin, sur les instances de la France, les gouvernements de Londres et de Pétersbourg réglèrent tous leurs litiges coloniaux au Tibet, en Afghanistan, en Perse. L'*accord anglo-russe de 1907* fut le point de départ d'un rapprochement entre l'Angleterre et la Russie, d'où sortit la *Triple Entente :* France, Angleterre, Russie.

Nouvelle crise balkanique

Triple Alliance et Triple Entente affirmaient également qu'elles avaient pour seul but le maintien du *statu quo*. En fait, venaient d'arriver en 1906 aux ministères des Affaires étrangères à Saint-Pétersbourg et à Vienne deux hommes décidés, l'un et l'autre, à une politique d'action dans les Balkans. L'un, *Isvolsky*, pour réaliser la mainmise russe sur les Détroits, demandait qu'ils fussent ouverts aux flottes de guerre des États riverains de la mer Noire ; l'autre, *Ærenthal*, adversaire acharné des Slaves, voulait faire du roi de Serbie un vassal de l'Autriche. *Les ambitions des deux hommes d'État allaient raviver l'antagonisme austro-russe dans les Balkans.*

La question d'Orient se trouvait justement posée de nouveau à la suite d'une *révolution en Turquie*. En juin 1908 Nicolas II et Édouard VII s'étaient mis d'accord pour imposer au sultan un contrôle européen en Macédoine, où une sanglante anarchie régnait depuis dix ans. Par orgueil national et pour prévenir une intervention étrangère, le parti d'opposition des *Jeunes Turcs* s'empara du pouvoir à Constantinople (juillet 1908) et contraignit Abd ul-Hamid à accorder une Constitution.

La révolution turque réveilla dans les Balkans toutes les passions nationales. Pour couper court à l'agitation yougoslave qui se propageait en Bosnie et en Croatie, l'Autriche décréta l'*annexion de la Bosnie-Herzégovine*, dont l'Europe, en 1878, lui avait confié l'administration au nom du sultan (octobre 1908). La veille, d'accord avec François-Joseph, le prince vassal *Ferdinand de Bulgarie* s'était proclamé indépendant et roi.

Crise européenne

La décision de l'Autriche amena une crise diplomatique très grave, par suite de l'*attitude de la Serbie et de la Russie*. La Serbie protesta contre un acte qui semblait lui enlever l'espoir de faire un jour l'unité politique de tous les Serbes. On put craindre une guerre austro-serbe. Quant à la Russie elle avait connu à l'avance et approuvé l'annexion, mais elle espérait obtenir en contrepartie l'ouverture des Détroits à sa flotte de guerre. Pour se la faire accorder, elle demanda la réunion d'une Conférence européenne qui discuterait le cas de la Bosnie-Herzégovine comme la conférence d'Algésiras avait discuté le cas du Maroc. Elle se heurta au refus catégorique de l'Autriche. On put craindre une guerre austro-russe.

Mais Bulow savait que la France et l'Angleterre n'étaient pas disposées à soutenir les prétentions russes. La France et l'Allemagne venaient, en février 1909, de décider d'associer leurs nationaux dans les affaires dont ils obtiendraient l'entreprise au Maroc, au Cameroun, au Congo. Dans ces conditions, Bulow eut beau jeu pour tenter une *«épreuve de force» diplomatique :* il fit savoir à Isvolsky qu'en cas de guerre austro-russe l'Allemagne appuierait l'Autriche (mars 1909). La Russie, isolée, recula. Non seulement elle dut reconnaître purement et simplement l'annexion de la Bosnie-Herzégovine, mais encore elle se joignit aux Puissances pour contraindre la Serbie à cesser toute opposition à l'Autriche.

C'était une victoire éclatante pour les empires centraux : «Le filet de l'encerclement est déchiré» écrivait Bülow. Le danger était que, confiant en sa force et convaincu que les méthodes de force étaient seules efficaces, le gouvernement allemand ne fût prêt à y recourir de nouveau.

Le «coup d'Agadir»

Or, l'accord économique franco-allemand de 1909 avait fait faillite. L'Allemagne n'attendait qu'une occasion pour manifester son mécontentement. La France la lui fournit elle-même : à la demande du sultan du Maroc qui y était assiégé par des rebelles, elle lança une *expédition sur Fez* (avril 1911).

La France n'avait reçu un mandat de police que dans les ports du Maroc occidental : son initiative dépassait donc le cadre fixé à Algésiras et donnait prise à l'Allemagne. Le 1er juillet 1911, le gouvernement français reçut l'avis officiel qu'un navire de guerre allemand jetterait l'ancre dans le port d'*Agadir*, au sud du Maroc, pour protéger les entreprises allemandes de la région. En fait *l'Allemagne affirmait sa présence à Agadir pour contraindre la France à lui offrir des compensations* au cas où elle voudrait établir son protectorat sur le Maroc. En effet, peu après, l'*Allemagne demanda le Congo français.*

Le «coup d'Agadir» provoqua non seulement en France mais aussi en Angleterre une réaction plus vive qu'on ne l'avait prévu à Berlin. Le ministre anglais *Lloyd George* fit une déclaration menaçante.

Dans un banquet public, après avoir affirmé l'attachement de l'Angleterre à la paix, il termina ainsi son discours : «Cependant si une situation nous était imposée, dans laquelle la paix ne pourrait être maintenue que par le renoncement à la grande et bienfaisante situation que l'Angleterre a conquise en des siècles d'efforts héroïques couronnés du succès et par le fait que l'Angleterre, dans des questions touchant ses intérêts vitaux, serait traitée comme si elle n'avait plus de poids dans le conseil des nations — j'y insiste —, alors une paix à tout prix serait un abaissement qu'un grand pays comme le nôtre ne pourrait accepter.» *(Discours du 21 juillet 1911.)*

Engagés sous de pareils auspices, poursuivis au milieu des plus âpres campagnes de presse et de Parlement, les pourparlers furent difficiles. Cependant le président du Conseil français, *Caillaux*, était partisan d'un accord avec l'Allemagne ; d'autre part celle-ci, devant la résistance qu'elle rencontrait, rabattait de ses exigences. On aboutit ainsi au *traité du 4 novembre 1911* par lequel, en échange de sa liberté d'action au Maroc, la France cédait à l'Allemagne *une partie du Congo français.*

Les conséquences d'Agadir

Loin de produire l'apaisement, le traité ne fit que *raviver l'antagonisme franco-allemand.* Les Allemands reprochèrent à leur gouvernement de s'être laissé duper. En France, malgré l'immense avantage que nous retirions du traité, la cession d'un territoire en pleine paix et sous menace de guerre fut ressentie comme une blessure. Caillaux dut abandonner le pouvoir et Poincaré, très méfiant à l'égard de l'Allemagne, devint président du Conseil et ministre des Affaires étrangères (janvier 1912).

Pendant que le gouvernement allemand faisait voter de nouvelles lois militaires, Poincaré travailla à *resserrer l'entente avec l'Angleterre :* pour la première fois l'entente politique entre Londres et Paris fut affirmée dans des notes diplomatiques (novembre 1912).

Poincaré *resserra aussi l'alliance franco-russe ;* mais ce resserrement n'était pas sans danger, car les initiatives de la diplomatie russe en Orient étaient souvent belliqueuses. Or justement en Orient, la situation redevenait inquiétante.

La guerre italo-turque

De 1911 à 1914 les crises s'engendrent les unes les autres et l'Europe semble prise dans un engrenage fatal. La marche des Français sur Fez et le «coup d'Agadir» eurent pour contrecoup l'*entrée des Italiens en Tripolitaine* (octobre 1911) et une *guerre* italo-turque. Les Italiens occupèrent aussi dans la mer Égée l'*île de Rhodes* et la douzaine de petites îles, proches de la côte d'Asie Mineure, qu'on appelle le *Dodécanèse.* La Turquie dut leur abandonner tous ces territoires (1912), quand elle se vit menacée par un danger bien autrement redoutable : un assaut général des États chrétiens des Balkans.

Les guerres balkaniques

Cet assaut, le gouvernement jeune-turc l'avait en partie provoqué par ses imprudences. Très nationaliste, il travaillait à «turquiser» la Macédoine, où la situation des chrétiens était pire qu'avant la révolution. Il aboutit ainsi à faire contre lui l'union des Grecs, des Bulgares, des Serbes, des Monténégrins, résolus à profiter de la guerre italo-turque pour libérer la Macédoine et réaliser leur programme national. Ainsi se trouva constituée, avec l'appui secret de la Russie mais à l'insu de la France, une *coalition balkanique* (printemps 1912).

Les coalisés attaquèrent en octobre 1912 et furent partout vainqueurs.Les Serbes entrèrent dans le nord et l'ouest de la Macédoine, les Grecs à Salonique, les Bulgares en Thrace, où ils ne furent arrêtés qu'à 30 kilomètres de Constantinople. *Or, l'Autriche était décidée à empêcher, même par la force, l'a-*

grandissement de la Serbie jusqu'à la mer Adriatique.

Une guerre austro-serbe fut évitée par la volonté de paix de la Triple Entente et du chancelier allemand Bethmann-Hollweg. Mais l'Autriche, appuyée par l'Italie, n'en réussit pas moins à écarter de la côte adriatique la Serbie et la Grèce en faisant créer une *principauté d'Albanie*, dont la couronne échut à un officier allemand. Quant aux Turcs, ils ne conservèrent en Europe que Constantinople et les Détroits (mai 1913).

Restait à régler le partage de la Macédoine entre les vainqueurs. La coalition balkanique se disloqua, malgré les efforts de la Russie. La Bulgarie essaya, par une attaque brusquée, d'écraser ses alliés de la veille, devenus ses rivaux (juin 1913). C'est elle qui succomba sous les coups des Serbes et des Grecs, renforcés des Roumains. La courte *guerre de Bulgarie* se termina par le *traité de Bucarest* (août 1913) qui attribuait à la Serbie et à la Grèce la majeure partie de la Macédoine. Les Turcs avaient entre temps ressaisi Andrinople.

Situation troublée en Europe

La paix était donc rétablie dans les Balkans. Mais c'était une paix précaire. Non seulement la Bulgarie et la Turquie n'acceptaient pas leur défaite, mais l'Autriche, dont les victoires serbes avaient aggravé la situation, n'attendait qu'une occasion favorable pour prendre sa revanche aux dépens de la Serbie. De son côté, la Russie, déçue de n'avoir pu obtenir l'ouverture des Détroits, était bien décidée à s'opposer à toute tentative de l'Autriche contre les Serbes ; et, comme l'Allemagne semblait maintenant vouloir soutenir l'Autriche, les rapports se tendirent entre Saint-Pétersbourg et Berlin. Le gouvernement russe comptait sur la France : le nouveau Président de la République, Poincaré passait pour être partisan d'une politique de fermeté à l'égard de l'Allemagne[1].

La paix aurait pu cependant être conservée si l'Allemagne et la France s'étaient entendues pour la maintenir, en contenant l'une l'Autriche, l'autre la Russie. Mais, en France et en Allemagne, le *sentiment national était plus que jamais surexcité* par

[1] Les Serbes ayant acheté leurs canons au Creusot et les Turcs ayant acheté les leurs à l'usine Krupp, beaucoup de français fêtèrent les victoires serbes comme un succès de la France sur l'Allemagne et en revinrent à l'idée d'une guerre de revanche.

les campagnes de presse, les harangues officielles, les incidents qui, en 1913, se multipliaient comme des symptômes précurseurs — atterrissage forcé d'un dirigeable allemand à Lunéville, bagarre entre Français et voyageurs allemands à Nancy, Alsaciens malmenés par des officiers prussiens à Saverne. *Chacun attribuait à l'autre des pensées d'agression et hâtait ses préparatifs militaires.* En Allemagne, une loi votée en juillet 1913 augmenta dans de fortes proportions les effectifs et le matériel de guerre. En France, la durée du service actif fut portée à 3 ans (août 1913), un emprunt accordé à la Russie pour la réalisation, dans un délai de quatre ou cinq ans, d'un vaste programme militaire. L'État-Major allemand, désireux d'agir avant que la Russie eût terminé ses préparatifs, était partisan d'une *guerre préventive* et s'efforçait de rallier Guillaume II à ses vues.

De leur côté, certains diplomates à Berlin jugeaient que la situation générale était favorable à l'Allemagne. Elle avait renforcé la Triplice, elle escomptait l'appui de la Turquie et de la Bulgarie, on notait même dans les milieux politiques anglais un certain désir d'entente avec Berlin. D'ailleurs la guerre civile menaçait en Irlande ; l'agitation ouvrière s'intensifiait en Angleterre et en Russie ; la lutte des partis atteignait en France un degré d'acharnement inouï, et la Chambre élue au printemps de 1914 était opposée à la loi de trois ans. On en concluait que la Triple Entente ne serait pas en état de résister à une nouvelle «épreuve de force». Le moment semblait venu pour l'Allemagne de conquérir enfin dans le monde la place qui répondît à ses ambitions et au sentiment, si vif, qu'elle avait de sa valeur et de sa force.

Ainsi, au début de l'été 1914, toutes les Puissances intensifiaient leurs armements et chacun des deux groupes antagonistes était résolu à ne pas reculer devant l'autre. *L'Europe était mûre pour la guerre, quand on apprit, le 28 juin 1914, l'assassinat en Bosnie de l'archiduc héritier d'Autriche, François-Ferdinand.*

Cinq semaines plus tard, la première Guerre mondiale éclatait.

Table des matières

Imprimé en France, par l'imprimerie Hérissey à Évreux (Eure) - N° 97439
HACHETTE LITTÉRATURES - 43, quai de Grenelle - 75015 Paris
Collection n° 25 - Édition n° 04
Dépôt légal : 50493-08/04
ISBN : 2.01 27906.07

27-9060-8